图书在版编目（CIP）数据

资产评估原理／余炳文编著．—2 版．—北京：经济管理出版社，2019. 12
　　ISBN 978-7-5096-6973-0

I. ①资…　Ⅱ. ①余…　Ⅲ. ①资产评估—教材　Ⅳ. ①F20

中国版本图书馆 CIP 数据核字（2019）第 301730 号

组稿编辑：王光艳

责任编辑：李红贤

责任印制：黄章平

责任校对：张晓燕

出版发行：经济管理出版社
　　　　　（北京市海淀区北蜂窝 8 号中雅大厦 A 座 11 层　100038）
网　　址：www. E-mp. com. cn
电　　话：（010）51915602
印　　刷：北京晨旭印刷厂
经　　销：新华书店
开　　本：787mm×1092mm/16
印　　张：16
字　　数：340 千字
版　　次：2021 年 8 月第 1 版　2021 年 8 月第 1 次印刷
书　　号：ISBN 978-7-5096-6973-0
定　　价：68. 00 元

资产评估原理

（第二版）

余炳文◎编著

Principles of Assets Valuation

经济管理出版社

引　言

经过三十多年的发展，中国资产评估行业已经成为国民经济和社会发展的重要组成部分，在国有企业改革、上市公司资产重组、知识产权交易、跨国并购以及司法鉴证等经济活动中发挥越来越重要的作用。近年来，随着市场经济的不断深化，资产评估的专业服务领域也在不断拓展，对高校资产评估专业学生的能力提出了越来越高的要求，加上2016年《中华人民共和国资产评估法》（以下简称《资产评估法》）的出台和行业监管的加强，迫切需要对原有的资产评估原理课程进行系统性梳理和更新，编著资产评估原理新的教材就显得十分有必要。

本书是以习近平新时代中国特色社会主义理论为指导，包含了与资产评估有关的最新研究成果，并根据《资产评估法》和《中国资产评估准则》的有关内容和表述，对过去教材中的概念、专有名词等做了梳理，统一了概念表述，适当增加了相关内容。整体来看，本书有以下几个特点：一是在结构安排上注重知识点的把握，每一章内容均由主要知识点、内容详解、本章小结和章后练习四部分组成，主要知识点列示了本章内容需要掌握的核心概念，让读者能够快速抓住重点；内容详解根据新时代资产评估特点，特别是《资产评估法》出台后中国证监会、财政部、资产评估协会等相关单位和部门对资产评估的要求，对有关概念、规定重新做了阐述，部分内容更改了过去的表述，更符合时代的要求；本章小结力求用简短的语言，概括性地归纳本章的主要内容，便于读者理解本章的主要内容；章后练习是根据章节内容，编写适量的练习题，难度适中，供读者在学习之后使用，以巩固学习内容，提升学习效果。二是在部分章后附有二维码阅读材料，阅读材料是根据实务中的案例改编而成的，可以满足学生在学习课本知识的同时，能够增加与资产评估有关的课外知识，以丰富学生的阅读内容，扩大相关知识面。三是本书增列了国外资产评估管理制度的比较，相比以前的教材，增加的这部分内容可以更好地理解中外资产评估行业管理制度的差异，增强对行业监管的理解。当然，本书如果与经济管理出版社出版的《无形资产评估案例》《企业价值评估案例》《不动产评估案例》和《特殊类型资产评估案例》配套使用，更容易理解和掌握基本原理，会取得更好的效果。

本书的编写得到了江西财经大学资产评估专业硕士研究生翁逍道、王晨璐、黄岚、李振楠、赵天赐、聂玢昕、傅靖雯、付思梦、严雪昕、田心怡等的大力支持和帮助，他们在材料搜集等方面做了大量的工作；广东金融学院唐龙海老师以及江西财经大学杨柳博士、石满珍博士也对本书的编写和出版提供了帮助，在此向他们表示感谢。同时，感谢经济管理出版社的编辑对本书出版给予的关心和帮助。本书还选取了一些较好的阅读材料，在此向本书阅读材料的作者表示感谢。

目 录

1

导 论

📖 **主要知识点**

资产评估起源、资产评估发展、资产评估主体、资产评估客体、资产评估市场经济中的地位与作用

1.1 资产评估起源及其发展

1.1.1 资产评估的产生与发展

我国现代资产评估行业发展历程起源于 20 世纪 80 年代末和 90 年代初。1989 年，在国家人事部的主持下，原国家国有资产管理局成立了资产评估中心，专门负责资产评估，并依法行使资产评估监管职能。1993 年，我国成立了专业的资产评估协会，积极对资产评估机构进行管理，并制定了相应的资产评估准则与规范，资产评估协会的成立标志着我国的资产评估由政府主管转向了行业自律管理。到了 20 世纪 90 年代中期，国有企业股份制达到了一个高潮。1995 年，作为中国资产评估行业代表的中国资产评估协会正式加入了国际评估准则委员会。

资产评估在诞生之初，就起到了保护国有资产、防止国有资产流失的重要作用。在国有企业股份改制、兼并、重组、境内外上市、主辅分离、破产清算、中外合资、合作以及收购行为中，资产评估有力地维护了国有资产所有者的权益，在对外开放中坚持平等互利原则，维护国家合法权益。资产评估通过参与社会经济活动，为交易双方提供公允、公平、公正的专业服务，减少了交易成本，规范了交易行为，为抑制腐败产生、支持国企改革顺利进行、保证金融安全、防范金融风险做出了积极贡献。随着经济的飞速发展，资产评估在中国经济中占有着越来越重要的地位。

总体来看，资产评估大体经历了三个发展阶段，即原始评估阶段、经验评估阶段和科学评估阶段。

1.1.1.1 原始评估阶段

在原始社会后期，生产的发展导致了剩余财产的出现，这是私有制产生的物

质基础。随着财产私有现象的出现，产生了商品或资产交易，交易双方在等价原则的基础上进行剩余财产交换，就必须对剩余财产价值进行评估。这一阶段的资产评估具有以下几个特点：①直观性。评估人员主要依赖其直观感觉和主观偏好进行估价，缺乏专业测评手段。②非专业性。在原始评估阶段，整个社会缺乏独立的评估机构和评估人员。一般是由交易双方或一方指定的人员来进行评估，这些人往往缺乏专业评估知识，不具备专业评估技能。③无偿性。当时的资产交易双方无须支付评估人员报酬，评估人员也无须对评估结果负法律责任。④偶然性。剩余产品是有限的，资产交易不频繁，评估活动不经常发生。

1.1.1.2 经验评估阶段

随着商品经济发展和资产交易量的增多，资产评估业务逐步走向专业化，产生了一批具有一定经验的专业评估人员，这些评估人员利用评估数据，依托自身长期实践所累积的评估知识与经验开展工作，使得对财产价值的评定更加准确。资产评估专业队伍的产生是区分原始评估阶段与经验评估阶段的重要标志。这一阶段的资产评估具有以下几个特点：①经验性。评估人员具有一定的评估经验和专业知识水平。②有偿性。与原始评估阶段不同，经验评估阶段的评估人员对资产评估业务进行有偿服务。③责任性。评估机构或人员对评估结果负有法律上的责任，特别是对因欺诈行为和其他违法行为而产生的后果负法律责任。④经常性。评估业务比较多，交易活动较为频繁。

1.1.1.3 科学评估阶段

资产评估发展的最后阶段是科学评估阶段。随着经济的不断发展，现代科学技术的不断进步和管理水平的不断提高，以资产交易为目的的资产业务持续扩大，资产业务的社会化分工日益精细，从而推动了资产评估活动向职业化方向发展。公司化的资产评估机构与评估专业人员开始出现，资产评估理论与方法日趋成熟，资产评估行业管理逐渐规范，以专业评估机构和评估人员的出现为主要标志的科学评估逐渐形成。这一阶段的资产评估具有以下几个特点：①评估机构公司化。评估机构通常是产权明晰、权责明确、政企分开、管理科学的现代化服务性企业，是自负盈亏的独立企业法人。②评估手段和方法科学化。资产评估中不断引入现代科学技术与方法，极大地提高了资产评估结果的准确性与科学性。③评估人员专业化。评估机构中的从业人员必须了解、掌握资产评估的专业理论与业务知识，评估报告只能由资产评估师等专业人员出具。④评估内容多元化。激烈的市场竞争迫使评估机构通过优质的服务拓展业务范围，实施多元化经营战略。目前的评估业务不仅包括形资产评估，还包括无形资产、企业价值、资源资产等方面的评估。⑤评估结果法律化。一方面，评估人员必须在评估报告上签章，评估机构和评估人员对出具的资产评估报告承担相应的法律责任；另一方面，由于资产评估机构对评估结论承担法律责任，且具有公正性，从而提高了评估行业的社会地位。

1.1.2　发达国家资产评估行业的发展及现状

资产评估是市场经济条件下资产交易和其他业务发展的产物。市场经济越发达，资产评估业务的规模就越大，评估的技术发展成熟程度和行业规范程度也就越高。英国和美国资产评估行业的发展大致如下：

1.1.2.1　英国资产评估行业的发展

英国是世界上资产评估行业发展最早的国家之一，英国皇家特许测量师学会（The Royal Institution of Chartered Surveyors，RICS）是英国最大、最具有权威性的评估行业组织，对整个英联邦地区的评估业具有重要影响。20 世纪 70 年代，英国出现了不动产危机，许多银行家及会计师、投资人等对不动产的贬值非常失望，对不动产评估中一些不规范、不一致的做法十分不满。与此同时，欧洲及其他地区的相关人士也开始重视准则的重要性。在这样的背景下，英国皇家特许测量师学会开始着手制定统一的评估准则，并由 RICS 的评估与估价准则委员会（AVSB）具体实施，1975 年正式向 RICS 理事会提交讨论，这是世界范围内最早的评估准则——《RICS 红皮书》。《RICS 红皮书》最初主要适用于以财务报告为目的的评估，自 20 世纪 90 年代中期以后，随着评估准则内容的不断丰富，其适用范围已经扩展到几乎所有的评估业务领域，成为世界范围内 100 多个国家的所有 RICS 会员从事各种评估目的的评估业务的执业标准参考。RICS 也成为了全球广泛认可的专业性学会，其专业领域涵盖了土地、物业、建造及环境等 17 个行业，目前有 14 万多名会员分布于 146 个国家。该学会目前的主要职能是制定行业操作规范和行为准则，对评估专业人员进行监管、教育和培训，保持和政府部门的联系，为会员提供服务，向会员提供覆盖 17 个专业领域和相关行业的最新发展趋势。

1.1.2.2　美国资产评估行业的发展

美国资产评估业务 100 多年前就已经开始出现，至今已经发展得较为成熟和完善。美国资产评估业务最初的评估目的主要是财产保险、维护产权交易双方利益和家庭财产分割等。随着美国评估行业的不断发展，评估行业自发地成立了若干个有较大影响的综合及专业性的民间自律性评估组织，其中规模较大的有 16 个评估协会，且这些组织均有自己的规章制度和评估标准。随着行业的发展，各协会认识到需要统一的资产评估执业标准。于是，在美国评估专业人员及协会的倡议下，各个协会联合起来，在 1987 年成立了美国资产评估促进委员会。该促进会推动和制定了美国第一部资产评估准则——《专业评估执业统一准则》。1988 年，美国评估促进会内部又成立了评估准则委员会（ASB）和评估师资格委员会（AQB）两个独立的委员会，前者专门负责检查、修订和解释《专业评估执业统一准则》。1989 年 1 月，在评估准则委员会的成立大会上，评估准则委员会正式推出了这个行业协会的准则——《专业评估执业统一准则》。此后，根据实践需要委员会按有关程序对准则进行了多次修订，以适应评估实务的变化。

2006 年，国际评估准则委员会（IVSC）和美国评估促进会签署了麦迪逊协议，促使美国评估准则与国际评估准则协调一致。近年来，美国评估促进会努力提高准则修订的民主性和广泛性，以便于评估执业者、评估服务使用者及监管者了解准则的最新变化和修订背景。其制定的准则因为符合评估业发展的客观需要，受到评估界的广泛认同，很快成为美国及北美地区各评估专业团体和评估师广为接受的公认评估准则，并逐渐以立法形式被美国政府认可。2020 年更新后的《美国专业评估执业统一准则》（中文版）出版发行，中美两国的评估准则交流日趋活跃。

1.1.2.3　发达国家资产评估现状

（1）资产评估主体的法人性。所谓法人性，是指评估机构以自主经营、自负盈亏的企业法人的形式进行经营管理，这些评估机构通常是产权明晰、责权分明、政企分开、管理科学的现代企业，完全符合一般服务性企业的特点。英国和美国资产评估公司可以分为两大类：一类是专业化的资产评估公司；另一类是兼营资产评估业务的各类管理咨询公司。前者为客户提供绝大多数的资产评估业务，专业化程度较高，如美国资产评估联合公司；后者在从事财务管理、战略管理、人力资源管理等方面的服务的同时，也兼营资产评估业务。

（2）资产评估管理的科学性。资产评估管理的科学性主要表现在评估管理机构健全、评估规则统一和监测评估结果三个方面。英国和美国都设有全国性的资产评估协会，负责资产评估的行业管理和自律工作，各地区还有分支机构，形成了完善的评估机构体系。全国性资产评估协会还制定了严格统一的资产评估规则，其主要内容涉及评估公司的组织、评估师的资格及其晋升、评估师的职业道德规范，以及资产评估中应该遵循的一般原则等。监测评估结果的主要目的是防止发生评估人员在评估过程中违反职业道德，恶意损害一方利益的情况出现。评估人员必须在出具的评估报告上签字，作为追诉的法律依据，如果评估结果因恶意而出现法律纠纷，则评估人员必须为此承担法律责任。

（3）资产评估机构人员的多层次性。资产评估行业具有知识密集型的特点，从业人员的知识和技能相对其他行业比较突出，可分为三类：第一类是评估公司的董事、经理和其他管理人员，这是公司的管理阶层，主要负责公司的经营管理工作；第二类是评估公司的销售人员，其主要任务是通过各种方式把公司的优质服务推销出去，为公司承揽业务；第三类是专业评估人员，主要由专业技术人员组成，大多是具有相当职称的专家，其中以会计师居多，他们主要负责公司资产评估业务的技术性工作，也是资产评估公司的主要技术力量。

（4）资产评估业务的多样性。英国和美国资产评估机构的业务呈现出多样性的趋势。传统的资产评估业务主要以不动产评估为主，然而，随着经济全球化的发展和资本市场的不断成熟，资本运营的运用已从单个资产交易发展到社会大规模的资本运作，各类资产都活跃起来，为资产评估行业提供了广阔的发展空间。由不动产发展而来的资产评估业务逐渐扩展到其他资产业务领域，如企业价值评估、无形资产评估、资源资产评估等。

（5）资产评估理论的趋同化。随着世界经济一体化的加速，各国在资产评估领域内的合作也进一步加强。资产评估的国际化合作发展既是外部经济环境的客观需要，也是新形势下资产评估行业发展的内在要求。各国评估界都在努力克服评估理论、实务和准则上的差别，为跨国投资者提供质量可靠、标准统一的评估服务。许多国家的评估专业组织和管理部门加强了国际间的交流，成立了许多区域性和国际性的专业组织，如国际评估准则委员会（IVSC）、欧洲评估师协会联合会（TEGOVA）、东南亚联盟评估师委员会（AVA）等，旨在会员范围内求同存异统一评估执业要求，制定共同遵守的评估准则，更好地为世界经济服务。

1.1.3　我国资产评估的发展及未来趋势

1.1.3.1　资产评估在我国的发展

我国的资产评估始于20世纪80年代的国有企业改革和对外开放，最初服务于国有企业，以防止国有资产流失，也为中外合资、合作等经济活动提供咨询服务。后来，随着我国社会主义市场经济的不断发展和国际经济一体化进程的不断加快，政府、投资者及其他利益相关者对资产评估的需求越来越多，资产评估作为一个独立的现代高端服务业得到了长足发展，其业务已经延伸到金融不良资产处置、抵押担保、拍卖底价、诉讼资产价值的确定等领域，甚至出现了财政支出绩效评价、国有资本与社会资本合作（PPP）、社会发展规划评价、公司管理咨询等非估值领域，表现出蓬勃发展的趋势。可见其具有强劲的生命力和广泛的适应性。回顾资产评估事业在我国发展的历程，可大体将其分为以下五个阶段：

（1）资产评估开展准备阶段（1988~1991年）。改革开放以后，国有企业对外合资合作、承包租赁、兼并破产等产权变动行为日益增多，为确定合理的产权转让价格，维护国家作为所有者的合法权益，防止国有资产流失，在20世纪80年代末出现了国有资产评估活动。1988年3月，大连市政府率先做出尝试，在大连炼铁厂与香港企荣贸易有限公司的合资过程中，为了防止国有资产损失，由大连会计师事务所对大连炼铁厂的建筑和机电设备进行了评估，这是我国首例资产评估业务，开启了我国资产评估的序幕，而1988年也成为资产评估在我国诞生的标志性元年。1989年9月，原国家国有资产管理局下发了《关于国有资产产权变化时必须进行资产评估的若干暂行规定》，对资产评估主体、管理机构、评估程序和评估办法进行了初步规定。这是我国政府颁布的第一个关于资产评估问题的政策性文件，初步确立了资产评估行业地位。1990年7月，原国家国有资产管理局批准组建资产评估中心，负责全国的资产评估管理工作。1991年11月，国务院颁布《国有资产评估管理办法》（国务院第91号令），对我国资产评估工作的组织管理、评估程序、评估方法、评估范围及法律责任等进行了明确规定，标志着我国资产评估法律制度建设取得了重大成果，也体现了我国资产评估行业从起步到进入依规发展的轨道，相对于其他专业服务行业起点高、起步早，超前意识强。该办法的颁布为资产评估的正常发展起到了关键的作用。

（2）管理体系初步建立阶段（1992~1995年）。1992年4月，国家国有资产管理局编写了《资产评估概论》，这是我国第一部由国家行业主管部门组织编写的资产评估专业培训教材。1993年12月，中国资产评估协会正式成立，开始了资产评估在政府监督指导下的行业自律性管理体制，评估对象扩展到除国有资产以外的其他各类所有制性质的资产。1995年3月，中国资产评估协会代表中国评估行业加入国际评估准则委员会，标志着我国评估业管理组织已经与国际评估组织接轨。1995年5月，原国家国有资产管理局、国家人事部共同颁布了《注册资产评估师执业资格制度暂行规定》和《注册资产评估师执业资格考试实施办法》，建立了我国的注册资产评估师制度，为进一步规范评估机构和评估人员的管理打下了必要的基础。

（3）逐步迈向科学化与规范化阶段（1996~2011年）。1996年5月，我国正式发布了中国资产评估准则体系，同时发布了包括8项新准则在内的15项资产评估准则，开始施行《资产评估操作规范意见（试行）》，标志着资产评估行业从此走上了科学化、规范化操作的新阶段。该操作规范的出台，不仅有利于提高评估业务水平，规范评估业务，同时也为以后制定资产评估行业的统一评估准则奠定了基础。1998年6月1日开始实行注册资产评估师签字制度，旨在强化注册资产评估师的责任，增强其风险意识。在1999年国际评估准则委员会北京年会上，中国成为国际评估准则委员会常任理事国。2000年9月1日，《资产评估准则——无形资产》颁布并实施，它是我国资产评估行业的第一个具体执业准则，标志着我国资产评估行业又向规范化迈进了重要的一步。2004年2月，财政部颁布并实施了《资产评估准则——基本准则》和《资产评估职业道德准则——基本准则》，标志着我国资产评估准则体系初步建立，进一步推动了我国资产评估行业的健康发展。2007年11月28日，财政部、中国资产评估协会举行中国资产评估准则体系发布会，表明我国比较完整的资产评估准则体系初步建立。2011年12月30日，中国资产评估协会又发布了《商标资产评估指导意见》《实物期权评估指导意见（试行）》和《资产评估准则——企业价值》，资产评估准则体系得到进一步完善。

（4）行业发展法制化阶段（2012~2016年）。2012年2月29日，第十一届全国人民代表大会常务委员会第二十五次会议初次审议了《中华人民共和国资产评估法（草案）》，委员们普遍认为，制定《中华人民共和国资产评估法》（以下简称《资产评估法》）对规范资产评估行为，保护当事人合法权益和公共利益，促进资产评估行业健康发展是必要的。2013年8月28日，第十三届全国人民代表大会常务委员会第四次会议对《资产评估法（草案）》进行了第二次审议。2015年8月，第十二届全国人民代表大会常务委员会第十六次会议审议了《资产评估法（草案三次审议稿）》，三审稿在二审稿的基础上，从评估师独立性、报考资格、考试类型、管理方式、评估机构设置条件等方面进行了补充和完善。2016 年 7 月 2 日，经第十二届全国人民代表大会常务委员会第二十一次会议审议，正式通过了《资产评估法》，自 2016 年 12 月 1 日起施行。该法律首次确立了资产评估行业的法律地位，对资产评估行业发展具有里程碑意义。

（5）有法可依的新阶段（2017 年至今）。由财政部发布的，自 2017 年 6 月 1 日起施行的《资产评估行业财政监督管理办法》（以下简称"办法"）进一步规范了资产评估行业行政管理的方式、内容和边界。目前，中国资产评估协会发布了 25 项资产评估执业准则和 1 项职业道德准则修订稿，自 2017 年 10 月 1 日起施行。此次修订是资产评估行业加强《资产评估法》配套制度建设的又一重要举措。我国资产评估法律体系开始进入规范健全阶段，进入到有法可依的新时代，我国资产评估行业的发展踏上了一个新台阶。

1.1.3.2 资产评估的未来趋势

资产评估的业务与市场经济发展密切相关，随着我国经济发展进入新常态，国家在全面深化改革和推进依法治国的基础上，必将着力推进更加开放的经济发展。根据现阶段我国的经济发展状况和国内外形势的变化，特别是在新冠肺炎疫情暴发、中美贸易摩擦和中美经济竞争趋势明显加剧的大背景下，资产评估行业发展的内外环境发生了较大的变化，概括起来主要体现在以下几个方面：

（1）资产评估市场环境发生了深刻变化。为了应对经济发展新常态，评估传统市场将随着经济发展方式和结构调整发生变化，新兴市场则会随着经济发展动力的增强成为新的增长点，而潜在市场将会在产业转型升级、政府职能调整特别是财税体制改革中不断发育。

第一，传统业务市场。传统市场主要面临国有企业改制，以及转向实现混合所有制经济模式的改革，国有企业评估外延扩大，内涵深化，多层次资本市场发展和金融服务市场空间扩大形成资产评估业务。

第二，新兴业务市场。资产评估新兴市场已经拓展到我国社会经济的各个领域和各个方面，国家更加注重发挥资产评估在市场配置资源、产权改革、生态环境建设、文化科技体制改革、公共服务等领域的积极作用，为资产评估行业提供了新的市场空间和业务增长点。

第三，潜在业务市场。由于我国经济结构从以增量扩能为主转向调整存量、做优增量并存的深度调整，资产评估在现代金融服务建设、网络和 IT 产业发展、企业资产财务质量内控、公允价值计量等方面大有可为。资产评估服务于政府职能转变，产生了服务于财税改革的财政项目管理和绩效评价评估、PPP（公私合作模式）评估、房地产税的税基评估、地方债务管理、政府资产管理、政府综合财务报告和政府购买服务等丰富的潜在市场。

（2）评估市场需求发生了结构性改变。资产评估市场结构性过剩和新常态下服务能力不足并存，评估机构在传统市场中过度竞争，但是对经济趋势性变化中出现的新市场机会却难以把握。

第一，一般业务的评估服务。一般业务的评估服务主要是单项资产、企业价值评估以及中外合资、合作及国有企业改制等法定传统评估业务，由于政府部门和相关监管当局对评估项目实行备案管理，评估方法成熟，执业风险较低，导致形成了供大于求的买方服务市场，评估市场服务价格竞争激烈。

第二，海外市场的拓展服务。海外市场的拓展服务面临以市场化、国际化为取向的资本市场改革。随着我国经济发展"引进来"和"走出去"战略的实施，需对高新技术、轻资产、知识产权和并购溢价等海外领域进行合理估值，且在国家治理现代化和财税体制改革中产生了大量的资产评估服务需求，然而新常态下的资产评估机构还没有完全在理论方法、准则、技术和专业能力上形成充分适应国际市场的核心竞争力，且创新驱动有待加强，专业能力不能完全满足对新兴高端服务的需求。

第三，资产评估行业机构转型升级。目前，资产评估机构和人员对各个细分市场应采取不同的战略，巩固和深化传统市场，拓展和培育高端市场，努力实现评估业务的经常化和稳定化。由于评估机构布局不合理，大型资产评估机构相对较少，中小评估机构较多，服务高端业务的机构竞争不充分，服务低端业务的机构竞争激烈，难以满足经济社会发展对评估机构的差异化需求，行业发展实现转型升级的任务艰巨。

（3）评估市场监管日趋严格。国际贸易和经济竞争加剧，使经济发展出现了新的动向，增加了诸多的不确定性，这就要求资产评估行业要适应时代的发展，特别是资本市场的监管发生了较大的转变，对资产评估过程的要求提高，资产评估市场的职业环境发生重大的变化。

第一，市场的准入放宽，但监管趋严。从资产评估市场准入机制来看，上市公司重大资产重组定价市场率先发出开放市场的信号，除具有评估资质的机构外，其他专业中介机构也可以参与非国有资产评估项目的重组定价，但对资产评估机构和人员的监管趋严，从近几年的资本市场实践看，明显加大了对违规的处罚力度。

第二，服务价格市场化，但低价竞争时有发生。2014年12月，国家发展和改革委员会发布了《关于放开部分服务价格意见的通知》，放开了包括资产评估在内的已具备竞争条件的服务价格，资产评估服务收费全面市场化，这虽然可以满足市场发展的需要，实现优胜劣汰，但却导致了市场的低价竞争，出现了良莠不齐的乱象。

第三，市场竞争加剧，行业分化组合将成为趋势。资产评估行业的市场竞争转向质量竞争、差异化竞争，行业收入转向中低速增长，评估机构开始优胜劣汰，评估机构之间的分化组合将成为趋势，市场集中度将进一步提高，大机构的优势将愈加明显。

（4）行业管理模式发生重大变革。在国家积极推进"放管服"制度改革的大背景下，资产评估管理发生了重大变革。

第一，政府管理职能。国务院发布了《关于取消和调整一批行政审批项目等事项的决定》（国发〔2014〕27号文件），取消了注册资产评估师等准入类职业资格，改为水平评价类职业资格。开展国家工商注册登记制度改革，取消了公司设立注册资本限制，评估机构的审批由前置审批改为后置审批，财政部要求做好工商登记制度改革后资产评估机构的审批管理衔接工作。

第二，自律管理。政府通过职业资格管理方式的改革，将资产评估师考试管理等政府职能交给行业协会，评估机构审批方式的改变也赋予协会更多的管理职责，行业协会将会承担更大的责任。在新政策的研究和行业制度设计方面，特别是行政职能承接、行业管理模式、人员考试培训、会员登记和机构管理等关键问题上，协会的自律管理职能在不断强化。

第三，行业管理。我国在连续取消多项行政审批项目后，国务院在2015年召开的首次常务会议中继续简政放权，减少政府管制，对资产评估等服务业提出更高的要求。在国务院发布的《服务业发展"十三五"规划》等文件中，资产评估为社会经济服务的功能越来越受国家重视，在2021年制订的"十四五"规划中，明确将数据资产的评估纳入发展规划，体现了资产评估行业越来越重要，但资产评估行业的发展水平与市场经济发展的要求还有差距，加快资产评估行业转型升级和自主发展，需要在转变观念、创新管理和提升能力上主动布局、积极作为。

（5）国际合作与竞争日趋扩大。自我国提出"一带一路"倡议、中小中介机构大范围降税减费政策实施以来，企业"引进来"和"走出去"已初见成效，国际化已成为中国资产评估行业发展的必然选择。

第一，相关的评估准则基本相通。我国资产评估准则已经实现了与国际评估准则实质性趋同，主要表现在资产评估理念、评估方法、价值类型等方面，并从最初全面跟行国际评估准则，到逐步并行，再到现在的多项评估准则实现领行，如金融不良资产、投资性房地产、著作权、商标权、专利权、实物期权等，当然还有一些评估准则填补了国际空白。

第二，评估国际市场。2016年，我国实际使用外资和对外投资规模均超过1000亿美元，对外投资首次超过利用外资的规模，自此开始，我国成为资本的净输出国。中国资产评估行业应服务于国家对外开放的经济战略，在"一带一路"倡议和企业海外并购的大背景下，将延伸国内外服务链条，为我国企业海外并购和跨国经营等提供专业技术支撑。

第三，评估国际合作。评估国际交流已经成为行业发展的内在需要，也成为国际评估同行了解中国评估发展的必然要求。中国资产评估协会从成立之初就重视国际交流，经过30多年的发展，已经与多个国家和地区的评估组织建立了联系，跟这些国家和地区的评估组织签订了专业合作备忘录，还与各国际评估组织开展了各种学术研究讨论，已经成为国际评估界一支举足轻重的力量，在多个国际组织中担任了重要角色，还成功推荐了协会成员、行业专家担任国际评估准则理事会咨询论坛组成员、国际评估准则理事会专业委员会委员等。

1.2 资产评估的主体与客体

1.2.1 资产评估的主体及其构成

资产评估的主体是指资产评估业务的承担者，包括资产评估专业人员及资产评估专业机构。评估机构是由专业资产评估人员构成的，资产评估专业人员是指专门从事资产评估工作的人员，包括具有执业资格的资产评估师和其他具有评估专业知识及实践经验的评估从业人员。资产评估直接涉及资产业务当事人各方的权益，是一项政策性、专业性和法律性很强的工作，因此无论是对评估机构还是对评估人员都有较高的要求。资产评估人员必须拥有较为广博的知识，包括工程技术（房屋建筑与机器设备）、经济预测、财务会计、经济学、财政学、金融、法律等方面知识，还要拥有丰富的资产评估实践经验和良好的职业道德，要经过严格的考试和考核，并取得资产评估管理机构确认的资产评估资格。

资产评估机构及其资产评估专业人员开展资产评估业务时应当遵守法律、行政法规的规定，坚持独立、客观、公正的原则。资产评估机构及其资产评估专业人员应当诚实守信，勤勉尽责，谨慎从业，遵守职业道德规范，自觉维护职业形象，不得从事损害职业形象的活动。

资产评估机构及其资产评估专业人员开展资产评估业务时，应当独立进行分析和估算，并形成专业意见，拒绝委托人或者其他相关当事人的干预，不得直接以预先设定的价值作为评估结论。

1.2.1.1 资产评估人员资格和分类

（1）资产评估人员资格。我国实施的资产评估人员资格制度大概分为两个阶段。1995~2014 年，资产评估人员实施的是注册资产评估师职业资格；从 2015 年以后，资产评估人员实施的是资产评估师行业准入执业资格。

（2）资产评估专业人员分类。资产评估专业人员分类是根据评估实践和市场的需要并依据需求导向划分的。根据不同的分类标准，资产评估专业人员可以分成若干种类。

第一，从评估报告签字权力与责任的角度划分，资产评估专业人员可以划分为资产评估师和其他资产评估专业人员。法定评估业务的评估报告，必须由资产评估师（至少 2 名承办者）签字方可。非法定评估业务的评估报告，由资产评估专业人员（至少 2 名承办者）签字亦可。

第二，从执业领域跨度的角度划分，资产评估专业人员可以大致分为综合类评估专业人员和专项评估专业人员。综合类评估专业人员是指业务范围不局限于某一具体专业方面，而是能够跨专业评估的评估专业人员。专项评估专业人员是指业务范围仅限于某一具体专业方面的评估专业人员。

第三，从评估机构内部分工的角度划分，评估专业人员大致可以划分为管理人员、营销人员、具体执业评估人员。管理人员是指负责评估机构人员管理和业务管理等的管理者。营销人员是指负责承揽评估业务、推荐评估机构的工作人员。具体执业评估人员是指在评估机构中从事资产评估及其他估值业务的专门执业人员。

根据评估实践、评估行业管理与评估研究的需要，评估专业人员分类会有许多划分标准，分类标准不同就产生了不同的评估专业人员类别。随着评估实践、评估行业管理与评估研究的深入，评估专业人员的分类标准可能会发生变化，因此评估业人员的分类并不是一成不变的。

1.2.1.2 资产评估机构的设立

评估机构是指依法采用合伙或公司形式，聘用评估专业人员开展评估业务的组织。具体来说，资产评估机构是由一定数量资产评估专业人员组成，依法成立，领取营业执照，并在相关政府部门备案的享有独立民事责任的法人或非法人组织，如资产评估事务所或资产评估公司等。

根据《资产评估法》的有关规定，资产评估机构的设立必须具备以下条件：

（1）设立合伙制资产评估机构，除符合国家有关法律法规规定外，还应当具备下列条件：①应当有2名以上评估师；②合伙人2/3以上应当是具有三年以上从业经历且最近三年内未受停止从业处罚的评估师。

（2）设立公司制资产评估机构，除符合国家有关法律法规规定外，还应当具备下列条件：①有2名以上股东，其中2/3以上股东应当是具有三年以上从业经历且最近三年内未受停止从业处罚的评估师；②有8名以上评估师。

1.2.1.3 资产评估机构分类

从目前的发展趋势来看，我国的资产评估机构大致可以从以下三个方面进行分类：

（1）从资产评估机构的执业范围角度划分，资产评估机构可划分为专项资产评估机构和综合资产评估机构两种类型。

专项资产评估机构是指专门评估某一领域或某一种类资产（评估对象）的评估机构，如专门评估土地的评估机构、专门评估房地产的评估机构、专门评估无形资产的评估机构等。专项资产评估机构的评估范围相对集中，对评估对象的性质、功能和市场状况的认识具有比较优势和专业性，因而其专业化程度和专业技术水平相对比较高，具有比较明显的专业优势。

综合资产评估机构是指那些开展多种评估服务活动的资产评估机构。在一般情况下，综合资产评估机构的评估业务范围和领域比较广泛，例如机器设备评估、房地产评估、无形资产评估、企业价值评估、矿业权评估等。综合资产评估机构集中了各类专业评估人员，评估机构的整体素质相对较高。

（2）从资产评估机构的企业组织形式角度划分，资产评估机构可划分为合伙制资产评估机构和公司制资产评估机构。

合伙制资产评估机构可划分为普通合伙和特殊普通合伙两种形式。普通合伙评估机构由两名以上发起人共同出资设立，共同经营，对合伙债务承担无限连带责任。特殊普通合伙评估机构是指机构以其全部资产对其债务承担有限责任，机构的合伙人对其个人执业行为承担无限责任的特殊合伙组织。

公司制资产评估机构可划分为有限责任公司和股份有限公司两种形式。有限责任公司资产评估机构由发起人股东对资产评估机构认缴出资额共同出资设立，并以其所认缴的出资额对资产评估机构承担有限责任，评估机构以其全部财产对其债务承担责任。股份有限公司资产评估机构是指机构将其全部资本分为等额股份，由股东认购相应股份，并以所持股份对资产评估机构承担有限责任，资产评估机构以其全部资产对其债务承担有限责任的组织。

（3）从资产评估机构执业级次的角度划分，资产评估机构可划分为 A 级和 B 级两类评估机构。

A 级资产评估机构可以从事包括上市公司评估业务在内的资产评估项目，通常将 A 级评估机构称为证券业资格评估机构。B 级资产评估机构可从事除上市公司评估业务以外的其他资产评估项目，通常将 B 级评估机构称为非证券业资格评估机构。凡经资产评估行政管理部门审查合格，并取得相应等级资产评估资格的机构均可以从事国有资产评估及非国有资产评估。其中，综合资产评估机构可以从事与其执业资格等级相适应的土地、房地产、机器设备、流动资产、无形资产、其他长期资产及整体资产评估项目。从事土地、房地产或无形资产等专项资产评估业务的机构，其评估资格等级只限于 B 级以下，评估范围只限于各专项资产相应的范围之内。各等级的资产评机构开展资产评估业务，不受地区、部门的限制，可在全国范围内从事与该资格等级相适应的资产评估工作。2019 年 12 月 28 日十三届全国人大常委会第十五次会议修订《中华人民共和国证券法》，自 2020 年 3 月 1 日起施行。在我国"放管服"改革背景下，新《证券法》取消证券资质实施双备案制，即简政放权、降低准入门槛，创新监管，促进公平竞争，高效服务，营造便利环境，资产评估机构从事证券类资产评估业务，不再需要财政部、证监会批准的《证券期货相关业务评估资格证书》，而是向证监会和国务院有关主管部门备案后即可。

1.2.2 资产评估主体的权利和义务

1.2.2.1 资产评估人员

资产评估人员的权利与义务以及不得存在的行为主要体现在以下几个方面：

（1）评估专业人员享有下列权利：①要求委托人提供相关的权属证明、财务会计信息和其他资料，以及为执行公允评估程序所需的必要协助。②依法向有关国家机关或其他组织查阅从事业务所需的文件、证明和资料。③拒绝委托人或者其他组织、个人对评估行为和评估结果的非法干预。④依法签署评估报告。⑤法律、行政法规规定的其他权利。

（2）评估专业人员应当履行下列义务：①诚实守信，依法独立、客观、公正从事业务。②遵守评估准则，履行调查职责，独立分析估算，勤勉谨慎从事业务。③完成规定的继续教育，保持和提高专业能力。④对评估活动中使用的有关文件、证明和资料的真实性、准确性、完整性进行核查和验证。⑤对评估活动中知悉的国家秘密、商业秘密和个人隐私予以保密。⑥与委托人或者其他相关当事人及评估对象有利害关系的，应当回避。⑦接受行业协会的自律管理，履行行业协会章程规定的义务。⑧法律、行政法规规定的其他义务。

（3）评估专业人员不得有下列行为：①私自接受委托从事业务、收取费用。②同时在两个以上评估机构从事业务。③采用欺骗、利诱、胁迫，或者贬损、诋毁其他评估专业人员等不正当手段招揽业务。④允许他人以本人名义从事业务，或者冒用他人名义从事业务。⑤签署本人未承办业务的评估报告。⑥索要、收受或者变相索要、收受合同约定以外的酬金、财物，或者谋取其他不正当利益。⑦签署虚假评估报告或者有重大遗漏的评估报告。⑧违反法律、行政法规的其他行为。

1.2.2.2　资产评估机构

资产评估机构的权利与义务以及不得存在的行为主要体现在以下几个方面：

（1）评估机构享有下列权利：①委托人拒绝提供或者不如实提供执行评估业务所需的权属证明、财务会计信息和其他资料的，评估机构有权依法拒绝其履行合同的要求。②委托人要求出具虚假评估报告或者有其他非法干预评估结果情形的，评估机构有权解除合同。

（2）评估机构应该履行下列义务：①评估机构应当依法独立、客观、公正开展业务，建立健全质量控制制度，保证评估报告的客观、真实、合理。②评估机构应当建立健全内部管理制度，对本机构的评估专业人员遵守法律、行政法规和评估准则的情况进行监督，并对其从业行为负责。③评估机构应当依法接受监督检查，如实提供评估档案以及相关情况。

（3）评估机构不得有下列行为：①利用开展业务之便，谋取不正当利益。②允许其他机构以本机构名义开展业务，或者冒用其他机构名义开展业务。③以恶性压价、支付回扣、虚假宣传，或者贬损、诋毁其他评估机构等不正当手段招揽业务。④受理与自身有利害关系的业务。⑤分别接受利益冲突双方的委托，对同一评估对象进行评估。⑥出具虚假评估报告或者有重大遗漏的评估报告。⑦聘用或者指定不符合《中华人民共和国资产评估法》规定的人员从事评估业务。⑧违反法律、行政法规的其他行为。

1.2.3　资产评估的客体及基本特征

1.2.3.1　资产评估的客体

从理论层面上讲，资产评估客体通常泛指可以利用估值技术评价的各种事物和事项，包含但不限于资产和负债。这样的表述明确地表达了资产评估客体是指包括了资产在内的所有需要利用估值技术服务的可以用货币表示的经济事项。资产是资产评估客体中的最主要的组成部分。

资产是一个多角度、多层面的概念。在资产的概念中既有经济学的资产概念，也有会计学的资产概念、其他学科的资产概念等，准确地理解各类资产的概念是评估人员把握资产评估客体及对象的基础。

经济学中的资产泛指特定经济主体拥有或控制的，能够给特定经济主体带来经济利益的经济资源，也可将其表述为特定经济主体拥有或控制的，具有内在经济价值的实物和无形的权利。

会计学中的资产是指由过去的交易或事项形成的，并由企业拥有或控制的资源，该资源预期会给企业带来经济利益。会计学中的资产主要指的是企业中的资产，这是资产评估客体中的重要组成部分，但资产评估客体或资产评估中的资产并不完全局限于企业中的资产。

作为资产评估客体的资产，其内涵更接近于经济学中的资产，即特定权利主体拥有或控制的并能给特定权利主体带来未来经济利益的经济资源；而外延则包括具有内在经济价值，以及市场交换价值的所有实物和无形的权利。可以利用估值技术评价的资产以外的其他事物和事项，包括企业负债、成本等。

1.2.3.2　资产评估客体的基本特征

（1）资产的特征。①资产必须是经济主体拥有或者控制的。依法取得财产权利是经济主体拥有并支配资产的前提条件。对于一些以特殊方式形成的资产，经济主体虽然对其不拥有完全的所有权，但依据合法程序能够实际控制的，如融资租入固定资产、土地使用权等，按照实质重于形式原则的要求，也应当将其作为经济主体资产予以确认。②资产是能够给经济主体带来经济利益的资源，即渴望给经济主体带来现金流入的资源。资产具有能够带来未来利益的潜在能力，如果被恰当使用，资产的获利潜力就能够实现，进而使资产具有使用价值和交换价值。具有使用价值和交换价值，并能给经济主体带来未来效益的经济资源，才能作为资产确认。③资产评估中的资产必须能以货币计量。也就是说，资产的价值要能够运用货币进行计量，否则就不能作为资产评估中的资产确认。

（2）需要利用估值技术服务的其他经济事项的特征。需要利用估值技术服务的其他经济事项泛指除资产以外的需要利用估值技术服务才能实现其计量目的的经济事项。所以，作为资产评估客体的其他经济事项必须能以货币计量，而这种计量需要利用估值的思路和评估技术才能实现其计量的目的。

（3）资产的确认标准。①现实性。现实性表明经济资源在评估时点已经存在，是已经发生的经济活动的结果，并且在评估时点仍然存在。如某项专利是企业购买的结果，并且在评估时点仍处于有效保护期。②控制性。控制性是指以企事业单位或个人对经济资源的控制权来定义被评估资产的边界，而不论资产是其用自有资金投资购建，还是负债购建，或是租入。③有效性。有效性，一是表明已无实际资产对应的待摊费用等不能列作被评估资产；二是表明无论是否是劳动产品，只要有效用即可作为被评估资产，如土地使用权、专营权都不是劳动产品，却可为其控制者带来经济利益。④稀缺性。稀缺性表明要获得具有稀缺性经济资源的控制权，就必须付出代价。也正因为如此，经济资源才成为资产。⑤合法性。合法性是指企事业单位或个人控制的经济资源具有合法性，受到法律保护，即非法经济资源不能被确认为被评估资产。

1.2.3.3 评估客体的分类

（1）按资产分类。①按资产的存在形态，可以将资产分为有形资产和无形资产。有形资产是指具有实物形态的资产，包括机器设备、房屋建筑物、流动资产等。无形资产是指没有实物形态，但在很大程度上制约着企业物质产品生产能力和生产质量，直接影响企业经济效益的资产，主要包括专利权、商标权、非专利技术、土地使用权、商誉等。②按资产的构成和是否具有综合获利能力，可以将资产分为单项资产和整体资产。单项资产是指单台、单件的资产；整体资产是指由一组单项资产组成的具有整体获利能力的资产综合体。③按资产能否独立存在，可以将资产分为可确指资产和不可确指资产。可确指资产是指能独立存在的资产，前面所列示的有形资产和无形资产，除商誉外都是可确指资产；不可确指资产是指不能脱离企业有形资产而单独存在的资产，如商誉。商誉是指企业基于地理位置优越、信誉卓著、生产经营出色、劳动效率高、历史悠久、经验丰富、技术先进等原因，所获得的投资收益率高于一般正常投资收益率所形成的超额收益资本化的结果。④按资产与生产经营过程的关系，可以将资产分为经营性资产和非经营性资产。经营性资产是指处于生产经营过程中的资产，如企业的机器设备、厂房、交通工具等。经营性资产又可按是否对盈利产生贡献分为有效资产和无效资产。非经营性资产是指处于生产经营过程以外的资产。⑤按企业会计准则及其资产的流动性，可以将资产分为流动资产、长期投资、固定资产和无形资产等。

（2）按需要利用估值技术服务的其他经济事项的分类。需要利用估值技术服务的其他经济事项并不是一个边界十分清晰的概念，只要能以货币计量，且需要利用估值的思路和评估技术才能实现其计量目的的都可以称为需要利用估值技术服务的其他经济事项。所以，需要利用估值技术服务的其他经济事项的分类只能就在评估实务中较为常见的经济事项进行列举。例如，①债务。债务主要包括在企业价值评估中涉及的企业债务，以及其他经济行为涉及的单项债务。②成本费用。③其他。

1.3 资产评估在市场经济中的地位与作用

资产评估在中国特色社会主义市场经济建设、国有经济体制改革、经济发展方式转变和产业结构优化升级、社会进步和发展等方面做出了积极的贡献，已成为我国经济体制改革的重要专业服务领域。

1.3.1　我国资产评估在市场经济中的地位

1.3.1.1　资产评估行业是市场经济不可或缺的专业服务行业

市场经济的特征是生产要素在经济活动中无障碍地流通，调节生产要素在不同部门的流出/流入，以实现其有效配置，从而使其获利能力达到最大化。资产作为生产要素，其交易价值是由其有效配置下的获利能力决定的，交易价格实质上是其获利能力的价值表现。受市场环境和资源配置等各种因素的影响，资产一般不能简单地按原值或账面价值进行交易，否则会损害交易一方的利益，影响资产的合理流动。资产评估的目的在于促进交易各方当事人的合理决策，为资产交易双方理性确定资产交易价格、保障产权有序流转提供价值尺度。作为一项动态化、市场化的社会活动，资产评估是市场经济条件下不可或缺的专业服务行业。

1.3.1.2　资产评估行业是现代服务业的重要专业组成部分

现代服务业通常是指智力化、资本化、专业化、效率化的服务业，已经成为衡量一个地区或国家综合竞争力和现代化水平的重要标志之一。资产评估行业具备典型的现代服务业特征，具有技术密集、知识密集、高附加值、低资源消耗、低环境污染、高产业带动力等现代高端服务业特点，是专业服务业的重要组成部分，也成为通用商业化语言。一是服务主体具有专业性；二是服务对象具有高端性；三是服务行为具有公正性。资产评估作为现代专业服务行业的一份子，不但是经济社会发展中的重要专业力量，也是财政管理中的重要基础工作。

1.3.1.3　资产评估是我国经济体制改革逐步深化的重要专业支撑力量

1984年10月，党的十二届三中全会通过《关于经济体制改革的决定》，第一次明确指出我国的社会主义经济不是计划经济，而是有计划的商品经济。1992年10月，党的十四大改变了过去建立有计划的商品经济的提法，第一次把社会主义市场经济确立为我国经济体制改革的目标模式。2002年，党的十六大提出，到2020年建成完善的社会主义市场经济体制的改革目标；2003年，党的十六届三中全会对建设完善的社会主义市场经济体制做出全面部署。2012年至今，我国进入了全面深化改革的新时代。中国倡导的"一带一路"建设，2021年全面脱贫攻坚等目标的实现等，资产评估行业都在其中发挥了重要的专业支撑作用。

1.3.2　资产评估在市场经济中的作用

我国经济体制改革的基本目标就是要建立和完善社会主义市场经济体制。完善的市场经济体系的形成与发展都必须以科学的资产评估作为基本条件之一。只有在资产评估的基础上，各种交易或交换才能更加公平、合理，规范的市场体系才有可能逐步建立。资产评估是市场经济发展到一定阶段的产物，但它反过来又服务于市场经济建设，对市场经济建设起促进作用。这些作用具体表现在以下几个方面：

第一，有助于促进国有企业的改革和国有经济的战略性重组。在经济转型中，资产评估为国有企业的兼并、改制、重组、拍卖、租赁、破产、抵押、担保等涉及产权变动的经济活动提供了价值鉴证服务，促进了国有企业改革的顺利进行，推动了国有经济的战略性重组。首先，在国有企业改革过程中，资产评估在防止国有企业经营者的寻租行为，避免非国有主体对国有资产的侵害等方面可以发挥重要作用。其次，国有企业改革和国有经济的战略性调整必然涉及大量产权变动行为，而这些资产缺少市场定价依据，资产评估通过模拟市场条件，为这些资产定价提供了参考依据，推动了国有企业改革和国有经济重组的顺利进行。最后，通过资产评估促进存量国有无形资产资本化，为解决国有企业亏损、银行坏账和社保压力创造了条件。

第二，有助于改善企业经营管理和加快现代企业制度的建立。虽然我国企业资产管理采用了现代财务制度和统计制度，然而由于现代会计体系以历史成本为记账基础，无法及时正确地反映资产价值的实际变化，以致企业资产账面价值偏离实际价值，从而不利于企业资产管理和技术改造。通过对企业资产进行评估，可以正确地了解资产的使用价值、现时性能、功能损耗、获利能力，从而有助于经营者和管理人员针对资产存量和流量中存在的问题采取合理对策，实施有效的经营管理措施。此外，良好的企业经营管理是建立在现代企业制度基础之上的。建立现代企业制度的基本途径之一就是对传统企业组织方式进行股份制改造。在这一过程中，资产评估就成为加快现代企业制度创建的必要手段与环节。

第三，有助于促进我国资本市场的发展。发展多层次资本市场是中国政府深化改革的一项重要措施。在市场经济条件下，企业仅依靠自身的资金无法满足发展的需要，还必须通过发行股票、债券，或取得贷款等方式筹资。资产评估为降低资本市场的交易成本、促成这些交易的达成提供了条件。中国资本市场的发展与繁荣和企业改制上市是分不开的，按照相关规定，企业在改制上市前，应对其全部资产进行评估，以评估后的净资产为改制依据。股东用实物资产追加投资时，也必须经评估后方可折成股份。

第四，有助于维护市场经济秩序，促进多种经济成分的共同发展。在改革开放过程中，中国的资产评估行业积极为各种经济成分提供评估和其他咨询服务，有效地维护了各类企业的合法权益。近年来，不涉及国有资产的评估业务呈逐年增加的趋势。在涉及国有资产的评估项目中，也存在大量国有经济与非国有经济之间的交易。目前，我国已基本建立起社会主义市场经济框架，市场经济的基本规律要求商品的交易，尤其是资产的交易必须公平公正。资产评估正是以其中介的身份为交易的双方提供客观公正的专业咨询意见，减少了经济运行的交易成本，规范了交易行为，维护了市场经济的正常运行。

第五，有利于提高对外开放的质量，增强对外资的吸引力。我国的对外开放政策吸引了大批外商来我国投资，为弥补我国经济发展中资金不足和提高生产经营水平起到了重要作用。近年来，随着综合国力的增强，中国企业在海外的投资也迅速增加。通过广泛开展与强化资产评估，不仅有利于克服对外方资产信息不对称的问题，也有助于防范中方资产流失的风险，进而规范和促进该类经济活动，提高对外开放的质量。

第六，有利于促进高新技术成果的转化。现代市场经济通过对专利、专有技术、商标、计算机软件等各种无形资产的评估，保护了知识产权所有人的合法权益，促进了高新技术成果的转化。资产评估的内容之一就是对专利技术、商标权和著作权等知识产权的评估。在进行知识产权转让和涉及知识产权的诉讼案件中，难点问题之一就是如何评定知识产权的价值或因知识产权受到损害所蒙受损失的价值。只有通过科学地评估知识产权的价值，才能依法有效处理涉及知识产权的经济问题与司法问题。随着知识产权交易和涉及知识产权案例的大量增加，资产评估在这一领域将发挥越来越重要的作用。

本章小结

资产评估活动历经长期的发展与完善，已成为现代市场经济中发挥基础性作用的专业服务行业之一。资产评估大体经历了三个发展阶段：原始评估阶段、经验评估阶段和科学评估阶段。

资产评估主体是指资产评估业务的承担者，具体包括资产评估专业人员及资产评估专业机构。评估机构是由专业资产评估人员构成的，资产评估专业人员是指专门从事资产评估工作的人员，具体包括具有执业资格的资产评估师和其他具有评估专业知识及实践经验的评估从业人员。

资产评估客体通常泛指可以利用估值技术评价的各种事物和事项，包含但不限于资产和负债。上面的表述，明确地表达了资产评估客体是指包括了资产在内的所有需要利用估值技术服务的、可以用货币表示的经济事项。资产是资产评估客体中最主要的组成部分。

我国的资产评估在中国特色社会主义市场经济建设、国有经济体制改革、经济发展方式转变和产业结构优化升级、社会进步和发展等方面做出了积极的贡献，已成为我国经济体制改革的重要专业服务领域。它是市场经济不可或缺的专业服务行业；是现代服务业的重要专业组成部分；是我国经济体制改革逐步深化的重要专业支撑力量。

资产评估是市场经济发展到一定阶段的产物，但它反过来又服务于市场经济建设，对市场经济建设起促进作用。第一，可以促进国有企业的改革和国有经济的战略性重组。第二，有助于改善企业经营管理和加快现代企业制度的建立。第三。可以促进我国资本市场的发展。第四，有助于维护市场经济秩序，促进多种经济成分的共同发展。第五，有利于提高对外开放的质量，增强对外资的吸引力。第六，有利于促进高新技术成果的转化。

章后练习

单项选择题

1. 从估值的角度，决定资产评估价值最主要的因素是（ ）。
   A. 资产的生产成本   B. 资产的预期效用
   C. 资产的历史收益   D. 资产的账面价值

2. 从性质上讲，资产的评估价值是注册资产评估师对被评估资产在评估基准日的（ ）估计值。
   A. 成交价格   B. 重建成本   C. 交换价值   D. 劳动价值

3. 从本质上讲，资产评估是一种（ ）活动。
   A. 事实判断估算   B. 价值分析估算
   C. 价格分析确定   D. 资产保值估算

4. 资产评估结论为资产评估提供专业化估价意见，这体现了资产评估的（ ）作用。
   A. 咨询作用   B. 管理作用   C. 监督作用   D. 定价作用

5. 恰当地选择评估基准日，这体现的是（ ）。
   A. 估价时点原则   B. 供求原则
   C. 贡献原则   D. 预期收益原则

6. 在资产评估中确实存在着评估数据、评估方法等的合理替代问题，公正进行资产评估的重要保证是正确运用（ ）。
   A. 替代原则   B. 评估时点原则
   C. 贡献原则   D. 预期收益原则

7. 评估人员判断资产价值的一个最基本的依据是（ ）。
   A. 预期收益原则   B. 供求原则
   C. 客观公正性原则   D. 贡献原则

8. 资产评估值的高低主要取决于（ ）。
   A. 资产的历史收益   B. 资产的社会必要劳动时间
   C. 资产的效用   D. 资产的购置成本

9. 资产的价值是由资产所具有的（ ）决定的。
   A. 权利   B. 获利能力   C. 基本用途   D. 变现能力

10. 在资产评估过程中，资产的价值可以不按照过去的生产成本或销售价格决定，而是基于对未来收益的期望值决定，这是资产评估的（ ）。
    A. 独立性原则   B. 贡献原则
    C. 替代原则   D. 预期收益原则

参考答案 ┊ ···

延伸阅读 ┊ ···

2

资产评估相关价值理论基础

📖 主要知识点

劳动价值论、效用价值论、交易成本理论、预期理论、均衡理论、规模经济、时间价值理论、资产定价理论

2.1 资产评估基础理论

价值理论是社会科学的基础理论之一，它在整个社会科学中占有十分重要的地位，几乎与所有社会科学或多或少地存在某种联系。

从古代的哲学家亚里士多德到近代的亚当·斯密、马克思、马歇尔等经济学家，曾经从不同的角度对价值进行过研究，经过长期的讨论发展后，价值的概念出现了种类繁多、莫衷一是的诠释。从学科属性总结价值理论可以发现其存在以下三个特点：一是不同学科对价值理论的内涵有着不同的性质定义，哲学上的价值被定义为物品对人的意义和作用，如功利价值、道德价值、审美价值等，政治经济学的价值被定义为劳动价值量，价值工程的价值被定义为功能与成本的比值关系；二是同一学科在不同的历史阶段对价值定义会出现不同的内涵，如经济学中的价值定义在古典经济学中称为劳动价值，在新古典经济学称为边际效用价值、均衡价值等；三是同一学科从不同的视角对价值定义也会存在不同的理解，如经济学中的使用价值、投资价值等。

为了从资产评估的角度更清晰理解价值理论，我们将重点放在哲学意义上的价值理论和经济学上的价值理论，其中经济学的价值理论又分为劳动价值论、效用价值论和产权价值论。

2.1.1 劳动价值论的主要内容

劳动价值论是资产评估的基础理论之一，它是阐述商品价值决定于人类无差别的一般劳动的理论。劳动价值论认为价值实体是客观的，衡量价值的尺度也是客观的。

2.1.1.1 商品的使用价值和交换价值原理

商品是用来交换的劳动产品。商品包含使用价值和价值两个要素，是使用价

值和价值的统一。

（1）使用价值。使用价值是指物品和服务能够满足人们某种需要的属性，即物品和服务的有用性。任何商品，首先必须能够满足人们的某种需要，即具有某种使用价值。商品的使用价值是由它的自然属性决定的。商品的自然属性不同，它的使用价值也会不同，同一种商品还可以兼有各种自然属性，具有多种使用价值。使用价值构成社会财富的物质内容，反映的是人与自然之间的物质关系。商品通过交换让渡给他人使用进入消费环节，因此商品的使用价值是交换价值的物质承担者。

（2）交换价值。商品能够通过买卖同其他商品相交换的属性，是商品的交换价值。交换价值表现为一种使用价值同另一种使用价值相交换的量的比例关系。交换价值是相对的，不同的交换对象有不同的交换价值，并且会因时因地而发生变化。

两种使用价值完全不同的商品，之所以能按照一定的比例相交换，说明存在着一种可以相互比较的共同属性。事实上，任何商品在被生产出来的时候，都耗费了人类劳动，都是人类劳动的产物。这种凝结在商品中无差别的一般人类劳动，就是商品的价值。一切商品之所以能够交换，就是因为商品里面各自凝结了等量的人类劳动，或者说具有等量的价值。商品的价值通过交换得到体现。所以，交换价值是价值的表现形式，而价值是交换价值的基础。没有价值的东西，也就没有交换的价值。商品按价值交换，从本质上看，是生产者之间的劳动交换。它体现着商品生产者之间的生产关系。

（3）交换价值、使用价值和价值的关系。商品是使用价值和价值的对立统一体。一方面，二者是统一的，是互相依存、互为条件的。作为商品，必须同时具有使用价值和价值两个因素。另一方面，二者又是对立的，是相互排斥、互相矛盾的。商品生产者生产商品是为了取得价值，而商品购买者则是为了取得商品的使用价值。卖者必须让渡商品的使用价值，买者必须支付商品的价值。商品的使用价值和价值，二者不能兼得，要得到一方，必须以放弃另一方为前提。使用价值和价值的矛盾是商品的内在矛盾，只有通过交换，才能使商品的内在矛盾得到解决。

2.1.1.2　劳动的具体劳动和抽象劳动原理

商品是由劳动创造的。商品的两要素是由生产商品的劳动二重性决定的，即商品的使用价值和价值是由生产商品的具体劳动和抽象劳动决定的。具体劳动和抽象劳动是同一劳动的两种属性，同一生产商品的劳动可以从抽象形态和具体形态两个方面进行考察。

（1）具体劳动。具体劳动即从劳动的具体形态考察的劳动。生产不同商品的劳动在劳动目的、劳动对象、劳动工具、操作方法、劳动成果上都各不相同。这种在一定的具体形式下进行的劳动称为具体劳动。具体劳动创造商品的使用价值。不同商品之所以具有不同的使用价值，除了其构成的物质要素各有其特殊的自然属性外，还因为生产它们的劳动各有其特殊的具体形式。

（2）抽象劳动。抽象劳动即从劳动的抽象形态考察的劳动。如果抽象掉生产商品劳动的具体形式，则所有劳动都是人们的体力和脑力的支出，这是无差别的一般人类劳动。抽象劳动是同质的、无差别的形成商品价值的劳动。正是由于商品中所凝结的都是没有质的差别的一般人类劳动，才使各种不同使用价值的商品在价值上可以比较，并能按一定比例相互交换。可见，抽象劳动创造了商品的价值，是价值的实体或价值的唯一源泉，反映着商品生产者之间的经济关系。

（3）具体劳动和抽象劳动的关系。具体劳动和抽象劳动是生产商品的同一劳动过程从不同角度去观察的两个方面。抽象劳动和具体劳动在时间上、空间上都是不可分割的。马克思在《资本论》中提到，"一切劳动，从一方面看，是人类劳动力在生理学意义上的耗费；作为相同的或抽象的人类劳动，它形成商品价值。一切劳动，从另一方面看，是人类劳动力在特殊的有一定目的的形式上的耗费；作为具体的有用劳动，它生产使用价值"。在商品生产和商品交换的经济关系中，具体劳动需要还原为抽象劳动，人类脑力和体力的耗费才形成价值。

2.1.1.3　商品价值量的决定

商品的价值是质和量的统一。价值是抽象劳动的凝结，商品的价值量就是生产商品所耗费的劳动量，即凝结在商品中的一般人类劳动量。劳动量是由劳动时间来衡量的，因此，商品的价值量决定于生产商品的劳动时间，商品的价值量与生产商品的劳动时间成正比。

（1）个别劳动和社会劳动。商品的生产者由于生产的主客观条件不同，所耗费的劳动时间也会不同。各个商品生产者实际耗费的劳动时间就是个别劳动时间，由个别劳动时间形成的价值是商品的个别价值。价值是商品的社会属性，所以商品的价值量不可能由个别劳动时间决定，商品交换也不可能接受这种由个别劳动时间决定的价值量。

商品的价值量只能由生产商品的社会必要劳动时间决定。所谓社会必要劳动时间，就是在现有的社会正常的生产条件下，在社会平均的劳动熟练程度和劳动强度下制造某种使用价值所需要的劳动时间。形成商品价值实体的劳动作为人类无差别的劳动，本身具有一般性。因此，决定商品价值量的劳动时间只能是一般的劳动时间，即社会必要劳动时间。

（2）劳动生产率和价值量。确定商品价值量的社会必要劳动时间不是凝固不变的，它是随着劳动生产率的变化而变化的。劳动生产率是指劳动者在一定时间内生产某种使用价值的效率。由于劳动生产率与劳动的具体形式相关，因此劳动生产率是具体劳动的效率。劳动生产率的高低是由众多因素决定的，其中主要有劳动者的平均熟练程度、科学技术的发展程度及其在生产中的应用、生产过程的社会结合、生产资料的规模和效能以及自然条件等。

2.1.1.4　价值规律及其作用

价值规律是商品生产和交换的基本经济规律，是人类从事一切经济活动都必须遵守的客观规律。价值规律的基本要求是：商品的价值量由生产商品的社会必要劳动时间决定，以此为基础进行商品等价交换。价值规律既是价值量如何决定的规律，也是价值量如何实现的规律。价值规律对市场经济中的个别劳动耗费和社会劳动的使用都具有制约作用，单个商品的价值量是由生产该商品的社会必要劳动时间决定的。一种商品总量的价值量是由生产该商品总量的社会必要劳动时间决定的。

价值规律发挥作用的形式是价格围绕价值波动。现实的市场上出现价格偏离价值的现象，一方面是因为价格对价值的偏离受到货币价值变化的影响，另一方面是因为价格受市场供求关系变动的影响。市场价格决定供求，但供求反过来又会影响商品的市场价格。马克思在《资本论》中提到："一般而言，一切商品的价值，只是由于不断变动的市场价格趋于平衡时才能实现，而这种趋于平衡又是供给和需求不断变动的结果。这种变动主要表现为商品的市场价格与它的价值出现偏离：供不应求，价格就会上涨；供过于求，价格就会下跌。"

价格总是围绕价值上下波动，这种背离现象不是对价值规律的否定。首先，商品价格围绕价值上下波动始终是以价值为基础的。其次，从商品交换的总体来看，价格的涨落会相互抵消，商品的平均价格和价值是相等的。最后，价格的变动也会影响供求关系，在价格的不断波动中，供求趋于平衡，使价格接近价值。可见，价格受供求关系的影响，围绕价值上下波动，是商品经济条件下价值规律作用的形式。

价值规律具有三个重要作用：一是自发地调节生产资料和劳动力在社会各部门之间的分配。这种调节作用是通过价格围绕价值的上下波动和市场竞争实现的。二是刺激生产者的积极性。商品生产者为了多获利润，就必须不断进行技术创新，加强经营管理，提高劳动生产率，在竞争中努力降低商品的价格。三是优胜劣汰，导致生产者两极分化。在市场经济条件下，劳动生产率水平高的商品生产者就会获利多、发展快，在市场竞争中处于有利地位；反之，则会获利少，甚至亏损，在市场竞争中处于不利地位，直至破产。

2.1.2　效用价值论的主要内容

2.1.2.1　效用的概念

效用是指商品或劳务满足人的欲望的能力，或者说，效用是指消费者在消费商品后所感受到的满足程度。一种商品或劳务对消费者是否有效用，取决于消费者是否有消费的欲望以及这种商品或劳务是否具有满足消费者的欲望的能力。效用不具有客观性，不是商品或劳务固有的性质，而是只有在与人的需要发生关系时才会产生。

2.1.2.2　边际效用递减规律及其应用

（1）边际效用。边际效用是指在一定时间内消费者增加一个单位商品或者劳务的消费所得到的增加的效用量或增加的满足，也就是每增加一个单位商品或劳务的消费所得到的总效用增量。边际效用是西方经济学家在分析消费问题和解释价值决定时常用的一个概念，也是效用价值论（特别是边际效用价值论）的基础。

（2）边际效用递减规律。西方经济学家认为，人们希望得到生活享受，其生活目标是把自己的生活享受提到可能高的水平，即追求生活享受总量的最大化。戈森认为，所有的享受中都存在着两个共同特征：一是如果我们连续不断地满足同种享受，那么同一种享受的量就会不断递减，直至最终得到饱和。二是如果我们重复以前满足过的享受，享受量也会发生类似的递减；在重复满足享受的过程中，不仅会发生类似的递减，而且初始感到的享受量也会变得更小，重复享受时感到其为享受的时间更短，饱和感觉则出现得更早。享受重复进行得越快，初始感到的享受量则越少，感到是享受的持续时间也就越短。这种规律就是边际效用递减规律：每增加一个单位商品或劳务，消费者心理上会感到增加的满足或效用越来越小。即随着商品或劳务消费量的增加，总效用递减的速度也会不断增加。

也就是说，给定商品消费组合的情况下，一种商品消费数量固定不变，另一种商品消费数量不断增加，则随着另一种商品消费量的增加，该商品的边际效用递减。

（3）消费者均衡与效用最大化问题。消费者效用最大化原则是表示消费者选择最优的一种商品组合，使自己花费在各种商品上的最后一元钱所带来的边际效用相等（即购买的各种商品的边际效用与价格之相等），最后等于每一元钱带来的边际效用。

2.1.2.3　效用价值论和商品价值

效用价值论也是资产评估的基础理论之一，这里我们来探讨效用价值论与商品价值之间的关系。

（1）商品价值的来源。效用价值论认为价值不是商品的内在属性，而是人的主观评价形成的一种心理认可。该理论认为一切价值只不过是表明了某种关系，价值可分为主观价值和客观价值。

主观价值是一种财货或一类财货对于物主福利所具有的重要性。在此意义上，如果我认为我的福利同某一特定财货有关，占有它就能满足某种需要，能够给予我一种没有它就得不到的喜悦或愉快感，或者它能使我免除一种没有它就必须忍受的痛苦，那么这一特定财货对我是有价值的。主观价值实际上是一种物主对财货的主观心理评价。

主观价值的根源在于物品的有用性和稀缺性。一种物品要具有价值，必须满足两种条件：一是具有有用性；二是具有相对于需求的稀缺性。所有能够满足人们某种独特欲望的商品都具有效用，但是这并不代表这种商品具有价值。只有当商品的效用受到某种局限的时候，其价值才能被体现。也就是说，只有当商品出现稀缺的时候，才能够引起人们对它的渴望，价值的形成是建立在商品稀缺的基础上的。

客观价值指的是一件物品实现某种客观结果的力量或能力。在这个意义上，有多少种和人有关的外部结果，就有多少种价值。例如，食品的营养价值、木材和煤炭的加热价值等。上述例子中的各种客观价值并不属于经济关系，而是属于纯粹技术关系。在政治经济学中这个十分重要的客观价值是物品的客观交换价值。庞巴维克用"客观交换价值"一词指物品在交换中的客观价值，即用它交换其他经济物品的数量。比如，用一匹马换取五十镑，或用一座房子换取一千镑等。

（2）价值量的确定。由于物品的价值对于人类福利的重要性，所以物品的价值量必须是由决定这一商品的福利的量决定的。但物品的价值量并不是决定于任何单位物品提供的主观效用，也不是决定于人对任何单位物品的主观评价，而是决定于人们对最后单位物品的主观评价，决定于最后单位物品能满足人的最不重要的欲望即边际欲望的大小。一件物品的价值，是由现有的同样的一些物品所能满足的一切需要中、最不迫切的那一具体需要的重要性来衡量的。这个最不迫切的需要的重要性就是这个物品的边际效用。至于物品的价值量为何由其边际效用决定，而不是由其最大效用或平均效用决定的问题，庞巴维克用反证法解释了这一观点。因为每一单位的物品都是同质的，它的用途是可以相互交换的，如果物品损失了一个单位，放弃的必然是边际欲望的满足，所以损失了其中任何一单位物品，对物主的损失完全是一样的，都等于边际欲望的满足，即边际效用的损失。所以，决定物品价值大小的不是它的最大效用，也不是它的平均效用，而是它的最小效用（边际效用）。

而边际效用的大小是由需求和供给的关系决定的。需要越广泛和越强烈，边际效用就越高；需要越少越不迫切，边际效用就越低。一方面，要求满足的需要越多和越强烈，另一方面，能满足该需要的物品量越少，即得不到满足的需要阶层就越重要，因而边际效用也越高。反之，需要越少和越不迫切，而能够用来满足它们的物品越多，则更下层的需要也可得到满足，因而边际效用和价值也就越低。因此，有用性和稀缺性是决定物品价值的最终因素。有用程度既然表示物品是否能对人类福利提供比较重要的服务，它同时也就表示（在极端情况下）边际效用可能达到的高度。而稀缺性则决定在具体情况下，边际效用实际上达到的那一点。

（3）价格形成的基本规律。边际效用价值论认为，在个体经济中，人们对物品进行单独的主观估价。当孤立的经济人在市场上相遇时，他们之间就发生了竞争，而竞争的结果就是制定出市场平均价格。在同一市场中，在信息对称的假定下，买卖双方对同质商品的竞价形成边际对偶，其主观评价决定均衡价格。这种边际对偶价格实际上接近于马歇尔的均衡价格论，表明了价格是由市场中无数的买者和卖者的竞争形成的。

2.1.3　产权价值论

从广义上讲，产权是指使自己或他人受益或受损的权利；从狭义上讲，产权是资源拥有者支配运用资源的权利。总之，无论是广义还是狭义的产权，在内涵上都有三方面的内容和规定性。

第一，产权的权属界定。产权是指资源的产权，只有拥有某种资源才拥有了"一揽子权利"。这些权利主要包括资源的所有权、使用权、收益权、转让权以及受到一定约束的权利，它们构成了产权的基础。其中，所有权是最高的物权，有了它就拥有了其他权利，使用权是在法律和合约允许的范围内可以用各种方式使用资源的权利；收益权是在不损害他人利益的前提下，享受资源运用中各种利益的权利；转让权是指通过出租、出售把资源让渡给他人的权利；约束权则是指资源拥有者和使用者在享受各项权利的同时，必须承担一定的责任，受法律和经济规定的约束，不能为所欲为。在西方产权理论中并不注重资源的所有权。主要原因在于：在西方经济学者眼中资源私有已是一个既定而无须讨论的社会问题。他们创立产权理论是为了研究资源的运用和配置问题。在解决这一问题上，使用权和转让权是最重要的，所有权并不重要。同时，在现代西方社会中，资源的所有权与使用权在已普遍分离，社会和企业所关注的是，如何更有效地使用有限的资源获取等多的利润，而不是资源归谁所有。由此可见，产权是从资源运用角度提出的，因此，产权最基本的权能是使用权、收益权和转让权。其中，资源转让权尤为重要，它是形成资源有效配置机制的前提。在市场经济条件下，产权的各项权能主要是通过法律和合约加以界定的。前者叫产权的初始界定，为资源的运用确定一个起点。但它只决定"你有什么权利，你能做什么"的问题，即产权运用中的静态问题。至于产权的动态问题，即具体运用，如产权的分解、组合、转让、交易等是千变万化的，不可能用法律一一加以规定。只能由当事人通过签订合约的方式对各方权益和责任加以界定。这种界定叫产权的动态界定，它回答的是"你怎样使用权利和怎样运用属于你的产权"。产权经过这两种方法严格界定后，便实现了社会产权的明晰化，并形成了该社会的产权制度。产权权能的界定，不仅完整地保留产权的排他性和转让性的特征，为各经济主体支配运用资源确定了行为规范，有利于保持良好的经济秩序，而且可以大大减少交易费用，提高资源配置效率，促使整个社会经济的增长和财富的增加。

第二，产权的交易规则。产权必须具有可转让性和可交易性，产权之所以需要转让和交易，主要原因是：在市场经济条件下，产权的拥有者不一定都是会运用资源者，或是愿意支配自己资源的人；而有能力支配运用资源的人，不一定都拥有资源。同时，随着经济活动日趋社会化，拥有单项产权无法进行经济活动，必须把多项资源结合起来，才能充分发挥资源的效用，这就必然要出现产权的转让和交易。产权要交易就需要有交易的规则。产权的交易规则是产权权能实现的基础，是决定谁获取资源运用权利的准则。在西方产权理论中，产权的交易规则主要有两条：产权制度和市场竞争法则。产权制度是指一种决定社会中谁有权支配运用资源，并因此获得相应经济利益的准则。这种准则包括成文的法律、合约制度以及社会认可的习惯、伦理、道德规范等。一种良好的、适应市场经济发展需要的产权制度，能有效地规范各经济主体的行为和活动方式，促使其努力运用自己的产权，谋取合法权益。在同他人进行产权交易、合作以及竞争时，能尊重别人的产权。可见，产权制度对于经济主体的经济型为以后产权交易的规范化、有序化具有最直接的影响。产权制度虽然对经济主体的经济行为（包括产权交易行为），给予严格的规范，但在产权交易中，人们究竟应当如何获取资源，还应共同遵守一定的规则，这个规则就是市场竞争法则。由于经济资源具有稀缺性和排他性，所以产权交易的当事人都能获取资源。受追求自身利益最大化欲望的驱动，当事人会努力获取资源。通过在市场上交易、公平竞争。这就要求资源的供求各方及其经济资源自由出入市场，通过讨价还价，公开交易，来完成资源产权让渡。愿出高价者获取了资源产权，相反另外一些人就得不到资源。如果争得资源产权者却不能有效地利用资源，或在运用资源过程中被竞争对手所击败，他就不得不在市场上出售资源产权。由市场出价高的获得，达到资源有效利用的目的。从社会整体看，稀缺的经济资源就会得到最合理、最有效、最有价值的运用，即优化配置。由此可见，自由市场竞争法则即市场机制不仅是决定产权交易胜负的准则，而且是实现社会资源优化配置的最佳选择。

第三，产权损益原则与内涵。从本质上说，产权是人们对资源支配运用中所形成的经济关系，即受益、受损及其补偿关系。维护和实现合理的损益关系，必须要有共同的原则。这种原则已经包含在产权制度之中，不过单就损益原则而言，可分为广义和狭义两种理解。狭义上的损益原则是谁拥有资源，并遵守法律和合约界定的行为规范，谁就因此而受益；如果不遵守产权的行为规范，就要负担由此产生的成本。广义上的损益原则是指资源产权的运用和改变，能使社会整体受益还是受损的原则。西方经济学家研究的产权问题，是以实现资源在社会中的最优运用，实现社会经济增长为目的。因此，在理解产权及其损益原则时，不是考虑产权交易的当事人具体收入是增加还是减少。

产权的内涵决定了它具有以下功能：①保护资源占有主体利益不受侵犯的功能。因而起着维护社会基本生产关系的作用，它是稳定社会经济结构和经济秩序的重要支柱和基础。②约束资源占有主体经济行为的功能。产权以法定的收益权为主体提供行为动机的激励，又以其合法权益的硬性界定为主体提供行为和规范。产权的行为激励，约束和规范作用，是维护市场经济健康发展的重要保障。③促进高效利用资源的功能。由于产权界定不仅给了经济主体合法的权益，而且又为其开辟了自由运用资源的空间。人们可在权利允许的范围内自主经营。这样，必然能促使资源合理流转、优化组合和高效利用。

2.2　资产评估应用理论

2.2.1　交易成本理论

交易成本理论是用比较制度分析方法研究经济组织制度的理论，是由英国经济学家科斯在其重要论文《论企业的性质》中提出来的。它的基本思路是：围绕交易费用，把交易作为分析单位，找出区分不同交易的特征因素，然后分析什么样的交易应该用什么样的组织来协调。

科斯主张交易成本是获得准确市场信息所需要的费用，以及谈判和经常性契约的费用。也就是说，交易成本由信息搜寻成本、谈判成本、缔约成本、监督履约情况的成本、可能发生的处理违约行为的成本所构成。科斯主张通过建立一种无限期的、半永久性的层级性关系，或者说通过将资源结合起来形成像企业那样的组织，可以减少在市场中转包某些投入的成本。如一个雇员与企业的关系，对企业来说，能节省去市场上招聘雇员的成本；对于雇员来说，能减少通过去市场应聘的成本和失业风险成本。这种"持久性的组织关系"就是制度，包括契约，也包括政策等。因此，依靠相关组织、契约以及相关的政策等制度，通过采纳和利用标准化的流程，能降低交易成本的水平。

威廉姆森继承了科斯有关交易成本的观点，他也认为企业的出现降低了市场的交易成本，但同时他认为企业的存在与资产的专用性有关。资产专用性指的是一项投资被用于某些特定的交易、主要包括场地的专用性、物质资产的专用性等。威廉姆森认为，当交易一方投入专用性资产，就有可能被另一方的机会主义行为倾向所利用，因为专用性资产的退出将导致其投资或部分价值的损失。因此，机会主义行为倾向可能导致专用性投资不能达到最优，并且使交易契约的谈判和执行变得困难；当用市场交易的方式处理专用性投资关系的成本过高时，企业的出现将更加合理，他认为企业组织是市场交易内部化的结果。

张五常进一步提出了企业的出现是用要素市场代替产品市场的观点，认为企业的出现并不是厂商制度代替价格制度，而是一种市场取代另一种市场，其实质是一种合同类型取代另一种合同类型。生产要素所有者可以自己组织生产，也可以将要素的使用权转让给代理人以获得收入，代理人就是企业。市场交易的是商品，而企业作为一种交易方式，其交易对象是生产要素。因此，用企业交易代替市场交易的原因是能够降低交易成本。

不同的交易往往涉及不同的交易成本，总体而言，交易成本可以分为以下几类：①搜寻成本。商品信息与交易对象信息的搜集的成本。②信息成本。取得交易对象信息与和交易对象进行信息交换所需的成本。③议价成本。针对契约、价格、品质讨价还价的成本。④决策成本。进行相关决策与签订契约所需的内部成本。⑤监督交易进行的成本。监督交易对象是否依照契约内容进行交易的成本，如追踪产品、监督、验货等。⑥违约成本。违约时所需要付出的事后成本。

2.2.2 预期理论

凯恩斯认为，预期是影响总供给和总需求的重要因素，甚至是导致经济波动的决定性因素。凯恩斯对于就业水平、货币供求、投资水平以及经济周期的分析与探讨，都是建立于预期概念之上的。他认为就业水平、货币需求、投资水平以及贸易周期都与预期有关。由此，他建立和完善了预期理论，为预期理论的发展做出了贡献。

凯恩斯的预期思想为他的国家干预奠定了基础。他的逻辑是，之所以资本主义世界存在非自愿失业，原因在于有效需求不足；有效需求不足是由三大心理规律作用的结果，即边际消费倾向递减、资本投资的边际预期利润率下降和流动性偏好；要增加有效需求，这就需要国家干预，实行相应的宏观经济政策。凯恩斯关于长期预期的种种看法，形成了他认为政府干预经济非常必要的重要政策结论。由于有心理预期对投资和消费的影响，随着收入的增加，资本边际投资效率和边际消费倾向都是递减的，所以，整个社会难以实现充分就业、常常出现有效需求不足是必然现象。为了使社会总供求达到平衡，政府应该全面干预经济。人们在不确定的经济环境中进行的长期预期有很大的非理智冲动，这使投资行为往往受动物精神的控制，从而导致经济波动在所难免。

为了克服消极预期的作用，增加有效需求，他认为一旦政府扩大有效需求，以便达到充分就业，那么市场将恢复作用。这说明了他并不认为市场是完全无效的。在稳定的充分就业水平下，市场机制仍是经济运行的基础，但对一般人形成长期预期时具有的非理智冲动，又使他觉得投资波动在所难免。经济周期性的波动总会不时到来，因此，政府对经济运行的宏观调控应是经常性的。

过分强调预期对政府政策的影响，这是凯恩斯预期理论的一大特征。他在有效需求不足的情况下主张政府全面干预经济，其原因就在于资本边际效率递减，而这种递减又是由预期因素所带来的。虽然宏观经济的运行离不开政府的作用，但也不能仅仅依赖政府行为达到充分就业水平。政府要达到预期的目的，必须重视预期的作用和影响。凯恩斯在这个问题上夸大了政府对经济的调控作用，原因是他忽视了理性预期的作用会抵消政府实施宏观调控的作用。有时，人们的理性预期及其对策，甚至会使之完全失效。在政府对经济运行的宏观调控过程中，人们对政府的干预行为要有正确的分析与预测，投资行为要与政府争取充分就业水平的目标相配合。可以说，凯恩斯所主张的政府全面干预经济是与他的预期理论密切相关的。正是他的预期理论才在实践中主张政府对经济的全面干预。

2.2.3　均衡理论

19 世纪末 20 世纪初，以马歇尔为代表的新古典主义学派成功地将古典经济学派的供给成本观点与边际学派的需求价格观点结合起来，认为市场力量将趋向于形成供求平稳，供给与需求共同决定了价值，形成了均衡价值论。

马歇尔直接将交换价值视为价值。他认为商品的价格是由供给与需求双方的力量所形成的均衡价格决定的。在任何社会中，具有稀缺性的商品或劳务，其客观效用或满足欲望的程度，必须用一个共同的标准来衡量，以便人们对它们进行选择时能作出主观合理的选择，这个共同标准就是价格。在均衡价格中有需求价格，它取决于消费者对商品效用的主观评价，因此需求价格是买方愿意支付的最高价格；在均衡价格中也有供给价格，它取决于生产费用，是生产者愿意接受的最低价格。因此说，均衡价格是供求双方的意愿达成一致时的价格。在均衡价格中效用与生产费用是影响价格的两个均等因素。但是，在暂时均衡决定的价格、短期均衡决定的价格、长期均衡决定的价格中，需求与供给的作用又有所不同。

均衡价值论说明在资产评估中，既需要考虑资产的购建成本，也需要考虑资产的效用，即资产为其占有者带来的收益。在完全竞争市场中，从理论上讲，资产的生产费用与效用在价值上应呈正相关的关系，即一项资产在购建时所需的费用（必要的）越高，其效用就越大，否则就无人愿意花如此高的费用去购建它。但是这一结论在资产评估中的运用还需视具体资产而定。某些资产由于其自身的特点，不符合成本费用与效用正相关的关系。此类资产主要有资源性资产与无形资产（包括企业的商誉）等。资源性资产原本就不是劳动创造的，属于不可复制的资产，不存在生产费用，其价值从本质上讲就是由效用决定的。无形资产由于难以复制，生产成本具有不完整性和弱对应性等特点，其生产费用与效用往往是不对称的。因此，无形资产的价值也主要由效用决定。

均衡价格理论认为，需求和供给分别代表了资产的效用和生产费用，边际效用决定需求，生产费用决定供给，由边际效用决定的需求和由生产费用决定的供给两者的均衡，决定了价格，即均衡价格。一旦市场均衡实现以后，如果市场价格偏离均衡价格，通过供求力量的相互作用，市场就会出现自动回复均衡的趋势。

短期内，消费偏好决定价格；长期内，生产成本决定价格。边际效用理论解决了短期内的定价问题，而生产理论解决了长期的定价问题。

一个市场供给和需求的影响因素和其他市场上的影响因素彼此不是独立的，市场之间存在相互联系和相互依赖的关系。

均衡价格理论强调，商品的价值除了与劳动价值和商品的效用有关以外，还与商品的供求有关，市场中劳动的成本、商品未来发挥的效用和市场的供求关系是决定其价值量大小的重要影响因素。

2.2.4 规模经济

规模经济是指通过扩大生产规模而引起经济效益增加的现象。规模经济反映的是生产要素的集中程度同经济效益之间的关系。规模经济的优越性在于：随着产量的增加，长期平均总成本下降的特性。但这并不仅仅意味着生产规模越大越好，因为规模经济追求的是能获取最佳经济效益的生产规模。一旦企业生产扩大到一定的规模，边际效益却会逐渐下降，甚至跌破趋向零，乃至变成负值，引发规模不经济现象。

规模经济主要有三种类型：

第一，规模内部经济。指一经济实体在规模变化时由自己内部所引起的收益增加。

第二，规模外部经济。指整个行业（生产部门）规模变化而使个别经济实体的收益增加。如行业规模扩大后，可降低整个行业内各公司、企业的生产成本，使之获得相应收益。

第三，规模结构经济。各种不同规模经济实体之间的联系和配比，形成一定的规模结构经济：企业规模结构、经济联合体规模结构、城乡规模结构等。

企业实现规模经济有两种途径：一是通过进入与企业生产基础具有协同效应的产品市场从事多元化；二是沿着企业既有主导产品的价值链进行纵向一体化合并。

规模经济的优势包括：①能够实现产品规格的统一和标准化。②通过大量购入原材料，而使单位购入成本下降。③有利于管理人员和工程技术人员的专业化和精简。④有利于新产品开发。⑤具有较强的竞争力。制约规模经济的因素包括：①自然条件，如石油储量决定油田规模。②物质技术装备，如化工设备和装置能力影响化工企业的规模。③社会经济条件，如资金、市场、劳力、运输、专业化协作对企业规模的影响。④社会政治、历史条件等。

2.2.5 前景理论

前景理论也称为展望理论，由丹尼尔·卡内曼和阿莫斯·特沃斯基提出，将心理学研究应用在经济学中，对在不确定情况下的人为判断和决策方面做出了突出贡献。针对长期以来沿用的理性人假设，展望理论从实证研究出发，从人的心理特质、行为特征揭示了影响选择行为的非理性心理因素。

该理论认为个人基于参考点的不同，会有不同的风险态度。在展望理论提出之前，解释人的风险决策行为的理论是期望效用函数理论。该理论假定人都是理性的。各人主观追求的效用函数不同、对各种可能性发生所认为的主观概率不同，导致了判断和决策的因人而异。但为保持理性，效用函数必须具有一致性，主观概率也必须满足贝叶斯定理等概率论基本原理。而展望理论通过一系列的实验观测，发现人的决策选择取决于结果与展望（即预期、设想）的差距，而非结果本身。人在决策时会在心里预设一个参考点，然后衡量每个结果是高于还是低于这个参考点。对于高于参考点的收益型结果，人们往往表现出风险厌恶，偏好确定的小收益；对于低于参考点的损失型结果，人们又表现出风险喜好，寄希望于好运气来避免损失。

另外，人对于概率的反应也有一些非线性，对于小概率会反应过敏，对大概率则会估计不足。这一现象导致阿莱悖论，但却是人的真实心理反应。如中彩票概率虽小，总有人去做发财梦；出车祸概率虽小，多数人还是愿意买保险，让保险公司盈利，而期望效用对概率的预测则总是线性的。

理性人假设下的期望效用理论属于传统经济学，是规范性的经济学，教导人们应该怎样做；而展望理论则属于行为经济学，是实证性的经济学，描述人们事实上是怎样做的。

2.3　资产评估技术理论

2.3.1　时间价值理论

2.3.1.1　资金时间价值的概念

资金时间价值是指随时间的推移，投入周转使用的资金价值将会发生价值的增加，增加的那部分价值就是原有资金的时间价值。所以，资金的价值是随时间变化而变化的，是时间的函效，而资金时间价值就是由于时间因素所引起的货币在不同时间里在价值量上的差额。资金具有时间价值并不意味着资金本身能够增值，而是因为资金代表一定量的物化产物，并在生产与流通过程中与劳动相结合，才会产生增值。

资金时间价值与因通货膨胀而产生的货币贬值是性质不同的概念。通货膨胀是指由于货币发行量超过商品流通实际需要量而引起的货币贬值和物价上涨现象。资金的时间价值是客观存在的，是商品生产条件下的普遍规律，是资金与劳动相结合的产物。只要商品生产存在，资金就具有时间价值。但在现实经济活动中，资金的时间价值与通货膨胀因素往往是同时存在的。因此，既要重视资金的时间价值，又要充分考虑通货膨胀和风险价值的影响，以利于正确的投资决策、合理有效地使用资金。

资金的时间价值是经济活动中的一个重要概念，当长期投资决策涉及不同时点的货币收支时，不同时点的等量货币在价值量上是不相等的。只有在考虑货币时间价值的基础上将不同时点的货币量换算成某一共同时点上的货币量，这些货币量才具有可比性。因此，长期投资决策必须考虑货币的时间价值。另外，资金的时间价值还是投资决策的决定性因素，决定着投资者在众多投资机会中的选择。

2.3.1.2　资金时间价值的度量

资金的时间价值一般在两个方面得到体现：一是投资者将资金投入经济领域，经劳动者的生产活动，产生的增值在流通领域转化为利润或收益；二是资金拥有者将资金借给他人使用，或者是存入银行，从而得到约定的利息。这两种情况都能使资金的价值随时间发生变动，表现为资金的时间价值。由于决定投资者是否投资某方案的决定性指标之一就是看该方案的收益率是否高于同期的银行存款利率，所以利率或利息就更多地被人们习惯性地用来度量资金的时间价值。

利率是工程经济性分析中的一个重要变量。利息产生于资金的借贷关系之中，当债务人向债权人借一笔款项时，债务人会承诺向债权人归还这笔款项的本金的同时，再加上一定数量的报酬，这个报酬就是利息。利息与借贷款数额的比率被称为利息率，简称利率。

利息和利率是衡量资金时间价值的两种尺度。利息为绝对尺度，利率为相对尺度。

（1）计息与贴现。货币时间价值的计算是将不同时点发生的现金流量进行时间基础的转换。这种转换有计息和贴现两种基本计算，如图 2-1 所示。

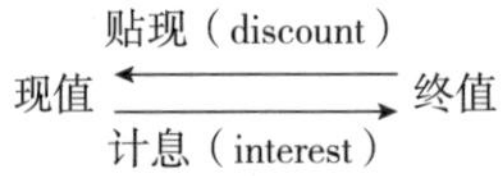

图 2-1　贴现、计息与终值、现值关系

一般地，现值的计算是已知本利和倒求本金，而终值的计算则是已知本金求本利和。这两种计算不能机械地理解为只能求现值和终值，只要时间往前推移就是贴现，时间往后推移则是计息。如已知现在的价值求过去的价值也是贴现，已知过去的价值求现在的价值也是计息。

在计息和贴现两种计算中，根据利息的计算方法不同分为单利法和复利法。单利法（Simple Interest）是指只就本金计算利息，息不生息。复利法（Compound Interest）是指不仅就本金计算利息，而且利息也要计算利息。

从以上概念可知，单利计息与复利计息相比，利息更低。虽然现实经济生活中，仍有一些部门采用单利计息，如目前大部分银行存款的计息。但现代公司理财中，完整考虑资金时间价值应采用复利计息。

一般地，货币时间价值的计算遵循以下四个基本假设：一是现金流量发生在期末。除非特别说明，一般认为现金流量发生在期末。二是现金流入为正，现金流出为负。一般地，现金流入为正现金流量，用"+"表示；现金流出为负现金流量，用"-"表示。三是决策时点为 $t=0$。除非特别说明，决策时点"现在"就是 $t=0$。四是复利计息频数与收（付）款频数相同。除非特别说明，财务交易都假定复利计息频数与收（付）款频数相同，即若交易按年付款，则利息也按年复利；若交易按月付款，则利息也按月复利；依次类推。

经济活动的现金流量分为一次性现金流量和年金两种，它们的计息和贴现分别是复利终值、复利现值和年金终值、年金现值。下面分别介绍单利终值和现值、复利终值和现值以及年金终值和现值的计算。

（2）单利终值和单利现值的计算。

1）单利终值。单利终值是现在一定量资金按单利计算的未来价值，即本利和。其中，单利利息＝本金×一期利率×期数。因此，单利终值的计算公式为：

$$V_n = V_0 + V_0 \times i \times n = V_0(1 + i \times n) \tag{2-1}$$

其中，V_n表示单利终值；V_0表示单利现值；i表示一期利率；n表示计息期数。

【例2-1】 向银行存入100万元，年利率为10%，按单利计息，则5年后的本利和为：

$V_5 = 100 \times (1 + 10\% \times 5) = 150$（万元）

2）单利现值。单利现值是未来一定量资金按单利计算的现在价值。求现值是求终值的逆运算。单利现值的计算公式为：

$$V_0 = V_n(1 + i \times n)^{-1} \tag{2-2}$$

其中字母含义与式（2-1）相同。

【例2-2】 现在向银行存入一笔款，期望5年后得到本利和10%，按单利计息，则现在一次性需存入：

$V_0 = 100 \times (1 + 10\% \times 5)^{-1} \approx 66.67$（万元）

（3）复利终值和复利现值的计算。复利终值和复利现值的计算是对一次性现金流量而言。

1）复利终值。复利终值是一定量资金按复利计算的未来价值（本利和）。若本金为V_0，年利率为i，一年复利计息一次，则：第1年末的本利和为：$V_0 \times (1+i)$；第2年末的本利和为：$V_0 \times (1+i)^2$，…，第n年末的本利和为：$V_0 \times (1+i)^n$。

因此，复利终值的计算公式为：

$$V_n = V_0(1 + i)^n = V_0 \times FVIF_{i,n} \tag{2-3}$$

其中，$FVIF_{i,n}$（Future Value Interest Factor）表示复利终值系数，可查表取得，其余字母含义与前同。

【例2-3】 向银行存入100万元，若银行存款的年利率为10%，按复利计息，则5年后这笔存款的本利和为：

$V_5 = 100 \times FVIF_{10\%,5} = 100 \times 1.611 = 161.1$（万元）

2）复利现值。复利现值是未来一定量资金按复利计算的现在价值。即已知按复利计算的本利和倒求本金，其计算公式为：

$$V_0 = V_n(1 + i)^{-n} = V_n \times PVIF_{i, n}$$

其中，$PVIF_{i, n}$（Present Value Interest Factor）表示复利现值系数，可查表取得，其余字母含义与前同。

【例2-4】5年后想得到100万元，若银行存款的年利率为10%，按复利计息，则现在应向银行一次性存入：

$$V_0 = 100 \times PVIF_{10\%, 5} = 100 \times 0.621 = 62.1（万元）$$

（4）年金终值和年金现值的计算。

1）年金的概念及种类。年金（Annuity）是指时间间隔相等、金额相等的现金流量，成一定时期内每期金额相等的款项收付，如每期支付等额的基金、租金、保险费；每期收到等额的利润、租金等，这些现金流量具有时间间隔相等和金额相等两个特点，它们是在相等的时间间隔内连续多次发生的系列等额收付。

按款项的具体收付时间不同，年金分为普通年金（Ordinary Annuity）、先付年金（Annuity Due）、递延年金（Deferred Annuity）和永续年金（Perpetual Annuity）。如表2-1所示。

表2-1　年金及其种类

期数	0	1	2	…	m	m+1	…	m+n-1	m+n
普通年金		A	A	…	A	A	…	A	A
先付年金	A	A	A	…	A	A	…	A	
递延年金				…		A	…	A	A
永续年金		A	A	…					

2）普通年金终值和现值的计算。普通年金又称后付年金，是指一定时期内发生在每期期末的系列等额收付。

首先，普通年金终值。普通年金终值是指一定时期内每期期末的系列等额收付相当于最后一期期末的价值。其计算原理如图2-2所示。

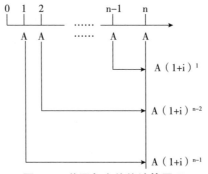

图2-2　普通年金终值计算原理

$$V_n = A + A(1+i)^i + \cdots + A(1+i)^{n-2} + A(1+i)^{n-1} \qquad (2-4)$$

根据等比数列求和的公式化简得：

$$V_n = A \times \frac{(1+i)^n - 1}{i} = A \times FVIFA_{i,\,n} \qquad (2-5)$$

其中，$FVIFA_{i,\,n}$（Future Value Interest Factor of Annuity）称年金终值系数，可查表取得，其余字母含义与前同。

【例2-5】 租入一台设备，租期5年，每年末支付租金100万元，利率为10%，则5年租金相当于第5年末一次性支付：

$$V_5 = 100 \times FVIFA_{5,\,10\%} = 100 \times 6.105 = 610.5(万元)$$

其次，普通年金现值。普通年金现值是指一定时期内每期期末的系列等额收付相当于第一期期初的价值。其计算原理如图2-3所示。

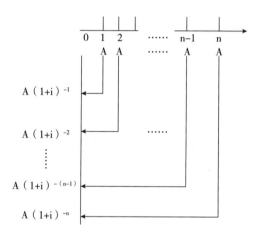

图2-3 普通年金现值计算原理

$$V_0 = A(1+i)^{-1} + \cdots + A(1+i)^{-(n-1)} + A(1+i)^{-n} \qquad (2-6)$$

根据等比数列求和的公式，化简得：

$$V_0 = A \times \frac{1-(1+i)^{-n}}{i} = A \times PVIFA_{i,\,n} \qquad (2-7)$$

其中，$PVIFA_{i,\,n}$（Present Value Interest Factor of Annuity）表示年金现值系数，可查表取得，其余字母含义与前同。

【例2-6】 租入一台设备，租期5年，每年末支付租金100万元，利率为10%，则5年租金相当于租赁期初一次性支付：

$$V_0 = 100 \times PVIFA_{10\%,\,5} = 100 \times 3.791 = 379.1(万元)$$

3）先付年金终值和现值的计算。先付年金又称预付年金、即付年金，是指一定时期内发生在每期期初的等额、定期系列收支。

首先，先付年金终值。先付年金终值是一定时期内发生在每期期初的等额、定期系列收支相当于最后一期期末的价值。其计算原理如图 2-4 和图 2-5 所示。

图 2-4　先付年金终值和现值计算原理 I

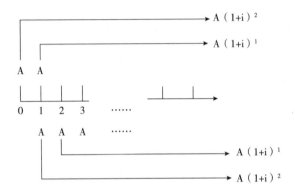

图 2-5　先付年金终值计算原理 II

图 2-4 的上方是 n 期先付年金，下方是 n 期普通年金。两者的付款期数相同，付款时间不同，一个在期初，一个在期末。即 n 期先付年金终值比 n 期普通年金终值多计息一期。计算公式为：

$$V_n = A \times FVIFA_{i, n} \times (1 + i) \tag{2-8}$$

图 2-5 的上方是 2 期先付年金终值，下方是 3 期普通年金终值。它们相差一期不需计息的收（付）款。即 2 期先付年金终值等于 3 期普通年金终值扣除一期不需计息的收（付）款。以此推论，n 期先付年金终值等于 n+1 期普通年金终值减 A。计算公式为：

$$V_n = A \times FVIFA_{i, n+1} - A = A \times (FVIFA_{i, n+1} - 1) \tag{2-9}$$

【例 2-7】租入一台设备，租期 5 年，每年末支付租金 100 万元，利率为 10%，若租金在每年年初支付，则这笔租金相当于第 5 年末一次性支付：

$$V_5 = 100 \times FVIFA_{10\%, 5} \times (1 + 10\%) = 100 \times 6.105 \times (1 + 10\%) = 671.6(万元)$$

或：$V_5 = 100 \times FVIFA_{10\%, 6} - 100 = 100 \times 7.716 - 100 = 671.6(万元)$

其次，先付年金现值。先付年金现值是一定时期内发生在每期期初的等额、定期系列收支相当于第一期期初的价值。其计算原理如图 2-4 和图 2-6 所示。

根据图 2-4，n 期普通年金现值比 n 期先付年金现值多贴现一期。计算公式为：

$$V_0 = A \times PVIFA_{i, n} \times (1 + i) \tag{2-10}$$

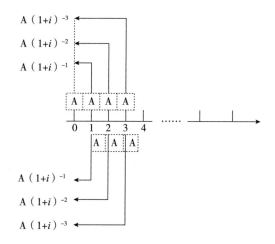

图 2-6 先付年金终值原理 II

图 2-6 上方是 4 期先付年金现值，图 2-6 下方是 3 期普通年金现值。它们相差一期不需贴现的收（付）款。即 4 期先付年金现值等于 3 期普通年金现值加上一期不需贴现的收（付）款。推而广之，n 期先付年金现值等于 $n-1$ 期普通年金现值加 A。计算公式为：

$$V_0 = A \times PVIFA_{i,\ n-1} + A = A \times (PVIFA_{i,\ n-1} + 1) \tag{2-11}$$

【例 2-8】租入一台设备，租期 5 年，每年末支付租金 100 万元，利率为 10%，若租金在每年年初支付，则这笔租金相当于第 1 年初一次性支付：

$$V_0 = 100 \times PVIFA_{10\%,\ 5} \times (1 + 10\%)$$
$$= 100 \times 3.791 \times (1 + 10\%) \approx 417.00(万元)$$

或：$V_0 = 100 \times PVIFA_{10\%,\ 4} + 100 = 100 \times 3.170 + 100 = 417.00(万元)$

4）递延年金终值和现值的计算。递延年金又称延期年金，是指最初若干期（m 期）没有收付，以后若干期（n 期）发生定期、等额的系列收付。

递延年金终值的大小与递延期无关，其计算与普通年金终值相同，只是要注意计息期的差别。

$$V_{m+n} = A \times FVIFA_{i,\ n} \tag{2-12}$$

递延年金现值有以下两种计算方法：

一是先将其视为 m+n 期普通年金求现值，然后减去 m 期普通年金现值。计算公式为：

$$V_0 = A \times PVIFA_{i,\ m+n} - A \times PVIFA_{i,\ m} \tag{2-13}$$

二是先对后面 n 期普通年金求现值，然后再将此现值视为一次性现金流量贴现到第一期期初。计算公式为：

$$V_0 = A \times PVIFA_{i,\ n} \times PVIF_{i,\ m} \tag{2-14}$$

【例 2-9】 某公司向银行借入一笔 10 年期款项，年利率为 10%，双方商定前 5 年不还本利息，后 5 年每年末等额偿还本息 10 万元。则这笔借款的现值为：

$$V_0 = 10 \times PVIFA_{12\%,\ 5} \times PVIF_{12\%,\ 5} = 10 \times 3.6048 \times 0.5674 \approx 20.45(万元)$$

或：$V_0 = 10 \times PVIFA_{12\%,\ 10} - 10 \times PVIFA_{12\%,\ 5}$

$$= 10 \times 5.6502 - 10 \times 3.6048 \approx 20.45(万元)$$

5）永续年金现值的计算。永续年金是指无限期的定期、等额系列收付。永续年金的终值无穷大，无须计算。

根据普通年金现值的计算公式：$V_0 = A \times \dfrac{1 -(1 + i)^{-n}}{i}$，当 n 趋于无穷大时，永续年金现值的近似计算公式为：

$$V_0 \approx A \times \frac{1}{i} \tag{2-15}$$

【例 2-10】 某企业持有 A 公司优先股 1000 股，每年可获优先股股利 1200 元，若年利率为 8%，则优先股各年股利的现值为：

$$V_0 \approx 1200 \times \frac{1}{8\%} = 15000(元)$$

（5）不规则现金流量终值和现值的计算。不规则现金流量是指年金与不等额现金流量混合的情况，不规则现金流量终值和现值的计算，为简化起见，年金部分尽量用年金终值或年金现值公式，不等额或不定期部分分别看成一次性现金流量，用复利终值或现值公式计算，最后再累加。

【例 2-11】 某企业未来 10 个月每月月末预计现金流量如表 2-2 所示。

表 2-2　某企业未来 10 个月现金流量表

月份	1~4	5~9	10
现金流量（万元）	1000	2000	3000

若贴现率为 9%，则这一系列流量的现值为：

$$V_0 = 1000 \times PVIFA_{9\%,\ 4} + 2000 \times PVIFA_{9\%,\ 5} \times PVIF_{9\%,\ 4} + 3000 \times PVIF_{9\%,\ 10}$$

$$= 10016(万元)$$

2.3.1.3　名义利率与实际利率

名义利率一般是指票面利率；实际利率一般是指投资者得到利息回报的真实利率。

（1）一年多次计息时的名义利率与实际利率。如果以"年"作为基本计息期，每年计算一次复利，这种情况下的年利率称为实际利率。如果按照短于一年的计息期计算复利，这种情况下的年利率称为名义利率，此时对应的实际利率高于名义利率。名义利率与实际利率的换算关系如下：

$$i = \left(1 + \frac{r}{m}\right)^m - 1 \qquad (2-16)$$

其中，i 表示实际利率；r 表示名义利率；m 表示每年复利计息次数。

【例 2-12】年利率为 8%，若按季计算复利，试求实际利率。

$$i = \left(1 + \frac{r}{m}\right)^m - 1 = \left(1 + \frac{8\%}{4}\right)^4 - 1 = 1.082 - 1 = 8.2\%$$

（2）通货膨胀情况下的名义利率与实际利率。名义利率是央行或其他提供资金借贷的机构所公布的未调整通货膨胀因素的利率，即利息（报酬）占本金百分比，即指包括补偿通货膨胀（或通货紧缩）风险的利率。实际利率是指剔除通货膨胀率后储户或投资者得到利息回报的真实利率。

（3）利率和期数的计算货币时间价值的计算不仅包括终值和现值的计算，还包括计息（或贴现）利率和期数的计算。这类计算应先计算出相应的系数，然后查有关的系数表，直接查到相应的利率和期数，若查表不能直接得到，可采用内插法求得。

【例 2-13】某企业现在向银行存入 5000 万元，年利率为多少时，才能在以后 10 年内，每年末从银行取出 750 万元？

$5000 = 750 \times PVIFA_{i, 10}$

$PVIFA_{i, 10} = \dfrac{5000}{750} \approx 6.667$

查年金现值系数表得：

$PVIFA_{8\%, 10} = 6.710 \quad PVIFA_{9\%, 10} = 6.418$

由此可知：

$$\frac{i - 8\%}{9\% - 8\%} = \frac{6.667 - 6.710}{6.418 - 6.710} \qquad i \approx 8.147\%$$

【例 2-14】某公司现将 3000 万元存入银行，希望若干年后用这笔钱的本利和购置一批价值 4500 万元的设备。若银行存款的年利率为 9%，多少年后才能实现这个愿望？

$4500 = 3000 \times FVIF_{9\%, n}$

$FVIF_{9\%, n} = 1.5$

查复利终值系数表得：

$FVIF_{9\%, 4} = 1.412 \quad FVIF_{9\%, 5} = 1.539$

由此可知：

$$\frac{n - 4}{5 - 4} = \frac{1.5 - 1.412}{1.539 - 1.412} \qquad n \approx 4.69(年)$$

2.3.1.4　偿债基金

偿债基金是为使年金终值达到既定金额而每年应支付的年金数额。偿债基金计算的实质是已知年金终值，倒求年金。计算公式为：

$$FVA_n = A \times FVIFA_{i, n} \qquad (2-17)$$

$$A = \frac{1}{FVA_n \times FVIFA_{i, n}} \qquad (2-18)$$

其中，$\dfrac{1}{FVIFA_{i, n}}$ 表示偿债基金系数。

【例 2-15】5 年后有一笔本息为 100000 元的债务要偿还。从现在起每年末存入一笔等额的款项建立偿债基金。若年利率为 10%，则每年末应存入多少？

$$A = \frac{100000}{FVIFA_{10\%, 5}} = \frac{100000}{6.105} \approx 16380.02(元)$$

2.3.1.5　投资回收额

投资回收额是指在约定年限内每年等额回收初始投入资本的年金数额。投资回收额计算的实质是已知年金现值，倒求年金。计算公式为：

$$PVA_0 = A \times PVIFA_{i, n} \qquad (2-19)$$

$$A = PVA_0 \times \frac{1}{PVIFA_{i, n}} \qquad (2-20)$$

其中，$\dfrac{1}{PVIFA_{i, n}}$ 表示投资回收系数。

【例 2-16】某企业投资一个项目 1000 万元，项目期为 10 年，假设可实现的年投资回报率为 10%，不考虑残值，则预计该项目每年的投资回收额为多少？

$$A = 1000 \times \frac{1}{PVIFA_{10\%, 10}} = 1000 \div 6.1446 \approx 162.74(万元)$$

名义利率与实际利率之间的关系为：1+名义利率 =（1+实际利率）×（1+通货膨胀率）。因此，实际利率的计算公式为：

$$实际利率 = \frac{1 + 名义利率}{1 + 通货膨胀率} - 1 \qquad (2-21)$$

$$实际利率 = \frac{1 + 2\%}{1 + 1.5\%} - 1 \approx 0.49\%$$

如果［例 2-16］中的通货膨胀率为 3%，则：

$$实际利率 = \frac{1 + 2\%}{1 + 3\%} - 1 \approx -0.97\%$$

2.3.2　资产定价理论

资产定价理论解释了不确定条件下未来支付的资产价格或者价值，这里的资产通常是指金融工具或某种证券。人们发现，低的资产价格蕴含着高的收益率，因此可以用理论解释为什么有些资产的平均收益率比其他资产的资产定价理论平均收益要高。

资产定价理论按照逻辑基础可以分为演绎型和归纳型两类。

2.3.2.1　演绎型资产定价理论

演绎型资产定价理论按照两条发展线索又可以分为演绎Ⅰ型和演绎Ⅱ型两个亚类。演绎Ⅰ型资产定价理论是指在演绎型资产定价理论中，以实用性、可计算性为指导原则发展起来的定价模型。另外一类模型是指继承经济学中经典的瓦尔拉斯一般均衡传统、从理性人假设出发、在一般均衡框架下发展的资产定价模型。

2.3.2.2　归纳型资产定价理论

在资产定价理论的庞大家族中，除了基于演绎逻辑发展起来的演绎型资产定价理论之外，还有一大类基于归纳逻辑发展起来的模型。将这类模型统称为归纳型资产定价理论。资本资产定价模型属于典型的归纳型资产定价理论。

资本资产定价模型最大的优点在于简单、明确。它把任何一种风险证券的价格都划分为三个因素：无风险收益率、风险的价格和风险的计算单位，并把这三个因素有机结合在一起。资本资产定价模型的另一优点在于它的实用性。它使投资者可以根据绝对风险而不是总风险来对各种金融资产价格作出评价和选择。这种方法已经被金融市场上的投资者广为采纳，用来解决投资决策中的一般性问题。

当然，资本资产定价也不是尽善尽美的，它本身存在一定的局限性。表现在以下两个方面：

首先，资本资产定价模型的假设前提是难以实现的。我们将资本资产定价的假设归纳为六个方面：一是市场处于完善的竞争状态。但是，实际操作中完全竞争的市场是很难实现的。二是投资者的投资期限相同且不考虑投资计划期之后的情况。但是市场上的投资者数目众多，他们的资产持有期间不可能完全相同，而且现在进行长期投资的投资者越来越多，所以假设二也就变得不那么容易现实了。三是投资者可以不受限制地以固定的无风险利率借贷，这一点也是很难办到的。四是市场无摩擦。但实际上，市场存在交易成本、税收和信息不对称等问题。五是理性人假设。六是一致预期假设。显然，这两个假设只是一种理想状态。

其次，资本资产定价模型中的 β 值难以确定。某些证券由于缺乏历史数据，其 β 值不易估计。此外，由于经济环境的不断发展变化，各种证券的 β 值也会产生相应的变化，因此，依靠历史数据估算出的 β 值对未来的指导作用也要打折扣。总之，由于资本资产定价的上述局限性，金融学家仍在不断探求比资本资产定价模型更为准确的资本市场理论。目前，已经出现了另外一些颇具特色的资本市场理论（如套利定价模型），但尚无一种理论可与资本资产定价相匹敌。

资本资产定价模型（Capital Asset Pricing Model，CAPM）是由夏普（William. F. Sharpe）等于 1962 年提出的，其基本公式如下：

$$r_j = r_f + \beta_j(r_m - r_f) \tag{2-22}$$

其中，r_j 即为我们所需要确定的股权资本成本。r_f 为无风险收益率，一般取同期的国库券利率。r_m 是通过计算证券投资组合的平均收益率获得，在价值评估中一般取同行业企业的平均收益率。β_j 反映了企业收益率相对于市场收益率变动的程度，实际上是企业风险的一种度量表示方式。（$r_m - r_f$）则反映了市场风险的补偿。

在评估实践中，常常在公式中加上一个调整系数 α 作为企业特有风险调整系数，但对于该调整系数的使用并未得到理论上的支持，因为 β_j 实际上已经反映了企业作为投资资产组合的风险，因此调整系数 α 要谨慎使用。

本章小结

劳动价值论是阐明商品价值决定于人类无差别的一般劳动的理论。劳动价值论认为价值实体是客观的，衡量价值的尺度也是客观的。因此，劳动价值论又被称为客观价值论。

商品是用来交换的劳动产品。商品包含使用价值和价值两个要素，它是使用价值和价值的统一。商品是由劳动创造的。商品的两个要素是由生产商品的劳动二重性决定的，即商品的使用价值和价值是由生产商品的具体劳动和抽象劳动决定的。具体劳动和抽象劳动是同一劳动的两种属性，同一生产商品的劳动可以从抽象形态和具体形态两个方面进行考察。

商品的价值是质和量的统一。价值是抽象劳动的凝结，商品的价值量就是生产商品所耗费的劳动量，即凝结在商品中的一般人类劳动量。劳动量是由劳动时间来衡量的，因此，商品的价值量决定于生产商品的劳动时间，商品的价值量与生产商品的劳动时间成正比。

效用是指商品或劳务满足人的欲望的能力，或者说，效用是指消费者在消费商品后所感受到的满足程度。一种商品或劳务对消费者是否有效用，取决于消费者是否有消费的欲望以及这种商品或劳务是否具有满足消费者欲望的能力。效用不具有客观性，不是商品或劳务固有的性质，而是只有在与人的需要发生关系时才会产生。

边际效用是指在一定时间内消费者增加一个单位商品或者劳务的消费所得到的增加的效用量或增加的满足，也就是每增加一个单位商品或劳务的消费所得到的总效用增量。在给定商品消费组合的情况下，一种商品消费数量固定不变，另一种商品消费数量不断增加，则随着另一种商品消费量的增加，该商品的边际效用递减。

广义上，产权是指使自己或他人受益或受损的权利，狭义上是指资源拥有者支配运用资源的权利。无论是广义还是狭义的产权，在内涵上都有三方面的内容和规定性：第一，产权的权属界定。产权是指资源的产权，只有拥有某种资源才拥有了"一揽子权利"。这些权利主要包括资源的所有权、使用权、收益权、转让权以及受到一定约束的权利，它们构成了产权的基础。第二，产权的交易规则。产权必须具有可转让性和可交易性，且这种转让或交易是在一定交易规则中实现的。第三，产权的损益规则。产权从本质上说是人们对资源支配运用中所形成的经济关系，即受益、受损及其补偿关系。

交易成本理论是用比较制度分析方法研究经济组织制度的理论，它是英国经济学家科斯在论文《论企业的性质》中提出来的。它的基本思路是：围绕交易费用节约这一中心，把交易作为分析手段，找出区分不同交易的特征因素，然后分析什么样的交易应该用什么样的体制组织来协调。

预期理论认为有效需求不足是由三大心理规律作用的结果，即边际消费倾向递减、资本投资的边际预期利润率下降和流动性偏好的影响；要增加有效需求，这就需要国家干预，实行相应的宏观经济政策。

均衡价格理论认为，需求和供给分别代表了资产的效用和生产费用，边际效用决定需求，生产费用决定供给，由边际效用决定的需求和由生产费用决定的供给两者的均衡，决定了价格，即均衡价格。市场均衡实现以后，如果市场价格偏离均衡价格，通过供求力量的相互作用，市场就会出现自动回复均衡的趋势。

规模经济是指通过扩大生产规模而引起经济效益增加的现象。规模经济反映的是生产要素的集中程度同经济效益之间的关系。规模经济的优越性在于：随着产量的增加，长期平均总成本下降的特性。

资金的时间价值是指随时间的推移，投入周转使用的资金价值将会发生价值的增加，增加的那部分价值就是原有资金的时间价值。所以，资金的价值是随时间变化而变化的，是时间的函数，利率或利息是常用的度量资金时间价值的工具。

资产定价理论解释了不确定条件下未来支付的资产价格或者价值，这里的资产通常是指金融工具或某种证券，而价格是其市场均衡时的价格，即由市场需求与供给决定的价格。

章后练习

一、单项选择题

1. 不同的商品生产者生产同一商品按同一价格出售，有的赚钱，有的亏本，其根本原因在于（　　）。

　A. 生产商品所需的社会必要劳动时间不同

　B. 生产商品所需的个别劳动时间不同

　C. 市场供求关系的变化

　D. 社会劳动生产率的变化

2. 商品内在的使用价值和价值的矛盾，其完备的外在表现形式是（　　）。

　A. 具体劳动与抽象劳动的对立　　　　B. 商品与货币之间的对立

　C. 私人劳动与社会劳动之间的对立　　D. 商品与商品之间的对立

3. 社会劳动生产率是指（　　）。

　A. 整个社会的劳动生产率

　B. 全社会商品生产者的平均劳动生产率

　C. 社会各行业各部门的平均劳动生产率

　D. 社会上某一行业某一生产部门的平均劳动生产率

4. 市场上商品价格经常上下波动。但这种波动不是无限制地涨落，是在一定限度内变化。上述现象说明（　　）。

　A. 商品价值量是由生产商品的劳动时间决定的

　B. 价格变化受供求关系影响

　C. 等价交换是商品交换的基本原则

　D. 供求关系的变化与价格的波动是相互制约的

5. 已知某一时期内某商品的需求函数 $Q_d = 50 - 5P$，供给函数 $Q_s = -10 + 5P$。则该商品的均衡数量为（　　）。

　A. 18　　　　　　　B. 19　　　　　　　C. 20　　　　　　　D. 21

6. 一个公司股票的 β 为 1.5，无风险利率为 8%，市场上所有股票平均报酬率为 10%，则该公司股票的预期报酬率为（　　）。

　A. 11%　　　　　　B. 12%　　　　　　C. 15%　　　　　　D. 10%

二、多项选择题

1. 按照资本资产定价模型，影响特定资产必要收益率的因素包括（　　）。

　A. 市场组合的平均收益率　　　　　　B. 无风险收益率

　C. 特定股票的 β 系数　　　　　　　　D. 市场组合的 β 系数

2. 在商品经济运行中，价值、价格和供求三者之间的关系是（　　）。

　A. 价格受供求关系影响，围绕价值上下波动

　B. 价格受价值影响，随供求关系变化而变化

　C. 价格由价值决定，反映价值并反映供求关系

　D. 价格由价值决定，受供求关系影响并制约供求关系

　E. 价格由价值决定，与供求关系无关

3. 一切商品都包含着价值与使用价值两个因素，这是因为（　　）。

　A. 凡是没有使用价值的物品，就不会有价值

　B. 没有价值的物品，虽然有使用价值也不能成为商品

C. 使用价值是价值的物质承担者

D. 有使用价值的物品，就必然有价值

E. 商品价值是使用价值的表现形式

4. 具体劳动和抽象劳动是（　　）。

A. 生产商品的同一劳动过程的两个不同阶段

B. 生产商品的同一劳动过程的两个方面

C. 生产商品的两次劳动

D. 生产商品的劳动二重性

E. 生产商品的两种劳动

5. 在供给曲线不变的情况下，需求的变动将引起（　　）。

A. 均衡价格同方向变动　　　　　　B. 均衡价格反方向变动

C. 均衡数量同方向变动　　　　　　D. 均衡数量反方向变动

E. 供给同方向变动

三、计算题

1. 某人现有资金 30 万元，准备投资出去，已知投资报酬率为 12%，投资期限 6 年，那么 6 年后的本利和是多少？

2. 某人每年年末存入银行 6000 元，已知复利率为 5%，那么他 10 年后能获得多少元？

3. 如果建立一项永久性奖学金，计划每年发放 6 万元，已知复利率为 6%，那么现在应存入多少万元？

参考答案

延伸阅读

3

资产评估相关准则与法律

📖 **主要知识点**

我国资产评估准则、资产评估法、资产评估相关法律

3.1 我国资产评估准则

3.1.1 我国资产评估准则概述

3.1.1.1 资产评估准则简介

评估准则是评估行业规范发展的重要基础。2001 年，国务院办公厅转发财政部《关于改革国有资产评估行政管理方式加强资产评估监督管理工作的意见》。2003 年，国务院办公厅又转发了财政部《关于加强和规范评估行业管理的意见》。这两个文件都指出我国评估行业执业技术规范和职业道德标准建设滞后，不能满足评估业务发展的客观需要，要求尽快建立健全评估准则体系，由此拉开了资产评估准则建设的序幕。2016 年，《中华人民共和国资产评估法》颁布实施。资产评估法规定评估机构及其评估专业人员开展业务应当遵守法律、行政法规和评估准则，评估机构和评估专业人员违反评估准则需要承担相应的法律责任。资产评估法进一步明确了评估准则在评估业务的履行，监管和使用中的基础地位，为评估准则建设提供了坚实的法律保障。

财政部门管理的资产评估行业的评估准则称为资产评估准则。资产评估准则是资产评估机构和资产评估专业人员开展资产评估业务的行为标准，是监管部门评价资产评估业务质量的重要尺度，是评估报告使用人理解资产评估结论的重要依据。

3.1.1.2 我国资产评估准则的发展

我国资产评估行业产生之初，财政部、原国有资产监督管理局、中国资产评估协会等单位先后制定并发布了许多资产评估管理方面的制度、规定和办法，对推动我国资产评估行业的健康发展发挥了重要作用。但由于这些制度、规定和办法都是对某一项业务和工作作出规定或提出要求，缺乏系统性和完整性，大多未

以准则的形式发布。

2001 年，财政部发布了《资产评估准则——无形资产》，这是我国资产评估行业的第一项准则，标志着我国资产评估准则建设迈出了第一步。2004 年，财政部发布《资产评估准则——基本准则》和《资产评估职业道德准则——基本准则》。两项基本准则确立了我国资产评估准则的基本理念和基本要求，奠定了整个资产评估准则体系的基础。2007 年，涉及主要评估程序和主要执业领域的资产评估准则基本建成，初步构建了资产评估准则体系。2007 年 11 月，财政部发布了中国资产评估准则体系。此后，在资产评估准则体系规划下，我国资产评估准则建设继续紧跟市场和执业需求，有序、协调发展。截至 2016 年，资产评估准则体系包括业务准则和职业道德准则两部分，共计 28 项准则。2016 年，《资产评估法》规定了评估准则的制定和实施方式，并对资产评估准则的规范主体、重要术语、评估程序、评估方法以及评估报告等内容作出了规定。为贯彻落实《资产评估法》，财政部和中国资产评估协会于 2017 年对资产评估准则进行了全面修订后重新发布，构建了包括 1 项基本准则、1 项职业道德准则和 25 项执业准则在内的新的资产评估准则体系。目前，我国资产评估准则体系已较为完善，适应了资产评估执业、监管和使用需求，与国际主要评估准则体系实现了趋同。2017 年 8 月 23 日，《财政部关于印发〈资产评估基本准则〉的通知》规定中，新《资产评估基本准则》自 2017 年 10 月 1 日起施行。2004 年 2 月 25 日，财政部发布的《关于印发〈资产评估准则——基本准则〉和〈资产评估职业道德准则——基本准则〉的通知》（财企〔2004〕20 号）同时废止。

3.1.2　资产评估基本准则内容介绍

3.1.2.1　《资产评估基本准则》的规范主体

《资产评估基本准则》的规范主体包括资产评估机构、资产评估师和其他资产评估专业人员。资产评估机构是指在财政部门备案的评估机构。资产评估师是指通过中国资产评估协会组织实施的资产评估师资格全国统一考试，取得《资产评估师职业资格证书》的资产评估专业人员。其他资产评估专业人员是指未取得《资产评估师职业资格证书》的其他具有评估专业知识及实践经验的资产评估从业人员。

3.1.2.2　《资产评估基本准则》的适用范围

《资产评估法》规定，评估机构及其评估专业人员开展业务应当遵守法律、行政法规和评估准则。与此相适应，《资产评估基本准则》明确指出，资产评估基本准则适用于所有资产评估机构及其资产评估专业人员开展的出具资产评估报告的资产评估业务。法律、行政法规和国务院规定由其他评估行政管理部门管理，应当执行其他准则的，从其规定。

3.1.2.3 《资产评估基本准则》的基本遵循

《资产评估基本准则》规定资产评估机构及其资产评估专业人员开展资产评估业务应当遵守法律、行政法规和资产评估准则，遵循独立、客观、公正的原则；遵守职业道德规范，维护职业形象；对所出具的资产评估报告依法承担责任；能够胜任所执行的资产评估业务，并且能够独立执业，不受委托人或相关当事人的非法干预。

3.1.2.4 《资产评估基本准则》的资产评估程序

资产评估程序是资产评估机构及其资产评估专业人员在执行资产评估业务时，为形成资产评估结论所履行的系统性工作步骤。资产评估基本准则要求资产评估机构及其资产评估专业人员开展资产评估业务，应当根据资产评估业务具体情况履行必要的资产评估程序。

资产评估基本程序涵盖了资产评估业务的全过程，其有八项，分别为明确业务基本事项、签订业务委托合同、编制资产评估计划、进行评估现场调查、收集整理评估资料、评定估算形成结论、编制出具评估报告和整理归集评估档案。

对评估程序的规定有利于规范资产评估机构和资产评估专业人员的执业行为，切实保证评估业务质量。同时，恰当履行资产评估程序也是资产评估机构和资产评估专业人员防范执业风险、合理保护自身权益的重要手段。

3.1.2.5 《资产评估基本准则》的资产评估报告

资产评估报告是资产评估机构及其资产评估专业人员在完成评估项目后，向委托人出具的反映资产评估过程及其结果等内容的专业报告，是资产评估机构履行资产评估委托合同的成果，也是资产评估机构为资产评估项目承担法律责任的证明文件。《资产评估基本准则》要求在资产评估机构及其资产评估专业人员完成规定的资产评估程序后，由资产评估机构出具并提交资产评估报告。

《资产评估基本准则》对资产评估报告的内容进行了规定。资产评估报告的内容包括标题及文号、目录、声明、摘要、正文、附件。资产评估报告正文应当包括委托人及其他资产评估报告使用人、评估目的、评估对象和评估范围、价值类型、评估基准日、评估依据、评估方法、评估程序实施过程和情况、评估假设、评估结论、特别事项说明、资产评估报告使用限制说明、资产评估报告日、资产评估专业人员签名和资产评估机构印章。

《资产评估基本准则》还进一步对报告正文内容作出了规定。评估报告使用人包括委托人、资产评估委托合同中约定的其他资产评估报告使用人和法律、行政法规规定的资产评估报告使用人；资产评估报告载明的评估目的应当唯一；评估基准日可以是过去、现在或者未来的时点，但应当与委托合同中约定的评估基准日保持一致；资产评估中采用的评估依据，包括法律依据、准则依据、权属依据及取价依据等；评估结论应当以文字和数字形式表述并明确使用有效期；资产评估报告应当由至少两名承办该项业务的资产评估专业人员签名并加盖资产评估机构印章，法定评估业务评估报告应当由至少两名承办该业务的资产评估师签名并加盖资产评估机构印章。

3.1.2.6 《资产评估基本准则》的资产评估档案

资产评估档案是开展资产评估业务形成的，反映资产评估程序实施情况和支持评估结论的工作底稿、资产评估报告和其他相关资料。建立和完善资产评估档案的编制和管理制度，有利于指导和规范资产评估机构操作流程，强化资产评估程序的控制和实施；有利于明确参与资产评估业务的有关人员的责任，树立责任意识，培养专业精神。同时，资产评估档案对于规避和防范资产评估机构及其资产评估专业人员的执业风险，保障各方合法权益有着重要作用。《资产评估基本准则》要求资产评估机构及其资产评估专业人员执行资产评估业务，应当形成评估档案。评估档案由所在资产评估机构按照国家有关法律、行政法规和评估准则规定妥善管理。保存期限不少于 15 年，属于法定评估业务的，不少于 30 年。

《资产评估法》规定资产评估专业人员应当对评估活动中知悉的国家秘密、商业秘密和个人隐私予以保密。《资产评估基本准则》依法对评估档案的管理和对外提供作出了明确规定。《资产评估基本准则》规定资产评估档案的管理应当严格执行保密制度。除财政部门依法调阅、资产评估协会依法依规调阅、其他依法依规查阅情形外，资产评估档案不得对外提供。

3.1.2.7 《资产评估基本准则》相关内容

一是资产评估报告的内部审核。《资产评估基本准则》明确规定了以上内容外，还在相关条款中规定了以下内容。资产评估专业人员应当在评定、估算形成评估结论后，编制初步资产评估报告。资产评估机构应当履行严格的内部审核程序对初步资产评估报告进行审核，出具正式的资产评估报告。

二是资产评估业务受理要求。《资产评估基本准则》规定，资产评估机构受理资产评估业务应当满足专业能力、独立性和业务风险控制要求，否则不得受理相关业务。如果资产评估机构执行某项特定业务时缺乏特定的专业知识和经验，应当采取弥补措施，包括利用专家工作和相关报告等。

三是评估计划的内容。《资产评估基本准则》规定，资产评估机构及其资产评估专业人员受理某项业务签订委托合同后，在开始现场调查之前，应当根据资产评估业务具体情况编制资产评估计划，并合理确定资产评估计划的繁简程度，资产评估计划包括资产评估业务实施的主要过程及时间进度、人员安排等。

四是相关当事人对评估资料的责任。《资产评估法》规定，资产评估专业人员有权利要求委托人提供相关的权属证明、财务会计信息和其他资料，有权依法向有关国家机关或者其他组织查阅从事业务所需的文件、证明和资料。相应地，委托人有义务向资产评估专业人员提供执行评估所需的相关资料，并对提供的相关资料的真实性、完整性和合法性负责；委托人拒绝或者不如实提供的，评估机构有权依法拒绝其履行合同的要求。同时，资产评估专业人员也有义务对评估活动中使用的有关文件、证明和资料的真实性、准确性、完整性进行核查和验证。

《资产评估基本准则》依据《资产评估法》的规定，对相关当事人对评估资料的责任和义务进行了规定。《资产评估基本准则》规定资产评估专业人员在执行业务时应当获取资产评估业务需要的资料并对资料进行核查和验证；同时，也强调了委托人或者其他相关当事人应当依法提供相关资料并保证资料的真实性、完整性、合法性。

五是评估方法的选择。《资产评估基本准则》规定，确定资产价值的评估方法包括市场法、收益法和成本法三种基本方法及其衍生方法。资产评估专业人员应当根据评估目的、评估对象、价值类型、资料收集等情况，分析三种基本方法的适用性，依法选择评估方法。除依据评估执业准则只能选择一种评估方法外，应当选择两种以上的评估方法，经综合分析，形成评估结论，编制评估报告。

3.2　我国资产评估法律

3.2.1　我国资产评估的相关法律

根据《中华人民共和国立法法》的规定，我国的法律法规层次可分为法律、行政法规、部门规章、地方性法规和自治条例及单行条例。我国相关法律规范的效力层级依制定机关，制定程序等不同而不同。宪法具有最高的法律效力，一切法律、行政法规、地方性法规、自治条例和单行条例、规章都不得同宪法相抵触。法律的效力高于行政法规、地方性法规、规章。行政法规的效力高于地方性法规、规章。地方性法规的效力高于本级和下级地方政府规章。省、自治区人民政府制定的规章的效力高于本行政区域内设区的市、自治州人民政府制定的规章。部门规章之间、部门规章与地方政府规章之间具有同等效力，在各自的权限范围内施行。

与资产评估相关的法律主要有《中华人民共和国资产评估法》《中华人民共和国企业国有资产法》《中华人民共和国刑法》《中华人民共和国公司法》《中华人民共和国证券法》《中华人民共和国民法总则》和《中华人民共和国民事诉讼法》等。

《中华人民共和国资产评估法》规定的法律责任主体包括：评估专业人员，评估机构，法定评估业务委托责任单位及其直接责任人员，资产评估委托人及其直接责任人员，评估行业协会，有关行政管理部门、评估行业协会工作人员。该法规定了相关责任主体违反相关条款规定应承担的行政责任，并规定构成犯罪的依法追究刑事责任。对评估专业人员、法定评估业务委托责任单位及其直接责任人员、委托人违反该法规定造成损失的，还做出了依法承担民事赔偿责任的规定。

《中华人民共和国企业国有资产法》规定的法律责任主体包括履行出资人职责的机构及其直接负责的主管人员和其他直接责任人员、工作人员，履行出资人职责的机构委派的股东代表，国家出资企业的董事、监事、高级管理人员，资产评估机构，会计师事务所。规定了履行出资人职责的机构及其直接负责的主管人员和其他直接责任人员、履行出资人职责的机构的工作人员、履行出资人职责的机构委派的股东代表，国家出资企业的董事、监事、高级管理人员违反相关条款规定应承担的行政责任。对履行出资人职责的机构委派的股东代表，以及国家出资企业的董事、监事、高级管理人员违反该法规定造成国有资产损失的，还做出了依法承担民事赔偿责任的规定。规定对违反法律、行政法规的规定和执业准则，出具虚假的资产评估报告或者审计报告的资产评估机构、会计师事务所，依照有关法律、行政法规的规定追究法律责任。该法还规定对构成犯罪的责任主体依法追究刑事责任。

《中华人民共和国刑法》规定的涉及资产评估的法律责任主体包括承担资产评估、验资、验证、会计、审计、法律服务等职责的中介组织的人员，以及上述中介组织及其直接责任人员。该法规定了评估人员、评估机构及其直接责任人构成犯罪应承担的刑事责任。

《中华人民共和国公司法》规定了资产评估机构及其直接责任人员违反相关条款规定应承担的行政责任，以及因过错给债权人造成损失所承担的民事赔偿责任，并规定构成犯罪的依法追究刑事责任。

《中华人民共和国证券法》规定了信息披露义务人及其直接责任人员、证券交易内幕信息的知情人、证券服务机构和人员违反相关条款规定应承担的行政责任，并规定构成犯罪的，依法追究刑事责任。该法还规定了证券服务机构因制作、出具的文件有虚假记载、误导性陈述或者重大遗漏，给他人造成损失应当承担民事连带赔偿责任。

与资产评估相关的行政法规主要有《国有资产评估管理办法》《中华人民共和国公司登记管理条例》等。相关的部门规章主要有《资产评估机构审批和监督管理办法》《资产评估师职业资格制度暂行规定》《国有资产评估管理办法施行细则》《企业国有资产交易监督管理办法》《国有资产评估管理若干问题的规定》《国有资产评估违法行为处罚办法》《企业国有资产评估管理暂行办法》《金融企业国有资产评估监督管理暂行办法》《首次公开发行股票并上市管理办法》《首次公开发行股票并在创业板上市管理暂行办法》等。

上述行政法规、部门规章等规定了资产评估机构及其直接责任人、资产评估师违反相关条款应承担的行政责任，并规定构成犯罪的由司法机关依法追究刑事责任。除此之外，相关法规规章还对资产评估委托人、被评估资产产权持有者、相关行政管理部门工作人员等违反相关规定应承担的法律责任进行了规范。

3.2.2　我国资产评估法的实施与意义

资产评估是指由评估机构及其评估专业人员对资产价值进行评定、估算，并出具评估报告的专业服务行为。随着土地有偿转让、房屋买卖、矿产资源开发等产权交易的不断扩大，已经形成了包括资产评估、房地产估价、土地估价、矿业权评估、旧机动车鉴定估价和保险公估在内的六大类评估领域，分别由财政部、住房和城乡建设部、国土资源部、商务部和保监会五个部门管理。由于缺乏法律的保障，评估行业存在从业行为不规范，甚至出现评估师和评估机构签署、出具虚假评估报告等严重违法犯罪行为，损害了评估行业的公信力，影响了评估行业的健康发展。为此，2016 年 7 月 2 日，第十二届全国人民代表大会常务委员会第二十一次会议表决通过了《中华人民共和国资产评估法》（简称《资产评估法》），自 2016 年 12 月 1 日起实施。该法共八章五十五条，包括总则、评估专业人员、评估机构、评估程序、行业协会、监督管理、法律责任和附则。财政部门作为资产评估的行政监管部门之一，承担着资产评估行业财政监督管理的职责。《资产评估法》的颁布实施，具有十分重要的历史意义。

《资产评估法》立足于规范评估行为，确立了评估机构、评估专业人员的权利和义务；体现了行政审批制度改革精神，贯彻政社分开要求，明确了评估行业协会的行业自律和全国评估师统一考试的组织实施责任。

第一，有利于维护社会主义市场经济秩序。市场经济以生产要素有效配置为基础，资产评估是生产要素实现有效配置过程中的一个重要支撑。《资产评估法》有助于充分发挥资产评估的专业作用，为健全完善资本市场、推进全面深化改革提供重要的专业服务。

第二，有利于防范国有资产流失。在推进国有企业改革和混合所有制经济发展过程中，需要重点规范国有资产评估转让，加强国有产权交易流转监管，保障国有资产的安全。《资产评估法》可以有效规范和强化国有资产评估管理，将资产评估作为保障国有资产安全和公共利益的重要屏障。

第三，有利于保障评估当事人的合法权益。《资产评估法》统一规范了评估当事人的权利、义务和责任，既保障了委托人能够获得优质的评估专业服务，又明确了评估机构及评估专业人员依法执业的法律地位。

第四，有利于推动评估行业的健康发展。资产评估是现代高端服务业，为我国社会经济发展做出了重要贡献。但是，资产评估行业也存在着评估行为不规范，机构和人员良莠不齐，法律责任不清晰等突出问题，《资产评估法》的实施有利于从根本上解决这些矛盾，增强行业专业水准和公信力，推动评估行业的健康持续发展。

3.2.3　我国资产评估法的相关内容

《中华人民共和国资产评估法》于 2016 年 7 月 2 日审议通过，2016 年 12 月 1 日起正式实施。《资产评估法》的颁布实施，具有十分重要的历史意义，其颁布实施利于维护社会主义市场经济秩序；有利于防范国有资产的流失；有利于保障评估当事人的合法权益；有利于推动评估行业的健康发展。《资产评估法》的相关内容主要涉及到以下几个方面：

3.2.3.1 自愿评估业务和法定评估业务

（1）自愿评估业务。自然人、法人或者其他组织需要确定评估对象价值的，可以自愿委托评估机构进行评估。这里的"自然人"包括中国公民和外国人。"法人或者其他组织"则是包括除了"自然人"以外的各类组织，包括国家机关、企业事业单位、社会团体等。自然人、法人或者其他组织如果需要确定评估对象价值，包括需要确定动产、不动产的价值，企业价值，无形资产的价值或者财产损失等，可以自愿委托评估机构进行评估。根据《资产评估法》的规定，评估专业人员必须加入评估机构才能开展业务，评估专业人员不能脱离所在评估机构去承揽业务。作为委托人，只能委托评估机构来进行评估业务，不能直接委托评估专业人员进行评估。

（2）法定评估业务。涉及国有资产或者公共利益等事项，法律、行政法规规定需要评估的业务，称为法定评估业务。法定评估的业务应当依法委托评估机构评估。根据这一规定，属于法定评估业务的，应当具备两个要素：一是涉及国有资产或者公共利益等事项；二是法律、行政法规规定需要评估的。只有这两个要素都具备，才属于法定评估业务。目前包括《中华人民共和国公司法》《中华人民共和国证券法》《中华人民共和国公路法》《中华人民共和国企业国有资产法》《中华人民共和国城市房地产管理法》《中华人民共和国拍卖法》和《中华人民共和国政府采购法》等法律，规定了涉及国有资产产权转让及抵押、股东出资、股票和债券发行、房地产交易等业务，必须要进行评估。此外，《国有土地上房屋征收与补偿条例》《国有资产评估管理办法》《社会投助暂行办法》《全民所有制工业企业转换经营机制条例》《中华人民共和国土地增值税暂行条例》《森林防火条例》《证券公司监督管理条例》《中华人民共和国民办教育促进法实施条例》《金融机构撤销条例》《矿产资源勘查区块登记管理办法》《矿产资源开采登记管理办法》《探矿权采矿权转让管理办法》《国务院关于股份有限公司境内上市外资股的规定》《中华人民共和国中外合作经营企业法实施细则》《股票发行与交易管理暂行条例》《全民所有制小型工业企业租赁经营暂行条例》等行政法规规定对涉及房屋征收补偿、矿产资源开采、金融机构抵押贷款、金融机构撤销等业务，必须进行评估。对属于法定评估业务范围的，委托人应当按照本法和有关法律、行政法规的规定，委托评估机构进行评估。

3.2.3.2 评估专业人员与评估师的关系

评估师是通过评估师资格考试，取得评估师资格的评估专业人员。评估师的专业类别由国家根据经济社会发展需要确定。根据 2003 年国务院办公厅相关文件的规定，目前评估师的专业类别主要有资产评估、土地估价、矿业权评估、房地产估价、旧机动车鉴定估价和保险公估六大类别。目前，评估行业已经成立了全国性的各个类别行业协会，这些协会分别组织本领域的评估师资格全国统一考试。具有高等院校专科以上学历的公民，可以参加评估师资格全国统一考试，通过各个类别考试的即可取得该类别的评估师资格，成为该类别评估师。

3.2.3.3 对评估活动中知悉的国家秘密、商业秘密和个人隐私予以保密

对评估活动中知悉的国家秘密、商业秘密和个人隐私予以保密，是评估专业人员独立、客观、公正从事业务的必然要求，也是遵守保守《国家秘密法》《反不正当竞争法》等的必然要求。国家秘密是指关系国家安全和利益，依照法定程序确定，在一定时间内只限一定范围的人员知悉的事项。国家秘密的密级分为绝密、机密、秘密。绝密是最重要的国家秘密，泄露会使国家的安全和利益遭受特别严重的损害。机密是重要的国家秘密，泄露会使国家的安全和利益遭受到严重损害。秘密是一般的国家秘密，泄露会使国家的安全和利益遭受损害。商业秘密是指不为公众所知悉的、能为权利人带来经济利益，具有实用性并经权利人采取保密措施的技术信息和经营信息。商业秘密分为经营信息和技术信息。如管理方法、产销策略、客户名单、货源情报等经营信息；生产配方、工艺流程技术诀窍、设计图纸等技术信息。个人隐私是指不愿让他人知道的个人生活中的秘密事项。

3.2.3.4 评估机构违约抗辩权

评估机构依法向委托人提供专业的评估服务，两者之间形成了合同关系。双方应当按照诚实信用的原则，履行各自的合同义务。《合同法》第六十七条规定，当事人互负债务，有先后履行顺序，先履行一方未履行的，后履行一方有权拒绝其履行要求。先履行一方履行债务不符合约定的，后履行一方有权拒绝其相应的履行要求。该条实际上是规定了后履行抗辩权。所谓后履行抗辩权是指依照合同的约定或者法律的规定负有后履行义务的当事人在负有先履行义务的一方当事人届满未履行义务或者履行义务有重大瑕疵的情况下，可以保护自己的合同利益，而拒绝履行相应义务。从本质上讲，后履行抗辩权是对违约的抗辩权，也称为对违约的救济权。

依照《资产评估法》规定，评估机构接受委托人的委托并订立委托合同后才开始开展评估业务。委托人应当为评估机构提供有关权属证明、财务会计信息和其他资料并对其提供的权属证明、财务会计信息和其他资料的真实性、完整性和合法性负责，这些资料信息是评估机构开展评估业务的基础和前提，必须是由委托人先行履行，而后评估机构才有可能具备开展客观、公正，真实的评估业务的条件。因此，参照《合同法》第六十七条的规定，本条将委托人如实提供执行评估业务所需的权属证明、财务会计信息和其他资料作为先履行的义务，评估机构可以享有后腹行抗辩权，依法拒绝从事虚假评估业务。在委托人拒绝提供或者不如实提供执行评估业务所需的权属证明、财务会计信息和其他资料的情形下，评估机构都可以主张后履行抗辩权，有权拒绝委托人履行合同的要求。但委托人如实提供执行评估业务所需的权属证明、财务会计信息和其他资料后，评估机构不能再主张后履行抗辩权，应当尽职尽责开展评估业务。

3.2.3.5 评估报告的异议

委托人委托评估机构对评估对象进行价值分析和判断是资产评估的专业范围。由于评估活动涉及经济权益，因此委托人对评估程序的规范性，评估结论的

合理性非常关注。评估报告是评估活动的集中反映，是评估机构及其评估专业人员根据特定目的，选择适当评估方法，依照相关程序，对评估对象价值进行综合分析、评定和估算，形成评估结论这整个过程的具体体现。评估过程及评估报告具有很强的专业性、技术性、实践性。对于同一评估对象，基于不同评估目的采取不同评估方法，得出的评估结论可能存在差异。委托人对评估报告有异议，既可以是对评估主体、评估程序有异议，也可以是对评估依据、评估方法以及评估结论有异议。对此，评估机构和评估专业人员有义务从专业、技术的角度，从评估主体、评估程序、评估方法、评估依据等方面有针对性地进行解释，从而消除委托人的疑问。但是，委托人异议并不影响评估报告的效力。《资产评估法》仅规定委托人对评估报告有异议的可以要求评估机构解释，但并未赋予其他利害关系人这一权利。在实践中，其他利害关系人认为评估活动违反独立、客观、公正原则，存在违法行为的，可以向相关评估行政管理部门或者评估行业协会投诉、举报。

3.2.3.6　评估行业协会之间建立沟通协作和信息共享机制

目前，评估行业按照专业领域分别设立行业协会，各评估行业协会对会员实行自律管理。在立法过程中，有的意见提出，应当改变目前六个评估行业分别设立行业协会的状况，成立统一的或者综合性的协会，以便统一政策统一评估标准，加强对评估从业人员的统一管理。考虑到不同的评估专业领域因其评估对象的不同而各有其特殊性，但又都是从事评估业务，具有一定的共性、在当前成立统一的或者综合性的评估行业协会意见还不统一的情况下，可以通过不同评估行业协会之间加强沟通、信息共享、制定共同的行为规范等途径，促进评估行业健康有序发展。因此，《资产评估法》规定，在不同的评估行业协会之间应当建立沟通协作和息共享机制，根据需要制定共同的行为规范。

（1）建立沟通协作和信息共享机制。目前，评估行业按照专业领域分为资产评估、房地产估价、土地估价、矿业权评估、旧机动车鉴定评估、保险公估六大类，与之相对应，分别设立了相应的行业协会。这种按照专业领域分设立评估行业协会的模式，既体现了不同评估行业的专业性，又考虑到了现实情况，容易为行业所接受；同时，评估行业也存在一些共性，如评估机构及其评估专业人员在从事评估业务过程中享有的权利、履行的义务、禁止实施的行为、评估程序、评估行业协会的职责等，都是共同的。为了促进整个评估行业的健康有序发展，建立评估行协会之间的沟通协作和信息共享机制很有必要。

相关评估行业协会之间可以就很多事项建立通协作和信息共享机制。例如《资产评估法》第九条规定，有关全国性评估行业协会按照国家规定组织实施评估师资格全国统一考试。相关的评估行业协会可以就考试科目的设置、考试内容的确定、考试的组织安排等进行沟通，甚至可以设置考试公共科目，或者某些考试科目成绩互认等。又如，《资产评估法》第三十六条规定，评估行业协会应当建立会员信用档案，将会员遵守法律、行政法规和评估准则的情况记入信用档案，并向社会公开。相关评估行业协会可以建立统一的信用记录平台和数据库，共享信用档案数据等。评估行业协会还可以在保障会员依法开展业务、维护会员合法权益等方面加强沟通协作，统一规范，共同营造良好的从业环境等。

（2）制定共同的行为规范。不同评估行业的专业领域具有一些共性，如评估机构及其评估专业人员在从事评估业务过程中应当履行的义务、遵守的职业道德以及禁止从事的行为等。对于这些共性的要求，评估行业协会可以根据需要制定共同的行为规范，对评估机构及其评估专业人员进行统一要求。例如，《资产评估法》第三十六条规定，评估行业协会应当制定会员自律管理办法，依据评估基本准则制定职业道德准则。有关评估行业协会根据需要，可以制定共同的会员自律管理办法和职业道德准则。评估行业协会受理对会员的投诉、举报，受理会员的申诉，调解会员执业纠纷，根据需要，可以制定共同的投诉、举报、申诉纠纷调解处理程序和办法。评估行业协会定期对会员出具的评估报告进行检查，根据需要，可以制定共同的评估报告检查办法。又如，《资产评估法》第三十八条规定了评估行业协会会员会费的收取和使用。有关评估行业协会根据需要，可以制定共同的会员会费收取和使用管理办法。此外，根据需要，有关评估行业协会还可以制定共同的档案管理办法、奖惩办法、职业风险防范办法等。

3.2.3.7 评估行业协会的法律责任

《资产评估法》第五十三条规定，评估行业协会违反本法规定的，由有关评估行政管理部门给予警告，责令改正，拒不改正的，可以通报登记管理机关，由其依法给予处罚。本条对评估行业协会违反本法规定的行为，规定了相应的法律责任，涉及两个处罚主体：一个是评估行政管理部门，另一个是登记管理机关。《资产评估法》第四十一条规定，评估行政管理部门对有关评估行业协会实施监督检查，对检查中发现的问题和针对协会的投诉、举报，应当及时调查处理。也就是说，对评估行业协会的日常监管是评估行政管理部门的职责之一，其在监督检查过程中更容易发现评估行业协会的问题。另外，考虑到行业协会是实行自律管理的社会组织，其具体的运行管理既要遵守《社会团体登记管理条例》的规定，还要受到登记机关即民政部门的监管。对评估行业协会违反本法规定的，首先由各评估行政管理部门依据职责给予警告的处罚，并责令其改正，如协会拒不改正的，由民政部门依照《社会团体登记管理条例》的规定责令撤换负责人、撤销登记、罚款、没收违法所得等处罚。本条规定的有关评估行政管理部门是指该评估领域的业务主管部门，如房地产评估行业协会违反本法的，由住房和城乡建设部门给予警告，责令改正。

本章小结

本章介绍了《资产评估准则》及《资产评估法》的相关内容，有利于我们了解分析准则和法律文件。《资产评估准则》是资产评估机构和资产评估专业人员开展资产评估业务的行为标准，是监管部门评价资产评估业务质量的重要尺度，是评估报告使用人理解资产评估结论的重要依据。同其他违反法律、契约或侵权行为应承担的不利法律后果一样，涉及资产评估的法律责任也包括行政责任、民事责任和刑事责任。学习资产评估准则和法律是对资产评估人员的基本要求之一。

章后练习

单项选择题

1. 我国资产评估发展伊始，其主要目的是基于（　　）。
   - A. 维护国有资产权益
   - B. 维护市场经济秩序
   - C. 维护企业权益
   - D. 维护民营企业利益

2. 资产评估机构应当自领取营业执照之日起 30 日内，通过备案信息管理系统向所在地（　　）备案。
   - A. 省级财政部门
   - B. 市级资产评估协会
   - C. 省级资产评估协会
   - D. 市级财政部门

3. 以下选项中，不属于法定评估的特点的是（　　）。
   - A. 涉及国有资产或者公共利益等事项
   - B. 法律、行政法规规定需要评估
   - C. 评估报告可以由评估师和其他评估专业人员签署
   - D. 至少两名相应专业类别的评估师承办业务，并且评估报告必须由至少两名评估师签署

4. 以下有关资产评估机构自主管理的说法错误的是（　　）。
   - A. 实行集团化发展的资产评估机构，应当在客户服务方面，对设立的分支机构实行统一管理
   - B. 资产评估机构开展法定资产评估业务，应当指定至少两名资产评估师承办
   - C. 资产评估机构和分支机构加入资产评估协会，平等享有章程规定的权利，履行章程规定的义务
   - D. 分支机构可以以资产评估分支机构的名义出具资产评估报告

5. 下列不属于我国资产评估准则主要作用的是（　　）。
   - A. 加强行业监管
   - B. 促进评估结论使用
   - C. 为纠纷调处提供依据
   - D. 增进行业国际交流

6. 下列关于我国资产评估准则框架体系说法正确的是（　　）。
   - A. 资产评估具体准则是由执业准则和执业道德准则构成
   - B. 资产评估执业准则是由程序性准则、实体性准则和职业道德准则三个层次构成
   - C. 资产评估基本准则是中国资产评估协会制定资产评估执业准则和资产评估职业道德准则的依据
   - D. 实体性准则是关于资产评估机构及其资产评估专业人员通过履行一定的专

业程序完成评估业务、保证评估质量的规范

7. 下列关于我国资产评估基本准则主要内容说法正确的是（　　）。

　　A. 确定资产价值的评估方法包括市场法、收益法两种基本方法及其衍生方法

　　B. 资产评估机构受理资产评估业务应当满足专业能力、独立性和业务风险控制要求，否则不得受理相关业务

　　C. 属于法定资产评估档案保存期限不少于 15 年

　　D. 评估基准日可以是过去、现在或者未来的时点，可以与委托合同中约定的评估基准日不一致

参考答案 ┊--

延伸阅读 ┊--

4

资产评估目的、假设与价值类型

📖 **主要知识点**

资产评估的一般目的、资产评估的特定目的、资产评估假设、资产评估的价值类型

4.1　资产评估目的

资产评估的目的是指资产评估服务于什么经济行为，即评估委托人要求对评估对象的价值进行评估后所要从事的经济行为。通俗地讲，资产评估的目的就是资产评估所要达到的目标。评估目的是评估业务的基础，它决定了资产评估标准的采用，并在一定程度上制约着评估方法的选择。

资产评估的目的有一般目的和特定目的之分。资产评估的一般目的是泛指所有资产评估活动共同的目的或目标，即抽象掉所有个别资产评估的特殊性，抽象掉所有个别委托方的特殊要求，只保留进行资产评估最基本的目的和要求。资产评估的特定目的是每一项资产评估所要实现的具体目标，是每一个引起资产评估的经济事项对资产评估的具体条件要求和目标要求。

4.1.1　资产评估的一般目的

资产评估的一般目的是指取得资产在评估基准日的公允价值。这是由资产评估的性质和基本功能决定的。资产评估作为一种专业人士对特定时点及特定条件约束下资产价值的估计和判断的社会中介活动，一经产生就具有为委托人以及资产交易当事人提供合理的资产价值咨询意见的功能。所以，如果我们暂且不考虑引起资产评估的特殊需求，资产评估所要实现的一般目的是资产在评估时点的公允价值。

资产评估中的公允价值是一个广义概念，它是对评估对象在各种条件下与评估条件相匹配的、合理的评估价值的抽象。这种抽象的评估值泛指相对于当事人各方的地位、资产的状况及资产面临的市场条件的合理的评估价值。它是评估人员根据被评估资产所面临的市场条件及自身的条件，对被评估资产客观价值的合理估计。公允价值的一个显著特点是与相关当事人的地位、资产的状况及资产所

面临的市场条件相吻合，且既没有损害各当事人的合法权益，也没有损害他人的利益。

4.1.2 资产评估的特定目的

资产评估的特定目的是指资产业务对评估结果用途的具体要求。资产评估作为一种资产价值判断活动，是为满足特定资产业务的需求而进行的。这里所说的资产业务是指引起资产评估的经济行为。同样的资产，因评估的特定目的不同，其评估值也不完全相同。根据资产评估目的的不同，可以将资产评估特定目的进行以下几种分类。

4.1.2.1 根据资产业务分类

依据资产业务分类，资产评估的目的可分为资产转让，企业兼并，企业出售，企业联营，股份经营，中外合资、合作，企业清算，抵押，担保，企业租赁，债务重组等。

（1）资产转让。资产转让是指资产拥有单位有偿转让其拥有的资产，通常是指转让非整体性资产的经济行为。

（2）企业兼并。企业兼并是指一个企业以承担债务、购买、股份化和控股等形式有偿接收其他企业的产权，使被兼并方丧失法人资格或改变法人实体的经济行为。

（3）企业出售。企业出售是指独立核算的企业或企业内部的分厂、车间及其他整体资产产权的出售行为。

（4）企业联营。企业联营是指国内企业、单位之间以固定资产、流动资产、无形资产及其他资产投入组成各种形式的联合经营实体的行为。

（5）股份经营。股份经营是指资产占有单位实行股份制经营方式的行为，包括法人持股、内部职工持股、向社会发行不上市股票和上市股票等。

（6）中外合资、合作。中外合资、合作是指我国的企业和其他经济组织与外国企业和其他经济组织或个人在我国境内举办合资或合作经营企业的行为。

（7）企业清算。企业清算包括破产清算、终止清算和结业清算。

（8）抵押。抵押是指国有资产占有单位以本单位的资产作为物质保证进行抵押向银行获得贷款的经济行为。

（9）担保。担保是指资产占有单位以本企业的资产为其他单位的经济行为担保，并承担连带责任的行为。担保通常包括抵押、质押、保证等。

（10）企业租赁。企业租赁是指资产占有单位在一定期限内，以收取租金的形式，将企业全部或部分资产的经营使用权转让给其他经营使用者的行为。

（11）债务重组。债务重组是指债权人按照其与债务人达成的协议或法院的裁决同意债务人修改债务条件的事项。

（12）其他情况。其他情况是指除上述几种情况之外的评估目的，如以课税、财务报告为目的等。

4.1.2.2　根据产权变动分类

依据产权变动分类，资产评估的目的可以分为以产权变动为目的的评估和以非产权变动为目的的评估。

（1）产权变动。产权变动即资产的产权关系发生变化，它是一个概括性很强的概念，包括许多具体的资产业务，从企业法人的单项资产转让，到企业整体产权的交易重组等都可以归并为产权变动。在现实中表现为：企业出售，企业兼并，企业合并，资产重组，股权重组，企业分设，企业发行股票，合资、合作经营和企业联营，企业租赁，企业及个人资产买卖等。产权变动涉及不同权益主体的正当权益，资产评估需要考虑到当事人的合理需求，维护其正当权益。

（2）非产权变动。非产权变动即不改变产权所属关系情况下的资产评估目的。资产业务或其他经济活动既不改变资产的所有权，也不影响其经营权或使用权，但是当事人有对资产进行评估的要求，如财产担保、资产抵押、财产纳税、财产保险、法律诉讼、财产报告、经营业绩评价等。

4.1.3　资产评估特定目的在资产评估中的作用

资产评估特定目的是由引起资产评估的特定经济行为（资产业务）所决定的，它对评估结果的价值类型等有重要的影响。资产评估特定目的不仅是某项具体资产评估活动的起点，而且是资产评估活动所要达到的目标。资产评估特定目的贯穿于资产评估的全过程，影响着评估人员对评估对象界定、资产价值类型的选择等。它是评估人员在进行具体资产评估时必须首先明确的基本事项。

资产评估特定目的是界定评估对象的基础。任何一项资产业务，无论产权是否发生变动，它所涉及的资产范围必须接受资产业务本身的制约。资产评估委托方正是根据资产业务的需要确定资产评估的范围。评估人员不仅要对该范围内的资产权属予以说明，而且要对其价值做出判断。

资产评估特定目的对于资产评估的价值类型选择具有约束作用。特定资产业务决定了资产的存续条件，资产价值受制于这些条件及其可能发生的变化。资产评估人员在进行具体资产评估时，一定要根据具体的资产业务的特征选择与之相匹配的评估价值类型。按照资产业务的特征与评估结果的价值属性一致性原则进行评估，是保证资产评估科学、合理的基本前提。

需要指出的是，在不同时间、不同地点及市场条件下，同一资产业务对资产评估结果的价值类型的要求也会有差别，这表明引起资产评估的资产业务对评估结果的价值类型要求不是抽象的和绝对的。每一类资产业务在不同时间、不同地点和市场环境中的发生，对资产评估结果的价值类型要求不是一成不变的。所以，将资产业务与评估结果的价值类型关系固定化是不可取的。资产评估结果的价值类型与评估的特定目的相匹配，指的是在具体评估操作过程中，评估结果价值类型要与已经确定了的时间、地点、市场条件下的资产业务相匹配。任何事先划定的资产业务类型与评估结果的价值类型相匹配的固定关系或模型都可能偏离或违背客观存在的具体业务对评估结果价值类型的内在要求。换句话说，资产的业务类型是影响甚至是决定评估结果价值类型的一个重要因素，但是，它绝不是决定资产评估结果价值类型的唯一因素。评估的时间、地点，评估时的市场条件，资产业务各当事人的状况以及资产自身的状态等，都可能对资产评估结果的价值类型有影响。

4.2 资产评估假设

4.2.1 资产评估假设的概念与作用

4.2.1.1 资产评估假设的概念

资产评估假设是依据现有知识和有限事实，通过逻辑推理，对资产评估所依托的事实或前提条件作出的合乎情理的推断或假定。资产评估假设也是资产评估结论成立的前提条件。

4.2.1.2 资产评估假设的作用

资产评估假设的作用可以从以下几个方面来认识：①资产评估假设将被评估资产置于一个特定的环境。从市场的划分来看，有公开市场和非公开市场。从资产的使用来看，有继续使用和非继续使用。不同的视角必然导致资产的价值是在约束条件下估算和判断的，所以必须通过假设对被评估资产给定一个特定的条件，资产评估工作才能正常进行，得出的结果才具有合理性。②资产评估假设是实现资产评估特定目的的必要条件。资产评估特定目的确定了资产评估工作的起点和目标（终点）。为实现资产评估特定目的，需要建立一些基本的前提，对某些因素加以设定。③资产评估假设是确定评估方法的前提条件。任何方法的运用都有一定的前提条件，资产评估也是如此。不同的假设条件下，适用的评估方法会不相同，从而导致评估结论也不相同。例如，同一资产在继续使用假设和清算假设条件下，采用的评估方法不同，其评估价值也会不同——在继续使用假设下，评估方法可以采用收益法；而在清算假设下，评估方法就不能采用收益法了。

4.2.2 资产评估假设的内涵及应用

根据目前国内相关研究文献的记载，主要的资产评估假设通常包括交易假设、公开市场假设、持续经营假设（原地使用假设、移地使用假设）、清算假设（有序清算假设和强制清算假设）、最佳使用假设和现状利用假设等。

4.2.2.1　资产评估假设的内涵

（1）交易假设。交易假设是资产评估得以进行的一个最基本的前提假设。它是假定所有评估标的已经处在交易过程中，评估专业人员根据待评估资产的交易条件等模拟市场进行评估。为了发挥资产评估在资产实际交易之前为委托人提供资产交易底价的专业支持作用，同时又能够使资产评估得以进行，利用交易假设将被评估资产置于"交易"当中，模拟市场进行评估是十分必要的。

交易假设一方面为资产评估得以进行"创造"了条件，另一方面它明确限定了资产评估的外部环境，即资产被置于市场交易之中，资产评估不能脱离市场条件而孤立地进行。

（2）公开市场假设。公开市场假设是对资产拟进入的市场条件，以及资产在这样的市场条件下受种种影响的一种假定说明或限定。公开市场假设的关键在于认识和把握公开市场的本质和内涵。就资产评估而言，公开市场是指充分发达与完善的市场条件，指有自愿买者和卖者的竞争市场，在这个市场上，买者和卖者的地位平等，彼此都有获取足够市场信息的机会和时间，买卖双方的交易行为都是在自愿的、理智的，而非强制的条件下进行的。事实上，现实中的市场条件未必真能达到上述公开市场的完善程度。公开市场假设就是假定那种较为完善的公开市场存在，被评估资产将要在这样一种公开市场中进行交易。当然，公开市场假设也是基于市场客观存在的现实，即资产在市场上可以公开买卖这样一种客观事实。

采用公开市场假设，被评估资产需要符合以下条件：①资产公开出售和改变用途在法律上是允许的；②在公开市场上该种资产的交易比较普遍，既有一定的需求，也有一定的供给，存在着供需双方的竞争；③资产有一定的寿命；④评估值不高于该项资产新建或购置的投资额。

公开市场假设旨在说明一种充分竞争的市场条件，在这种条件下，资产的交换价值受市场机制的制约并由市场行情决定，而不是由个别交易决定。公开市场假设是资产评估中的一个重要假设，其他假设都是以公开市场假设为基本参照的。公开市场假设也是资产评估中使用频率较高的一种假设，凡是能在公开市场上进行交易、用途较为广泛的或者通用性较好的资产，都可以考虑按公开市场假设前提进行评估。

（3）持续经营假设。持续经营假设实际是一项针对企业或业务资产组（CGU，也可以称为经营主体）的假设。该项假设一般不适用单项资产。持续经营假设是指假设一个经营主体的经营活动可以连续下去，在未来可预测的时间内该主体的经营活动不会中止或终止。假设一个经营主体是由部分资产和负债按照特定目的组成的，并且需要完成某种功能，实际就是假设经营主体在未来可预测的时间内将会继续按照这个特定目的完成该特定功能。该假设不单是一项评估假设，同时也是一项会计假设。企业会计之所以要对会计主体的持续经营作出假定，一个主要原因是如果缺乏这项假设，会计核算的许多原则，如权责发生制、划分收益性支出与资本性支出等将不能够应用。另一个原因是企业在持续经营状态下和处于清算状态时所采取的会计处理方式是不同的，如对固定资产在持续经营下可以采用实际成本法，在清算状态下则只能采取公允价值或可变现价值等。

1）原地使用假设。原地使用是指一项资产在原来的安装地继续被使用，其使用方式和目的可能不变，也可能会改变。例如，一台机床是用来加工汽车零部件的，现在该机床仍在原地继续被使用，但是已经改为加工摩托车零部件了。

原地使用的价值要素一般应该包括：设备的购置价格、设备运输费、安装调试费等。如果涉及使用方式及目的的变化，还要根据委托条件确定是否考虑变更使用方式而发生的成本费用。

2）移地使用假设。移地使用是指一项资产不在原来的安装地继续被使用，而是要被转移到另外一个地方继续使用，当然使用方式和目的可能会改变，也可能不改变。例如，一台二手机床要出售，购买方要将其移至另外一个地方重新安装使用，这种状态下的资产就称为移地使用。

移地续用涉及设备的拆除、迁移和重新安装调试等环节。除了设备本体价值，还需要根据买卖双方约定的资产交割及费用承担条件，确定其价值要素是否还包括设备的拆除费用、运输到新地址的费用和重新安装调试费等。对一个会计主体或者经营主体的评估，也需要对其未来的可持续经营作出假设。因为经营主体是否可以持续经营，其价值表现是完全不一样的。通常持续经营假设是采用收益法评估的基础。持续经营假设可分为原地使用假设和移地使用假设。

（4）清算假设。与持续经营假设相对应的假设就是不能持续经营。如果一个经营主体不能持续经营就需要清算这个经营主体，也就是需要使用清算假设。清算假设分为有序清算假设和强制清算假设。①有序清算假设。所谓有序清算假设，就是经营主体在其所有者有序控制下实施清算，即清算在一个有计划、有秩序的前提下进行。②强制清算假设。强制清算是经营主体的清算不在其所有者控制之下，而是在外部势力的控制下，按照法定的或者由控制人自主设定的程序进行，该清算经营主体的所有者无法干顶。因此，所谓强制清算假设，是假设经营主体在外部力量控制下进行的清算。

（5）最佳使用假设。所谓最佳使用，是指一项资产在法律上允许、技术上可能、经济上可行，经过充分合理的论证，能使该项资产实现其最高价值的使用。最佳使用通常是指一项资产如果存在多种不同的用途，评估专业人员应该选择其最佳用途进行评估。会计准则中的公允价值是最佳用途下的市场价值。

（6）现状利用假设。所谓现状利用，是指一项资产按照其目前的利用状态及利用方式对其价值进行评估。当然，现状利用方式可能不是最佳使用方式。

4.2.2.2　主要资产评估假设的应用

（1）资产评估假设应用的基本要求。资产评估假设的选择、应用应该首先考虑要符合合理性、针对性和相关性要求。①合理性。评估假设都应建立在一定依据、合理推断、逻辑推理的前提下，设定的假设都存在发生的可能性；假设不可能发生的情形是不合理的假设。②针对性。评估假设应该针对某些特定问题。这些特定问题具有不确定性，这种不确定性评估专业人员可能无法合理计量，需要通过假设忽略其对评估的影响。③相关性。评估假设与评估项目实际情况相关，与评估结论形成过程相关。

（2）评估假设应用需要考虑的基本因素。①评估目的。不同的评估目的，市场环境条件、交易方式、企业存续状态、资产状态等不同，评估报告的作用以及评估结论的使用方式不同。评估假设的设定应结合评估目的来确定。②评估对象。单项资产评估假设适用资产使用状态假设；企业价值评估假设适用企业经营状态假设或者清算假设等。③价值类型。不同的价值类型，假设条件也就不同。如使用投资价值类型评估并购标的企业价值，应假定企业并购方式和并购后的整合措施能够如期实现，作为协同效应价值估算的前提；如使用清算价值类型评估企业债务价值，应假设企业终止经营后，资产被迫出售、快速变现等市场条件，作为资产变现价值估算的前提。④评估资料。评估资料必要性是一个绝对概念。必要的评估资料是评估的前提条件，依据不同的评估资料有时会得出不同的评估结论。评估资料是否完整是一个相对的概念，评估依据的资料很难界定其"绝对"完整，评估应就必要资料的取得作出假设。

4.2.2.3 交易假设的应用

资产评估主要是为资产交易服务的，交易假设就是假定所有拟评估资产已经处在交易过程中。因此，交易假设是资产评估最基本的假设。

4.2.2.4 公开市场假设的应用

所谓公开市场，是指一个有众多买者和卖者的充分竞争性的市场，资产可以在充分竞争的市场上自由买卖，其价格高低取决于一定市场的供给状况下独立的买卖双方对资产的价值判断。

公开市场假设是资产评估的一个重要假设，其核心就是资产的市场价值是由竞争的市场参与者自主决定的，不是其他力量垄断或者强制决定的。只有满足公开市场假设，评估专业人员才有可能对资产的市场价值作出符合市场供需关系的分析、判断。如果不满足公开市场假设，通常这个市场可能是严格人为管制下的市场，或者是垄断条件下的市场。在这样的市场上，资产的交易价格是由管制者或者垄断者决定的，也就没有评估的必要。公开市场假设设定需要评估的资产是在一个具有众多的买方和卖方的市场上交易。在这个市场上该项资产的交易是十分活跃的，资产交易没有套利空间，在不考虑交易相关税费的前提下，市场参与者购买一项资产的价格与卖出资产的价格是一致的。

4.2.2.5 持续经营假设的应用

持续经营假设主要是针对经营主体，一般不针对某单项资产。这个经营主体可以是一个企业，也可以是一个业务资产组，当没有相反的证据证明该经营主体不能满足持续经营，则应该认为该经营主体可以满足持续经营假设。这里的"相反证据"指那些表明企业的经营将在可以预计的未来结束，如合同规定的经营期满、企业资不抵债而濒临破产清算等。

持续经营假设要求经营主体在其可以预见的未来不会停止经营。这种经营可以是在现状基础上的持续经营，也可以是按照未来可以合理预计状态下的持续经营。这两种状态有所不同，如果需要区分，评估专业人员可以增加限定为"现状持续经营"或者"预计状态持续经营"。

4.3　资产评估的价值类型

4.3.1　资产评估价值的含义

4.3.1.1　资产评估价值的概述

资产评估就是对资产的价值进行评定和估算，发表专业意见的行为。资产评估价值的含义可以通过以下方面理解：

（1）资产评估中的价值不是凝结在商品中的一般无差别人类劳动。按照马克思的劳动价值论观点，价值的经济学含义是指凝结在商品中的一般无差别人类劳动或抽象的人类劳动，价值量的大小取决于社会必要劳动时间。由此可见，价值的经济学含义只是一种理论上的抽象，人们在现实中看见的是随着市场供求关系变化的商品价格，也就是商品的交换价值。商品的交换价值已不完全受社会必要劳动时间的限定，而受到众多市场因素的影响。因此，资产评估中的价值不是凝结在商品中的抽象劳动。

（2）资产评估中的价值不完全是市场价格。资产的市场价格产生于公开市场。应当说，产生于公开市场的资产价格是合理的价格。但资产评估中的价值不完全是市场价格，原因在于有的资产没有市场价格，如某些在产品、自制设备、构筑物等。

（3）资产评估中的价值反映的是一种公允价值。公允价值的一般含义是指在公平交易中熟悉情况的交易双方自愿进行资产交换或债务清偿的金额，它既包括继续使用假设下的资产价值，又包含非继续使用假设下的资产价值。

在继续使用假设下，需要对被评估资产带来的预期收益进行估计，从而估算出被评估资产的价值。在非继续使用假设下，需要对被评估资产强制出售或快速变现的价格进行估计，从而估算出被评估资产的价值。评估人员在进行这些估算时，既要考虑市场价格因素，又要考虑评估当事人的接受程度。因此，这样估算出来的资产价值只能是一个在特定假设条件下评估各方当事人都可以接受的价值，即公允价值。

4.3.1.2　价值与价格

价值与价格是两个既有联系又有区别的概念，价值是价格的基础，商品的价值通过价格得以体现。在现代社会的日常生活中，价格一般指进行交易时买方所需要付出的代价或价款。从经济学角度来说，价格泛指买卖双方就买卖商品所订立的兑换比率。价格是一种从属于价值并由价值决定的货币价值形式，价值的变动是价格变动的内在、支配性的因素，是价格形成的基础。在简单商品经济条件下，商品价格随市场供求关系的变动，直接围绕它的价值上下波动；在资本主义商品经济条件下，由于部门之间的竞争和利润的平均化，商品价值转化为生产价格，商品价格随市场供求关系围绕生产价格上下波动。

资产评估价值类似于价格，但又不能等同于价格，因为实际价格的形成是在具体的条件下（如市场条件、供求关系等）实际形成的结果，而资产评估价值则是模拟市场过程的结果，并不是实际发生的结果，可见，资产评估价值应该是模拟价格。这一点也可以解释资产评估价值作为交易底价与实际成交价产生差异的原因。

4.3.1.3　资产评估价值的特点

通过对资产评估价值的分析，可以看出资产评估价值具有以下特点：

（1）时效性。资产评估价值反映的是特定时点的价值。同样的资产，在不同的时期间点，其价值是不一样的。评估基准日是资产评估报告的重要构成要素。而评估报告有效期的规定（政策规定为一年），则是对报告使用人的约束。

（2）目的性。相同的资产，在同一评估基准日因评估目的不同而适用不同的价值类型，具有不同的价值。同样地，相同资产因价值类型不同采用不同的评估方法，也会表现出不同的价值。

（3）参考性。资产评估属于咨询行业，资产评估价值只是为资产评估委托者提供价值参考意见，是买卖双方交易的参考价值，并不是实际成交价，最后的成交价由资产买卖双方确定。当然，评估值有时也可以作为成交价，但这只是一种特殊情况而已。

（4）估计性。资产评估价值不像自然科学和工程科学那样可以用一定的数学公式进行精确计算，也不同于会计制度规定的那样固定有序地记录计算。它是基于客观事实，凭借评估机构及操作人员的经验和专业知识，对资产价值进行系统分析和逻辑判断，从而根据资产的功能和评估目的对该资产在某一时间内的价值得出合理的结论。评估过程中的计算公式是必要的，但更重要的是取得公式中的各项信息资料，而有用的资料难以获得，需要评估人员依靠自己的智慧通过各种途径获得。

4.3.2　资产评估价值类型的含义及种类

资产评估的价值类型是指资产评估结果的价值属性及其表现形式。不同的价值类型从不同的角度反映资产评估价值的属性和特征。不同属性的价值类型所代表的资产评估价值不仅在性质上是不同的，在数量上往往也存在着较大差异。资产评估价值类型的形成，不仅与引起资产评估特定经济行为的原因，即资产评估特定目的有关，而且与被评估对象的功能、状态、评估时的市场条件等因素有着密切的关系。根据资产评估特定目的、被评估资产的功能状态以及评估时的各种条件合理地选择和确定资产评估的价值类型，是资产评估中的关键工作之一。

由于看待资产评估价值的视角不同，以及对资产评估价值类型理解方面的差异，根据不同的视角可以将资产评估的价值类型分为以下几种：

第一，从资产评估价值实现途径的形式来划分资产评估的价值类型，具体包括重置成本、收益现值、现行市价（或变现价值）和清算价格四种。

第二，从资产评估假设的角度来划分资产评估的价值类型，具体包括继续使用价值、公开市场价值和清算价值三种。

第三，从资产业务的性质来划分资产评估的价值类型，具体包括抵押价值、保险价值、课税价值、投资价值、清算价值、转让价值、保全价值、交易价值、兼并价值、拍卖价值、租赁价值、补偿价值等。

第四，从资产评估所依据的市场条件，以及被评估资产的使用状态来划分资产评估的价值类型，具体包括市场价值和市场价值以外的价值。

上述四种分类各有其自身的特点：第一种划分方法基本上承袭了现代会计理论中关于资产计价标准的划分方法和标准，将资产评估与会计的资产计价紧密地联系在一起。第二种划分方法有利于人们了解资产评估结果的假设前提条件，同时也强化了评估人员对评估假设前提条件的运用。第三种划分方法强调资产业务的重要性，认为有什么样的资产业务就应该有什么样的资产价值类型。第四种划分方法不仅注重了资产评估结果的适用范围与评估所依据的市场条件及资产使用状态之间的匹配，而且通过资产市场价值概念的提出，树立了一个资产公允价值的坐标。资产的市场价值是资产公允价值的基本表现形式，市场价值以外的价值则是资产公允价值的特殊表现形式。对资产价值进行合理分类主要有两个层面的目的：一是为科学、合理地进行资产评估提供指引；二是使资产评估报告使用者能正确理解和恰当使用资产评估结果。从这个意义上讲，将资产评估价值划分为市场价值和市场价值以外的价值更有利于实现划分资产评估价值类型的目的。

4.3.3　价值类型的作用

价值类型的划分对理解资产评估的行为和结果具有重要的作用，价值类型在资产评估中的作用具体体现在以下几个方面：一是价值类型是影响和决定资产评估价值的重要因素；二是价值类型对资产评估方法的选择具有一定的影响，价值类型实际上是评估价值的一个具体标准；三是明确价值类型可以更清楚地表达评估结果，可以避免评估委托人和其他报告使用人误用评估结果。

4.3.4 市场价值和市场价值以外的价值

根据《国际评估准则》的观点，资产评估中的价值类型可分为两类：以市场价值为基础的评估和以市场价值以外的价值为基础的评估。

在资产评估实践中，市场价值与市场价值以外的价值的划分标准有以下几个方面：①资产评估时所依据的市场条件：是公开市场条件还是非公开市场条件。②资产评估时所依据的被评估资产的使用状态：是最佳使用还是非正常使用。③评估时使用的信息资料及其相关参数的来源：是公开市场的信息数据还是非公开市场的信息数据。

4.3.4.1 市场价值

市场价值是指自愿买方和自愿卖方在各自理性行事且未受任何强迫的情况下，评估对象在评估基准日进行正常公平交易的价值估计数额。

《国际评估准则》中对市场价值的定义如下：自愿买方与自愿卖方在评估基准日进行正常的市场营销之后所达成的公平交易中某项资产应当进行交易的价值的估计数额，当事人双方应当各自精明，谨慎行事，不受任何强迫压制。

市场价值是在满足公开市场和资产效使用假设的前提下，相对于整体市场而言的内在价值；市场价值以外的价值则是在不完全满足市场价值定义，但满足各自定义成立条件的前提下，相对于个别市场主体的内在价值。一般来说，在资产评估报告中可以直接使用市场价值来定义评估结果，而不能使用市场价值以外的价值来定义评估结果。

根据定义，市场价值需要满足以下要素：

（1）买方自愿。这包含两个含义：一方面不是强迫的，即具有购买动机，但并没有被强迫进行购买；另一方面没有特殊情况，即该购买者会根据现行市场的真实状况和现行市场的期望值进行购买。

（2）卖方自愿。一方面不能急于出售，另一方面不以投机为目的。卖方应当在进行必要的市场营销之后，根据市场条件以公开市场所能达到的最佳价格出售资产。

（3）公平交易。即：买卖双方是对等的、平等的，是没有特定或特殊关系的当事人之间的交易。

（4）资产在市场上有足够的展示时间。指资产应当以恰当的方式在市场上予以展示，以便买卖双方能够充分地相互了解，把握资产的相关情况。

（5）当事人双方各自精明，谨慎行事。双方都应把握市场、了解市场，合理地知道资产的性质特点、实际用途、潜在用途以及评估基准日的市场情况，谨慎行事，以争取在交易中为自己获得最佳利益。

4.3.4.2 市场价值以外的价值

市场价值以外的价值是相对于市场价值而言的价值概念，又称非市场价值。

凡是不符合市场价值定义的资产价值类型都属于市场价值以外的价值。市场价值以外的价值不是一种具体的资产评估价值存在形式，而是一系列不符合资产市场价值定义条件的价值形式的总称或组合，如投资价值、在用价值、清算价值、残余价值、持续经营价值、保险价值、课税价值等。

（1）投资价值。投资价值是指评估对象对于具有明确投资目标的特定投资者或者某类投资者所具有的价值估计数额，也称特定投资者价值。资产评估师执行资产评估业务，当评估业务针对的是特定投资者或者某类投资者，且在评估业务执行过程中充分考虑并使用了仅适用于特定投资者或者某一类投资者的特定评估资料和经济技术参数时，资产评估师通常应当选择投资价值作为评估结论的价值类型。

（2）在用价值。在用价值是指将评估对象作为企业组成部分或者要素资产按其正在使用的方式和程度及其对所属企业的贡献的价值估计数额。资产评估师执行资产评估业务，评估对象是企业或者整体资产中的要素资产，并在评估业务执行过程中只考虑了该要素资产正在使用的方式和贡献程度，没有考虑该资产作为独立资产所具有的效用及在公开市场上交易等对评估结论的影响，资产评估师通常应当选择在用价值作为评估结论的价值类型。

（3）清算价值。清算价值是指在评估对象处于被迫出售、快速变现等非正常市场条件下的价值估计数额。清算价值与市场价值的主要差异：一是清算价值是一个资产拥有者需要变现资产的价值，是一个退出价，不是购买资产的进入价；而市场价值没有规定必须是退出价。二是清算价值的退出变现是在被迫出售、快速变现等非正常市场条件下进行的，这一点与市场价值相比也是明显不同的。因此，清算价值的主要特点有：①该价值是退出价；②这个退出是受外力胁迫情况的退出，不是正常的退出。

（4）残余价值。残余价值是指机器设备、房屋建筑物或者其他有形资产等的拆零变现价值估计数额。所谓残余价值，实际是将一项资产拆除成零件进行变现的价值。这种资产从整体角度而言，实际已经没有使用价值，也就是其已经不能再作为企业或业务资产组的有效组成部分发挥在用价值，而只能变现。由于其整体使用价值已经没有，因此整体变现也不可能，只能改变状态变现，也就是拆除零部件变现。

（5）持续经营价值。持续经营价值是指被评估企业按照评估基准日的用途、经营方式、管理模式等继续经营下去所能实现的预期收益（现金流量）的折现值。企业的持续经营价值是一个整体的价值概念，是相对于被评估企业自身既定的经营方向、经营方式、管理模式等所能产生的现金流量和获利能力的整体价值。由于企业的各个组成部分对企业的整体价值都有相应的贡献，企业持续经营价值可以按企业各个组成部分资产的相应贡献被分配给企业的各个组成部分资产，即构成企业各部分资产的在用价值，但所有这些组成部分本身的价值并不构成市场价值，而构成企业持续经营的各要素资产的在用价值之和，也就是企业的持续经营价值。企业的持续经营价值本身并不是市场价值，但其数量可能正好等于企业的市场价值，也可能高于或低于企业的市场价值。

（6）保险价值。保险价值是指根据保险合同或协议中规定的价值标准所确定的资产价值估计值。

（7）课税价值。课税价值是指根据税法中规定的与财产征税相关的价值（税基）标准所确定的资产价值估计值。

4.3.4.3 资产评估中市场价值与市场价值以外价值的意义和作用

在众多资产价值类型中，选择资产的市场价值与市场价值以外的价值作为资产评估中最基本的资产价值类型具有重要意义。

资产评估作为一种专业中介性服务活动，为客户和社会提供的服务是一种专家意见及专业咨询，这种意见或咨询能对客户的某些行为起到指导作用，所以应防止和杜绝提交可能造成客户误解、误用或误导的资产评估报告。就一般情况而言，资产评估机构和评估人员主观上并不愿意提交可能会造成客户及社会误解、误用或误导的资产评估报告。但在资产评估实践中，经常出现评估人员并不十分清楚所做的资产评估结果的性质、适用范围等，以致在资产评估报告中未给予充分的说明。而客户或评估报告使用者绝大部分都是非专业人员，他们对评估结果的理解和认识基本上只来源于评估报告的内容。资产评估报告中任何概念的模糊或不合理，都会造成客户及社会对评估结果的误解。所以，资产评估结果价值类型的科学分类和解释具有重要的作用。而关于资产的市场价值和市场价值以外的价值的概念及分类，正是从资产评估结果的适用范围和使用范围限定方面对资产评估结果进行分类。因此，这种分类方法符合资产评估服务于客户和服务于社会的内在要求。其意义和作用具体体现在以下几个方面：

第一，这种分类方法和概念的界定有利于评估人员对评估结果性质的认识，便于评估人员在撰写评估报告时更清楚明了地说明评估结果的确切含义。只有评估人员自己充分认清所做评估结果的性质，才可能在评估报告中充分说明这个评估结果。当然，只有一份结果阐述明确的评估报告才能使客户受益。

第二，这种分类方法及概念界定便于评估人员划定评估结果的适用范围和使用范围。资产评估结果的适用范围与评估目的所要求的评估结果用途的匹配和适应程度，是检验资产评估科学性和理性的首要标准。把评估结果按资产的市场价值和市场价值以外的价值分类，可以决定评估的适用范围，便于评估人员将其与特定的评估目的相对照。资产评估结果的使用范围关系到评估结果能否被正确使用，对于大多数评估报告使用者来说，他们未必清楚了解不同价值类型的评估结果都有其使用范围的限定，限定评估结果的使用范围的责任应由评估人员承担，评估人员应在评估报告中将评估结果的使用范围给予明确的限定。

一般而言，属于市场价值性质的资产评估结果主要适用于产权变动类资产业务。在特定评估时点的公开市场上，资产的市场价值对于潜在的买者或卖者来说都是相对公平合理的。属于市场价值以外的价值的评估结果，既适用于产权变动类资产业务，也适用于非产权变动类资产业务。在评估时点，资产的市场价值以外的价值只对特定的资产业务当事人来说是公平合理的。资产评估结果的公平合理性所能涵盖的范围基本上就限定了评估结果的适用范围和使用范围。

总之，按市场价值和市场价值以外的价值将评估结果分为两大类，旨在合理和有效限定评估结果的适用范围和使用范围。因此，把评估结果分为市场价值和市场价值以外的价值两大类是相对合理和便于操作的。

4.3.5　价值类型的选择

在满足各自定义及相应使用条件的前提下，基于市场价值和市场价值以外的价值的评估结论都是合理的，也是公允的。

对于资产评估而言，只要评估结果与被评估资产的条件、评估时的市场条件相吻合，且没有损害交易各方及其他人的利益，就可以认为评估结果是公允的。

在资产评估活动中要科学、合理地设定和使用评估假设，资产评估中的价值基础在评估实践中往往需要通过评估假设加以界定，包括评估时的市场条件和评估对象的使用方式及其状态等。评估师需要借助科学、合理的评估假设，根据特定目的来对资产进行价值评估。

某些特定评估业务中评估结论的价值类型可能会受到相关法律法规或者契约的约束，这些评估业务的评估结论应当按照相关法律法规或者契约等的规定选择评估结论的价值类型；相关法律法规或者契约没有规定的，可以根据实际情况选择市场价值或者市场价值以外的价值类型，并予以定义。

本章小结

资产评估的目的是指评估委托人要求对评估对象的价值进行评估后所要从事的经济行为。评估目的是评估业务的基础，决定了资产评估标准的采用，并在一定程度上制约着评估方法的选择。

资产评估的目的有资产评估一般目的和特定目的之分。资产评估的一般目的是泛指所有资产评估活动共同的目的或目标，即抽象掉所有个别资产评估的特殊性，抽象掉所有个别委托方的特殊要求，只保留进行资产评估最基本的目的和要求。资产评估的特定目的是每一项资产评估所要实现的具体目标，是每一个引起资产评估的经济事项对资产评估的具体条件要求和目标要求。

资产评估假设是依据现有知识和有限事实，通过逻辑推理，对资产评估所依托的事实或前提条件作出的合乎情理的推断或假定。资产评估假设也是资产评估结论成立的前提条件。主要资产评估假设通常包括交易假设、公开市场假设、持续经营假设、清算假设、最佳使用假设和现状利用假设等。

资产评估的价值类型是指资产评估结果的价值属性及其表现形式。不同的价值类型从不同的角度反映资产评估价值的属性和特征。不同属性的价值类型所代表的资产评估价值不仅在性质上是不同的，在数量上往往也存在着较大差异。资产评估价值类型的形成，不仅与引起资产评估特定经济行为的原因，即资产评估特定目的有关，而且与被评估对象的功能、状态、评估时的市场条件等因素有着密切的关系。根据资产评估特定目的、被评估资产的功能状态以及评估时的各种条件合理地选择和确定资产评估的价值类型，是资产评估中的关键工作之一。

章后练习

一、单项选择题

1. 资产评估假设最基本的作用是（　）。
   A. 使资产评估得以进行
   B. 明确评估结果成立的条件
   C. 明确资产评估的性质
   D. 明确资产评估的价值类型

2. 以被评估资产对所在企业的贡献为依据评估其价值，该评估价值在资产评估中被称为（　）。
   A. 市场价值　　　B. 投资价值　　　C. 在用价值　　　D. 剩余价值

3. 对评估结果价值类型的选择必须要考虑（　）。
   A. 评估方法　　　B. 评估计划　　　C. 评估目的　　　D. 行业管理

4. 资产评估基准日是评估业务中极为重要的基础，也是评估原则（　）在评估实务中的具体体现。
   A. 重要性原则　　B. 评估时点原则　　C. 及时性原则　　D. 替代原则

5. 关于资产评估价值类型的说法，错误的是（　）。
   A. 投资价值是指评估对象用于对外投资时的价值估计数额
   B. 残余价值是指报废资产中可拆解并有利用价值的零部件的变现价值估计数额
   C. 清算价值是指评估对象处于清算、迫售或快速变现等非正常市场条件下的价值估计数额
   D. 在用价值是指评估对象作为要素资产按照在用状态对所属企业的贡献价值的估计数额

6. 资产评估中的价值类型选择与许多因素密切相关，其中包括（　）。
   A. 评估方法　　　　　　　　　B. 评估原则
   C. 评估程序　　　　　　　　　D. 评估依据的市场条件

7. 下列不属于资产评估假设的是（　）。
   A. 公开市场假设　　　　　　　B. 交易假设
   C. 持续使用假设　　　　　　　D. 合并假设

8. 资产评估最基本的前提假设是（　）。
   A. 公开市场假设　　　　　　　B. 交易假设
   C. 清算假设　　　　　　　　　D. 在用续用假设

二、多项选择题

1. 下列关于资产评估价值类型表述正确的有（   ）。
    A. 资产评估中的价值类型是指资产评估结果的价值属性及其表现形式。它是对资产评估的一个质的规定
    B. 不同的价值类型从不同的角度反映资产评估价值的属性和特征
    C. 不同属性的价值类型所代表的资产评估价值在性质上是不同的，但是在数量上应该比较一致，这是评估特定目的所要求的
    D. 资产评估的价值类型分为市场价值和市场价值以外的价值，是以资产评估时所依据的市场条件、被评估资产的使用状态以及评估结论的适用范围划分的
    E. 价值类型对资产评估方法的选择没有影响

2. 资产评估假设在资产评估中的作用表现在（   ）。
    A. 是资产评估顺利进行的基础和条件
    B. 对评估方法的选择起制约作用
    C. 影响评估对象的作用空间
    D. 是资产评估结果成立的前提条件
    E. 是资产评估的起点

3. 以下属于资产评估目的的有（   ）。
    A. 转让定价评估目的
    B. 抵、质押评估目的
    C. 财务报告评估目的
    D. 税收评估目的
    E. 公司设立、改制、增资目的

4. 下列价值类型中属于按资产评估估价标准形式表述的有（   ）。
    A. 抵押价值   B. 转让价值   C. 收益现值   D. 现行市价
    E. 继续使用价值

5. 下列关于市场价值和公允价值的表述正确的有（   ）。
    A. 市场价值是资产公允价值的坐标
    B. 市场价值在其评估所依据的市场范围内，对任何交易当事人都是相对合理和公允的。而市场价值以外的价值的相对合理公平性是受到某些条件严格限制的
    C. 资产评估中，市场价值只是正常市场条件下资产处于最佳使用状态时的合理评估结果。相对于公允价值而言，市场价值更为具体，条件更为明确，在实践中评估人员更易把握
    D. 资产评估中的公允价值是一个一般层次的概念，它包括了正常市场条件和非正常市场条件下的合理评估结果
    E. 公允价值指的就是市场价值

参考答案 |

延伸阅读 |

5

资产评估程序

主要知识点

资产评估程序、资产评估程序作用、资产评估程序的具体步骤、执行资产评估程序的要求、国有企业资产评估程序特殊性

5.1 资产评估程序概述

资产评估程序是指根据资产评估基本准则所制定的、资产评估机构及其资产评估专业人员执行资产评估业务所履行的系统性的工作步骤。在执行资产评估程序时，必须要坚持独立、客观、公正的原则。资产评估程序有狭义与广义之分。狭义的资产评估程序是指从资产评估机构接受委托人的委托开始，到提交评估报告结束。广义的资产评估程序是指从接受委托前明确基本事项开始，到提交报告后的归档整理结束。

根据 2019 年 1 月 1 日实行的《资产评估准则——评估程序》，资产评估基本程序体现在以下八个方面：①明确业务基本事项；②订立业务委托合同；③编制资产评估计划；④进行评估现场调查；⑤收集整理评估资料；⑥评定估算形成结论；⑦编制出具评估报告；⑧整理归集评估档案。具体内容如图 5-1 所示。

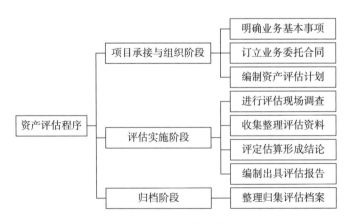

图 5-1 资产评估的基本程序

总体而言，资产评估业务执行分为三个阶段：第一阶段是项目承接与组织阶段，在该阶段，资产评估机构及其评估专业人员需要执行前三项基本程序；第二阶段是评估实施阶段，该阶段需要执行评估现场调查、收集整理评估资料、评定估算形成结论以及编制出具评估报告这四个基本程序；第三阶段是归档阶段，这个阶段需要完成整理归集评估档案的程序。

5.2 资产评估程序的作用

资产评估程序是对资产进行评估必须经过的步骤，是保证评估结果合理、可靠的前提与基础，资产评估程序的作用体现在以下三个方面。

第一，保证资产评估行为的合法性。《资产评估法》规定资产评估机构及其专业人员在进行资产评估相关的业务时，需要履行资产评估程序，这是对资产评估机构及其专业人员的基本要求。对于评估业务的委托、评估方法的使用、评估报告的出具等方面，《资产评估法》都做了相应的规定。资产评估机构和人员在进行评估业务时，若未按照规定履行相应的评估程序，将会承担相应的法律责任。当资产评估机构在承接资产评估业务前，要求履行独立性分析等资产评估程序，如果评估机构及评估专业人员未履行或未能恰当履行该评估程序而受理了该评估业务，那就违反了《资产评估法》中关于评估人员独立性等相关规定，评估机构及其专业人员需要承担相应责任。

第二，资产评估程序是相关当事方评价资产评估服务的重要依据。包括委托人、资产评估报告的使用人等资产评估报告的相关当事人，十分关注资产评估报告的质量，资产评估报告的结论是资产评估相关当事人进行有关决策的参考依据。资产评估相关当事人衡量资产评估机构的服务时，一个重要指标就是了解资产评估机构在评估过程中，是否履行了相应的资产评估程序。资产评估程序不仅为资产评估机构和人员在履行资产评估业务时提供法律指引，而且也是资产评估相关监管部门评价资产评估服务的主要依据。

第三，资产评估程序是资产评估机构和人员防范执业风险、保护自身合法权益、合理抗辩的重要手段之一。近年来，随着资产评估业务的日益增加，资产评估机构与资产评估当事人之间就资产评估服务方面的纠纷越来越多。究其原因，结合其他各国的具体情况来看，资产评估具有很强的专业性，在举证、鉴定方面难度较大，因此有关部门将其归结为资产评估的差距。在很长的一段时间内，对于资产评估结论，评估报告使用者及其有关当事人只会对其做出"高低"和对错的简单判断，并将其作为评判资产评估机构服务的标准。但随着各部门对资产评估行业的认识逐步加深，对于资产评估服务的评判标准也开始转变。从以前只关注资产评估结论的准确度，到现在开始关注评估机构及人员是否履行了必要的资产评估程序。因此，履行必要的资产评估程序也是产生纠纷时，合理保护自身权益、合理抗辩的重要手段之一。

5.3　资产评估程序的具体步骤

5.3.1　评估项目洽谈和业务受理

项目承接与组织阶段的第一个环节是接受资产评估委托，明确业务基本事项，签订资产评估业务委托合同。接受资产评估委托还包括在签订资产评估业务约定书以前的一系列基础性工作，如对资产评估项目进行风险评价、明确与承接的资产评估项目有关的重要事项等。由于资产评估专业服务的特殊性，资产评估程序甚至在委托人委托资产评估机构、资产评估机构接受委托前就已开始。资产评估机构和人员在接受资产评估业务委托之前，应当采取与委托人等相关当事人通过讨论、阅读基础资料，进行必要的初步调查等方式，与委托人等相关当事人共同明确资产评估业务的重要事项。完成该程序，能够对评估业务有一个充分的了解。评估机构在受理评估业务时，需要了解以下基本事项：

5.3.1.1　接受资产评估委托

资产评估机构及其评估人员在受理或接受资产评估业务或委托时应严格遵守资产评估职业道德和行为规范的要求，着重注意以下几个方面：①资产评估机构及其评估人员不能利用主管部门或行政机关的权力，对行业地区的评估业务进行垄断；②不应以个人的名义接受委托，应该以资产评估机构的名义接受委托；③资产评估机构和评估人员不得通过诋毁、贬低同行信誉等不正当手段获得评估业务；④评估机构和评估人员不得通过降低收费标准或以不切实际的承诺承揽业务；⑤评估机构和评估人员应保持形式和实质上的独立；⑥评估机构和评估人员不能同时为多个评估目的及要求而对同一资产进行评估；⑦评估机构及其评估人员应充分了解评估对象、评估目的和评估范围；⑧评估机构及其评估人员应充分分析评估业务风险，正确判断自身的执业能力，不得承揽无力完成的评估业务；⑨按照能力原则受理评估业务并与委托人签订资产评估委托合同；⑩资产评估机构在接受委托前应赴现场进行必要的勘察，以便明确评估工作量，工作时间和收费标准等基本事项。

5.3.1.2　明确业务基本事项

（1）委托人、产权持有人和委托人以外的其他资产评估报告使用人。资产评估机构需要明确三个方面的内容：一是明确委托人及其被评估单位的概况。基本情况包括委托人及产权持有人的名称；企业性质、企业历史沿革；经营业务范围及主要经营业绩；委托人及产权持有人类型、所属行业、注册地址和注册资本。二是明确评估报告使用人。因为评估报告具有特定的使用群体，所以在可能的情况下，评估机构要求委托人必须明确评估报告使用人。三是了解委托人与相关当事人之间的关系。例如，委托人为被评估企业的股东、债权人、管理层等。评估机构在与委托人进行洽谈时，需要了解清楚委托人与产权持有人之间的关系。特别是当委托人与产权持有人不是一个主体时，更需要了解两者的关系。因为这个涉及日后进行评估收集相关资料过程中相关当事人的配合程度。

（2）评估目的。在资产评估工作中，确定评估目的是一个十分重要的环节。评估目的是由特定资产评估业务引起的，对选取价值类型、评估方法都有很大的影响。评估人员需要详细了解委托人具体的评估目的以及评估目的相关的事项，如评估目的的依据、经济行为的进展等。

（3）评估基准日。资产评估专业人员应当结合评估的具体情况，并根据自身的专业知识帮助委托人确定评估基准日，从而能够在确定评估基准日后有效地进行现场调查，收集评估资料，并且能减少一系列不必要的评估基准日期后事项。例如，在进行企业价值评估时，评估机构和评估专业人员应当建议委托人综合各方面的因素合理选择评估基准日，尽可能选择会计期末。

（4）评估对象和评估范围。资产评估专业人员应当了解评估对象的基本情况，如资产类型、规格型号、结构、数量等。资产评估机构应当特别了解评估对象权利的受限情况。对于评估对象和评估范围的确定，资产评估专业人员应当与委托人进行沟通，根据评估目的，考虑评估对象和评估范围与经济行为的匹配程度，对评估对象和评估范围进行界定。评估范围的界定应当遵循评估对象的选择。在确定评估对象时，需要由委托人就具体评估对象所对应的评估明细表进行确认，确认方式包括签名、盖章等，避免日后因评估对象和范围产生纠纷。

（5）价值类型。资产评估专业人员应当在明确资产评估评估目的之后，确定合适的价值类型。在选择价值类型时，需要充分考虑评估目的、市场条件、评估对象自身条件等因素，并需要考虑价值类型与评估假设的相关性。

在接受委托环节，需要与委托人就价值类型达成一致，目的是让委托人理解是按照何种标准进行评估，有利于委托人日后理解评估结论，为签订评估委托合同时界定项目适用的价值类型做了铺垫。

（6）资产评估项目所涉及的需要批准的经济行为的审批情况。资产评估项目获得有关部门批准时，应当载明批件的名称、批准日期及文号。这一点主要是针对国有资产评估，要确定相关的经济行为是否得到批准。重要的国有独资企业、国有独资公司、国有资本控股公司的合并、分立、解散、申请破产以及法律、行政法规和本级人民政府规定应当由履行出资人职责的机构报经本级人民政府批准的重大事项，履行出资人职责的机构在作出决定或者向其委派参加国有资本控股公司股东会会议、股东大会会议的股东代表作出指示前，应当报请本级人民政府批准。资产评估报告应当说明本次评估业务所对应的经济行为、法律法规、评估准则、权属、取价等依据。经济行为依据应当为有效批复文件以及可以说明经济行为及其所涉及的评估对象与评估范围的其他文件资料。

（7）资产评估报告使用范围。资产评估报告使用范围包括报告使用人、使用目的及用途、使用时效等。评估机构应当在前期就与委托人明确报告的使用范围。评估范围的界定应服从于评估对象的选择。

（8）资产评估报告提交期限及方式。有很多因素会影响到资产评估报告的提交期限，如评估工作量、相关当事人的配合程度等。评估专业人员应当与委托人约定提交报告的时间和方式，评估机构洽谈人员应了解委托人实现评估所服务经济行为的时间计划，根据对上述限制与约束因素的预计和把握，与委托人约定提交报告的时间和方式，在评估委托合同中加以明确。需要注意的是，评估报告的提交时间不宜确定具体日期，一般确定为开始现场工作后的一定期限内。

（9）评估服务费及支付方式。资产评估机构在接受委托前应当与委托人协商资产评估收费标准，委托人需要了解评估机构报价确定的标准，除了专业服务费之外，还需要对差旅费等是否计入预计数额以及其负担方式进行了解，在双方达成一致后，这些内容应当体现在评估委托合同中。对于那些评估对象价值小但评估工作量大的项目，可以要求委托人按照实际工作量来支付评估费用。《人民法院委托评估工作规范》规定，评估机构的收费标准高于所属的全国性行业协会各评估机构平均收费标准10%的，不得推荐入选名单库。

（10）委托人、其他相关当事人与资产评估机构及其专业人员工作配合和协助等需要明确的重要事项。评估机构及其评估专业人员在承接业务时除了要了解上述九项基本事项外，评估机构还应该根据评估业务的具体情况与委托人进行沟通，明确相关当事人配合的具体事宜，包括落实资产清查申报、提供资料、配合现场及市场调查，协调与相关中介机构的对接等。另外，需要分析以下因素来确定是否能够承接此项业务。首先是评估项目风险。评估机构和专业人员应当根据初步了解到掌握的相关评估业务的基础情况，具体分析评估项目的执业风险，用来判断是否该执业风险是否超过合理范围。其次是专业胜任能力。评估机构及其专业人员根据评估业务的基本情况，分析本评估机构的专业人员是否具备专业胜任能力。最后是独立性分析。评估机构按照相关的规定，结合评估业务的具体情况，分析确认委托人与评估机构之间是否存在现实或潜在的利害关系。

5.3.1.3 签订资产评估业务委托合同

资产评估机构在决定承接业务之后，应当与委托人签订业务委托合同。所谓的资产评估委托合同，是指资产评估机构与委托人订立的，明确资产评估业务基本事项，约定资产评估机构和委托人权利、义务、违约责任与争议解决等内容的书面合同。

2017年10月1日执行的《资产评估执业准则——资产评估委托合同》中规定，资产评估委托合同的基本内容包括：①资产评估机构和委托人的名称、住所、联系人及联系方式；②评估目的；③评估对象和评估范围；④评估基准日；⑤评估报告使用范围；⑥评估报告提交期限和方式；⑦评估服务费总额或者支付标准、支付时间及支付方式；⑧资产评估机构和委托人的其他权利和义务；⑨违约责任和争议解决；⑩合同当事人签字或者盖章的时间及地点。

资产评估委托合同签订后，若发现有关约定事项存在遗漏、约定模糊或者需要进行变更的情况，发现相关事项存在遗漏、约定不明确，或者约定内容需要变化时，资产评估机构可以要求与委托人订立补充委托合同或者重新订立评估合同，或者以法律允许的其他方式，如传真、电子邮件等形式，对评估委托合同的相关条款进行变更。

在以下情况下，资产评估机构有权拒绝履行或单方面解除资产评估委托合同。包括：①在评估业务开展时，委托人不配合资产评估专业人员开展评估工作，如拒绝提供或者是不提供评估业务所需的权属文件、财务会计等相关的评估资料。②委托人非法干预评估结论或者是要求评估机构出具虚假的评估报告。

除上述两种情形外，在评估中还可能存在不是评估机构及其专业人员自身的原因，导致资产评估委托合同解除的其他情形：①委托人因自身原因需要提前终止资产评估业务、解除资产评估委托合同。②委托人或其他相关当事人原因导致资产评估程序受限，资产评估机构无法履行资产评估委托合同，在相关限制无法排除时资产评估机构单方面解除资产评估委托合同。

订立资产评估委托合同时未明确的内容，资产评估委托合同当事人可以采取订立补充合同或者法律允许的其他形式做出后续约定。

在评估时，资产评估机构及其专业人员需要关注由于不及时订立委托合同所引发的风险。若出现由于委托人自身的原因，委托合同无法及时订立，此时资产评估机构及其评估专业人员可以采取一定的措施来保护其自身的合法权益。

业务委托书参考格式：

资产评估委托合同

〔 〕第   号

委托方（甲方）：
住所：
联系人：　　　　　　　　　　　联系电话：

评估机构（乙方）：
住所：
联系人：　　　　　　　　　　　联系电话：

甲方委托乙方对其提出的资产进行评估。经双方协商，达成以下条款：

一、资产评估目的

甲方拟_____，本次资产评估结果作为该经济行为计算相关资产价值的参考。

二、资产评估对象和范围

根据资产评估目的，本次资产评估的对象是：_____；范围是_____。具体清单详见甲方提交给乙方的资产清查评估明细表。

三、资产评估基准日

评估基准日由甲方确定为_____年_____月_____日。

四、资产价值类型

本次评估采用_____类型。

五、资产评估报告提交期限

在甲方充分配合的基础上，乙方必须保证组织足够的评估力量按照甲方的进度安排在合理的工作时间内完成评估工作，提交资产评估报告。

在甲方提供齐备有关评估资料并协助乙方勘查现场后，乙方于_____年_____月_____日前向甲方提交资产评估报告。

六、甲方的责任与义务

1. 甲方的责任

（1）对评估目的所涉及相关经济行为的合法性、可行性负责。

（2）提供评估对象法律权属等资料，并对所提供评估对象法律权属资料的真实性、合法性和完整性承担责任。

（3）提供评估必要的资料，并对提供给乙方的会计账册、评估明细表、资产清查及使用情况等评估数据、资料和其他有关文件、材料的真实性、合法性、完整性负责。

（4）根据评估目的对应经济行为的需要恰当地使用评估报告。

2. 甲方的义务

（1）及时按资产评估的要求向乙方提供真实、充分、合法的资料，法律权属证明文件及其他相关法律文件。

根据资产评估的要求，对各项资产进行全面清查、盘点。

（2）认真填写各项清查明细报表，在乙方要求的时间内报送乙方；对提供的清查明细表及相关证明材料以签字、盖章或者其他方式进行确认。

（3）在评估过程中组织人力、物力协助乙方，以及为乙方的评估人员提供必要的工作条件和配合。

（4）根据评估业务的需要，负责资产评估师与评估项目相关当事方之间的协调和沟通。

（5）除法律、法规规定以及甲、乙双方另有约定之外，未征得乙方同意，对乙方提供的包括评估报告、补充说明、解释、建议等文件和材料在内的各项内容不得被摘抄、引用或者披露于公开媒体。

（6）按照约定条款及时足额支付评估服务费用。

七、乙方的责任与义务

1. 乙方的责任

（1）遵守国家有关法律、法规和资产评估准则要求，对评估对象在评估基准日特定目的下的价值进行分析、估算并发表专业意见；

（2）维护所发表专业意见的独立性、客观性、公正性；

（3）对甲方或被评估单位所提供的有关文件资料和执业过程中获知的商业秘密，应妥善保管并负保密责任。除法律、法规另有规定的以外，未经甲方书面许可，乙方和资产评估师不得将评估报告内容，以及甲方或被评估单位提供的有关文件资料和执业过程中获知的商业秘密向第三方提供或者公开。

2. 乙方的义务

（1）遵守相关资产评估的有关法规和规范要求，及时拟定资产评估工作方案和工作计划，确定评估途径和方法。

在收到符合评估要求的各项报表、资料后，及时组织相关的专业评估人员做好评估对象现场勘察工作。

（2）配合甲方相关经济行为的实施进度，在合理的工作时间内完成评估分析、估算，并将问题及时反馈给甲方。

（3）在甲方和相关当事方的协助下，根据资产评估工作方案和计划如期完成资产评估工作。

（4）按照相关资产评估规范中对评估质量和评估报告的要求发表专业意见和出具评估报告。

（5）督促执行评估业务的人员遵守职业道德，诚实正直，勤勉尽责，恪守独立、客观、公正的原则。

八、资产评估服务费用

根据项目的特点、工作量等情况，结合行业收费惯例，经双方协商确定本次评估费为：人民币_____整（RMB _____元）。甲方须在提交评估报告后十个工作日内通过转账方式将上述评估费支付到乙方账户内（户名：_____账号：_____）；如甲方支付现金，须通知乙方财务部（联系电话：_____），否则所造成的经济损失，由甲方负责。

九、资产评估报告使用者和使用责任

（1）乙方提供的资产评估报告使用者是甲方和国家法律、法规规定的评

估报告使用者。

（2）除法律、法规另有规定的以外，资产评估报告由本合同约定的评估报告使用者于约定的资产评估目的、评估结论使用有效期内合法使用。

（3）乙方和评估专业人员不对因甲方和其他评估报告使用者不当使用评估报告所造成的后果承担责任。

（4）除本合同约定的评估报告使用者以外，如需要增加其他评估报告使用者，甲方应以书面形式向乙方提出，并得到乙方的书面同意。否则，评估报告将失效，乙方亦不对其他报告使用者承担任何责任；同时，乙方拥有追索甲方和其他报告使用者不当使用评估报告对乙方造成损失的权利。

（5）除法律、法规规定以及甲方和乙方另有约定的以外，报告使用者未征得乙方同意，对乙方提交的包括资产评估报告、补充说明、解释、建议等文件和材料在内的各项内容不得被摘抄、引用或者披露于公开媒体。

十、资产评估报告提交方式

（1）乙方完成资产评估有关程序后，向甲方提交经乙方和经办专业评估人员签章的纸质版资产评估报告书。

（2）乙方向甲方提交正式资产评估报告书一式_____份。

十一、委托合同的有效期限

（1）本合同一式三份，甲方执一份，乙方执两份，具有同等法律效力。

（2）本合同自双方签字盖章后生效。

十二、委托合同事项的变更

（1）本合同签订后，签约各方若发现相关事项约定不明确，或者履行评估程序受到限制需要增加、调整约定事项的，可通过友好协商对相关条款进行变更，并签订补充协议或者重新签订资产评估委托合同。

（2）本合同签订后，评估目的、评估对象、评估基准日发生变化，或者评估范围发生重大变化，签约各方应签订补充协议或者重新签订资产评估委托合同。

十三、违约责任和争议解决

（1）如乙方无故终止履行本合同，所收评估费应退还甲方，并赔偿由此造成甲方的相关损失。

（2）如因甲方原因终止履行本合同，而且乙方已实施了相应评估程序，乙方所收评估费不予退还。若乙方已完成的工作量所对应的应收评估费超过乙方已收取的评估费，乙方可以要求甲方按照已完成的工作量支付相应的评估费。

（3）当执行评估程序所受限制对与评估目的相对应的评估结论构成重大

影响时，乙方可以中止履行合同，并将所收评估费扣除已完成工作量所对应的应收评估费后的余额退还甲方；相关限制无法排除时，乙方可以单方面解除合同而不承担违约责任。

（4）因甲方要求出具虚假资产评估报告或者有其他非法干预评估结论情形的，乙方有权单方解除资产评估委托合同。

（5）执行本合同如发生争议，甲、乙双方选择如下方式处理：①提交有管辖权的人民法院审理；②提交双方认可的仲裁委员会仲裁。

委托方（甲方）：   评估机构（乙方）：

法定代表人：   法定代表人：

签订日期：   签订日期：

合同签订地点：

5.3.2　评估前准备工作

评估前的准备工作包括被评估单位的准备工作、评估机构的准备工作两个方面。一般来说，评估前期准备工作主要有以下几个方面：

5.3.2.1　被评估单位的准备工作

（1）企业概况。包括以下几个方面：①企业成立日期、历史沿革等资料；②企业营业执照、章程、协议及管理制度；③企业所处的地理位置、生产的主要产品或服务、规模；④企业组织机构、管理机制、高管人员构成及专家顾问名单；⑤企业所具有的专业特色服务；⑥企业研发部门相关技术人员名单；⑦企业所获得荣誉、培训证书等。

（2）企业经营能力资料。包括以下几个方面：①企业近五年相关财务报表；②企业或相关资产的投入费用有关情况以及收入明细表；③企业所处的市场规模以及市场所占份额统计；④企业专利技术、经营秘密等情况说明资料；⑤企业资产负债申报明细表及有关产权证明文件。

（3）企业经营潜力资料。①政府部门支持企业发扬特色经营和服务的文件、计划等；②企业销售或推销计划；③企业生产开发潜力及开发相关方面的设想；④企业长期经营策略和远期战略部署；⑤企业未来5年投资开发计划。

（4）其他重要资料。①有关管理人员对企业发展前景的预测，对市场前景的预测，对企业投资、管理的意见；②企业重要客户、供应商的看法。

（5）企业认为需要提供的其他资料。在资产清查环节，需要对资产评估约定书中确定的有关资产进行核查，确定有关资产的实际数量、型号、购买日期等情况。以便向评估人员提供被评估资产的明细清单，如果评估对象是企业，还要提供企业负债情况的明细清单。

5.3.2.2 资产评估机构和评估人员的准备工作

资产评估机构在与委托方签订资产评估业务约定书后，便可进行资产评估前的一系列准备工作。

（1）成立评估项目组。在承接资产评估业务后，根据资产评估业务的类型和难度配备相应的专业人员，组成评估项目组。进行整体的企业价值评估时，一般需要有房地产评估师、机器设备工程师、会计师或注册会计师、资产评估师以及其他参与资产评估的人员等。成立评估项目组后，需要指定一人作为评估项目的负责人。负责人起到领导、管理整个团队的作用。

（2）前期调查。在成立评估项目组之后，需要派有关人员进行前期调查，以便了解评估整体的工作量以及评估难度等情况，为接下来制订评估综合计划和程序计划打好基础，保证评估工作顺利完成。

前期调查包括以下八个方面的内容：

第一，明确与评估目的相关的经济行为的法律依据、交易特点及有关的经济关系。资产评估专业人员进行前期调查，首先要了解评估目的对应的经济行为与现行规定的法律法规是否有冲突，经济行为的法律依据是否充分；其次是调查与评估有关的经济行为及评估目的，这将影响或决定采用的评估方法以及评估报告的不同使用方式。不同的经济行为和评估目的，还会影响评估基准日的选择和工作时间的安排。

第二，委托方对评估报告的要求。包括委托方对评估报告的使用目的、使用方式及使用范围的要求。在必要的时候，评估机构应在资产评估业务约定书中加入对评估报告使用的限制性条款，以明确资产评估机构应承担的责任。

第三，评估基准日的会计报表情况。主要包括评估基准日被评估单位的资产负债表、利润表和现金流量表。

第四，产权归属证明文件。包括国有资产产权登记证书、房屋所有权证、土地使用证、重大资产的购置合同、进口生产线和重大设备的报告单和商检报告、重大资产项目有关的凭证及发票、专利证书、商标注册证等。对有关产权归属证明文件的验证，有利于资产评估师判断因产权不明晰引起的职业风险，并可将有关产权问题及时告知委托方及相关单位以督促有关方面尽快解决问题。

第五，企业相关的生产工艺和技术。若评估的是制造业企业，需要充分了解被评估单位的工艺生产流程。根据工艺生产的特点及工序，正确选择相应的评估方法，确定资料的收集内容。如果采用成本途径评估资产时，还需要判断资产是否存在功能性贬值和经济性贬值。

第六，资产的状况。需要了解实物资产的性质、来源、购置时间、数量、原始账面价值、使用情况、维修状况等。无形资产除了资产性质、购置时间之外，一般还需要了解适用的领域、产权归属、注册申请情况、使用情况、成本费用和历史收益情况等。另外，资产评估师通过访谈等方式，了解该企业是否存在账外无形资产，是否需要进行单独评估做出判断。

第七，所在行业的基本情况。了解被评估企业所在行业的基本情况，评估师要对被评估企业的市场地位、技术发展等情况有一个初步的了解。

第八，其他重大情况。当评估的现场工作受到一些限制（如自然条件），导致评估工作无法正常进行时，会出现较大障碍。所以，在编制评估计划时，需要考虑上述情况，以减少未来工作中遇到的阻碍，也要考虑人员安排或外部因素等致使工作无法正常完成的情况。

（3）评估影响因素分析。前期调查完成后，评估专业人员还需要考虑影响评估工作的因素，并对其进行分析，以便制订出较好的评估计划。一般来说，需要重点考虑以下因素：

第一，评估目的、价值类型、评估对象及范围。

第二，评估有关的风险，评估项目的相关规模以及业务复杂程度。风险规模及业务复杂程度等因素直接影响到评估计划的编制。当评估项目规模较大时，涉及业务范围会较广，对于规模较大、业务涉及面广的评估项目，评估专业人员进行编制评估计划时，应尽可能考虑周密，确保评估工作的顺利进行。

第三，相关宏观经济政策、法律法规等对评估的影响。有关政策的变化将对评估参数的选择、计算产生影响，如国家有关进口设备关税及进口增值税政策的调整、最新的银行存贷款利率的变动、国家有关土地使用权的最新政策等。

第四，评估项目的行业特点、发展趋势及存在的问题。包括被评估企业所在行业有关技术的发展更新、相关资产的总体价格走势、国家在环保方面的有关政策性限制造成的影响等。

第五，评估项目所涉及资产的结构、类别、数量及分布。

第六，资料的完整性以及收集资料的难度。对这些因素的考虑将有助于资产评估专业人员妥善安排评估计划中的工作时间、人员分配、要求委托方及被评估企业所做配合工作的深度以及考虑制定替代的方案措施等。

第七，委托人的诚信程度及其提供的资产数据的可靠程度。考虑这些因素，将有助于资产评估专业人员做出适当的计划安排，如是否有必要向委托方的有关人员详细解释他们需要做的配合工作，在多大程度上对委托人提供的资料进行复核，验证其真实性及可靠性。

第八，在组成评估项目组时，需要考量评估人员各方面的业务能力、评估经验等。项目组成员应当包含能力强、经验丰富并且对被评估企业较为熟悉的评估人员。另外，还应考虑对评估助理人员做出适当的任务安排。

第九，合理利用专家工作。如果遇到一些业务类型较为特殊，需要一些特殊的专业知识时，可以聘请专家，利用专家的报告来解决评估中遇到的问题。如果聘用的专家是非本评估机构的工作人员，为保证工作质量，应与外聘专家进行深入的沟通，并应当对专家工作进行规划和指导。在评估计划中，应详尽地列示外聘专家的工作目标和内容。

（4）制订资产评估计划。资产评估机构在进行前期调查以后，对被评估单位的情况有了大致的了解，在此基础上，需要对可能影响评估计划的因素进行分析，从而结合实际情况编制评估计划。编制评估计划将有利于执行评估业务、高效完成评估工作。评估计划应当涵盖现场调查勘察、收集评估资料、评定估算、编制资产评估专业人员应当根据资产评估业务具体情况编制资产评估计划，并合理确定资产评估计划的繁简程度。

编制资产评估计划应当重点考虑的因素包括：①资产评估目的和资产评估对象状况对资产评估技术路线的影响及评估机构的对策、措施安排；②资产评估业务风险、资产评估项目规模和复杂程度对评估人员安排及其构成的要求，限定评估精度、对评估风险的估计及控制措施；③评估对象的性质、行业特点和发展趋势；④资产评估项目所涉及资产的结构、类别、数量及分布状况对资产清查范围和清查精度的要求；⑤资产评估项目对相关资料搜集的要求及具体安排；⑥委托人和资产占有方过去委托资产评估的经历、诚信状况和提供资料的可靠性、完整性和相关性，判断评估项目的风险及对应措施安排；⑦资产评估人员的专业胜任能力、经验及专业、助理人员配备情况；⑧资产评估途径和方法的选择及基本要求；⑨评估中可能出现的疑难问题及专家利用工作；⑩评估报告撰写要求及委托方制定的特别情况和披露要求。

资产评估计划的内容包括主要的实施过程、时间进度、人员安排等。

第一，资产评估业务实施主要过程。资产评估计划应当包含现场调查、收集评估资料、评定估算、编制和提交评估报告等资产评估业务实施的主要过程。资产评估专业人员在确定资产评估业务实施的具体步骤应当明确以下因素：①明确项目的背景和相关条件，包括评估目的、评估对象和评估范围、价值类型、评估基准日、本次评估操作的重点和难点、参与本项目的其他中介机构等。②明确采用的评估方法。③明确资产清查的工作重点及具体要求，如现场调查工作目标、现场调查工作总体时间安排、现场调查主要工作内容、现场调查的协调方式等内容。④明确参与本项目的审计、律师等其他中介机构的对接安排及注意事项。

第二，资产评估业务实施的时间进度安排。明确资产评估业务实施的时间进度安排，有利于对资产评估工作进度的跟踪，以保证在报告提交期限内提交报告。

资产评估专业人员编制资产评估计划时，应当结合评估报告提交期限、评估业务实施过程的具体步骤、业务实施的重点和难点等来制定评估业务实施的进度安排。

第三，资产评估业务实施的人员安排。资产评估专业人员应当根据评估项目、评估业务实施的主要步骤、业务实施的时间等综合考虑评估业务实施对评估专业人员的工作经验、技术水平等要求来组建项目团队。

资产评估计划由于受某些因素的影响会需要进行调整，原因通常有两类：一类是评估工作本身遇到了障碍，出现了在编制评估计划时没有预料到的操作层面或者技术层面的情况；另一类是由于委托人经济行为涉及的评估对象、评估范围、评估基准日发生了变化。

5.3.3　进行评估现场调查

现场调查是资产评估必不可少的环节，包括对不动产和其他实物资产进行必要的现场勘测，对企业价值、股权和无形资产等非实物性资产进行必要的现场调查。现场调查有利于资产评估机构及其专业人员全面、客观地了解评估对象，核实委托方和资产占有方提供资料的可靠性，对在现场调查过程中发现的问题、线索，有针对性地开展资料搜集、分析工作。资产评估机构及其专业人员应根据评估项目的具体情况，确定合理的现场调查方式，确保现场调查工作的顺利进行。

为了获取评估业务的资料，进一步了解评估对象现状，需要进行现场调查，现场调查的内容包括了解评估对象现状、法律权属两个方面。

5.3.3.1　现场调查的内容

（1）了解评估对象现状。评估对象现状主要包括存在性、完整性两个方面。评估对象的存在性是指委托人委托的评估对象是否真实存在。核查评估对象的存在性的方式应当包括实地查看以及核查权属文件、技术文件和会计记录。实地查看方式主要针对存货、不动产等实物；而核查权属文件主要是针对无形资产；对于无形资产，可通过核查权属文件、技术文件等方式来进行核查；通过核实会计记录、权益证明等方式来可以核实应收账款、股权。评估对象的完整性是要求评估对象符合相关经济行为对资产评估范围的要求，能够有效实现其预定功能。评估专业人员不仅要重视资产物理意义上的完整性，也要关注资产功能上的完整性。

对于不同的资产，影响资产价值的因素也会不同。对于企业价值评估，现场调查应当包括企业历史沿革、主要股东及其持股比例、产权所属证明、财务状况等。而对于房屋建筑物，应当包括房屋建筑物的取得方式、取得时间、建筑结构等方式。对于机器设备而言，需要了解设备名称、生产厂家、规格型号等。

（2）了解评估对象法律权属。资产的法律权属，包括所有权、使用权及其他财产权利。评估专业人员在现场调查时，应当取得评估对象的权属证明，如国有资产产权登记证、房屋所有权证、土地使用权证等，并根据资产评估法的有关规定，对取得权属证明进行核查验证。

5.3.3.2　现场调查的手段

现场调查手段通常包括询问、访谈、核对、监盘、勘察等。

询问是现场调查中基本情况之一。询问是指评估专业人员在了解被评估单位所提供的评估申报表之后，通过与被评估对象的管理人员、生产人员、采购人员等进行交流，了解相关资产的来源、具体使用情况、来源、未来生产计划、企业经营状况、经营业绩、行业地位等企业情况。

访谈也是现场调查的重要方式之一，当遇到一些资产资料无法通过书面资料查明时，可以采用访谈的方式，如了解资产来源、企业经营计划等，通过对特定人员或者相关人员访谈，评估专业人员能够及时获得全面的、综合性的信息，以对评估对象的状况做出合理的判断。

核对主要包括账表核对、账实核对以及申报内容与相关权证进行核对三个方面。核对的目的主要是确定资产是否存在以及相关资产的法律权属状况。若出现资产的盘亏盘盈或者损坏情况时，还应该进行调查，查明原因。

监盘也是企业进行现场调查使用频率较高的方法。监盘主要是对现金、存货等资产进行核对工作。实施监盘的计划包括人员安排、监盘方案、调查方式。监盘的目的是了解资产数量、质量、金额等情况。

勘察主要针对的是实物资产。勘查的内容包括实物资产的数量、分布和利用情况等。勘察时，需要对相关的技术报告的结果进行收集。在实务中，如果遇到较为特殊资产的勘察工作时，聘请在外的专家协助完成勘察工作，并且需要采取一系列措施保证专家工作的合理性。

5.3.3.3　现场调查的要求

（1）现场调查范围的要求。现场调查的范围是以委托方委托评估资产的范围为准，要特别注意委托方委托的评估资产中包括的其自身占用以外的部分，如分公司资产、异地资产，以及租出资产等，它们也应包括在调查之列，不能将这部分资产遗漏。

（2）现场调查的程度要求。关于现场调查的程度应根据不同种类的资产繁简有别，具体可参考以下几点：①对于建筑物要逐栋逐套进行勘察核实，并了解其使用、维修和现状，并做好勘察记录。建筑物的产权证明是核查中必不可少的项目。②对于机器设备，主要看评估对象的数量，对于项目较小、设备数量不多的情况，要对待估设备逐一核查。如果评估项目较大，设备种类繁多，数量较多时，先按 ABC 分类法找出评估重点，对 A 类设备要逐一核查并作技术鉴定；对 B 类设备也应尽量逐一核查；对 C 类设备可采取抽样核查。③对流动资产的核查程度与委托方的管理水平和自查的程度有关。对于企业管理水平较高，自查比较彻底的，对流动资产一般采用随机抽样法进行核查并做好抽查记录。按现行规定，流动资产抽查的数量应达到国家规定的比例。如对存货抽查，抽查数量应达40%以上，价值比例达 60%以上，其中残次、变质、积压及待报废的应逐项核查。④对无形资产、长期投资、递延资产等资产要逐笔核查。⑤涉及评估净资产的，要对负债进行逐笔审核。

5.3.4　收集整理评估资料

收集整理评估资料是指根据评估对象的实际情况收集具体的评估资料并对其进行整理的过程。收集评估资料的作用体现在两个方面：一是为后续资产评估准备素材和依据；二是评估机构建立工作底稿的需要。

资产评估实际上就是对被评估资产的信息进行收集、分析、判断并做出披露的过程。资产评估机构及其专业人员应当根据评估项目具体情况搜集资产评估相关资料。资料搜集工作直接关系到评估工作的质量，也是进行分析、判断进而形成评估结论的基础。对资产评估程序加以严格要求，其目的也是保证信息收集、分析的充分性和合理性。因此，评估专业人员应当了解需要收集的信息、信息的收集途径、收集方法以及信息的分析处理方法，并能熟练加以运用。

5.3.4.1 需要收集的信息

需要收集的信息包括：①有关被评估资产权利的法律文件或其他证明资料；②资产的性质、当前和历史状况信息；③有关资产的剩余经济寿命和法定寿命信息；④有关资产的使用范围和获利能力的信息；⑤资产以往的评估及交易情况信息；⑥资产转让的可行性信息；⑦类似资产的市场价格信息；⑧卖方承诺的保证、赔偿及其他附加条件；⑨可能影响资产价值的宏观经济前景信息、行业状况前景信息、企业状况前景信息。

5.3.4.2 信息的收集途径

评估人员收集评估资料的途径包括：从市场获取，从委托方、产权持有者及被评估企业等相关当事方获取，从政府部门、各类专业机构和其他相关部门获取等。评估资料的形式有调查记录、询价记录、检查记录、行业资讯、分析资料、鉴定报告、专业报告及政府文件等。

5.3.4.3 信息处理

信息处理即对收集的信息进行分析，包括对资产信息资料的分析、分类与调整。

（1）对资产信息资料的分析。这部分信息分析是对资产信息资料的合理性和可靠性的识别。对失真的信息资料要及时鉴别并剔除。此外，还要对所收集的数据是否具有合理性、相关性进行分析，以提高评估所依据的资产信息的可靠性。通常通过确定信息源的可靠性和资料本身的可靠性来解决，根据信息的准确度和信息源的可靠性可将收集的信息"定级"。通常信息的可靠性可分为完全可靠、通常可靠、比较可靠、通常不可靠、不可靠、无法评价可靠性。信息本身的准确度可分为经其他渠道证实、很可能是真实的、可能是真实的、真实性值得怀疑、怀疑、很不可能、无法评价真实性。

（2）对资产信息资料的分类。一般可按不同的标准将资产信息资料进行划分，以便合理有效地使用。按可用性分为可用性资产信息资料、有参考价值的资产信息资料、不可用资产信息资料。按信息来源分为一级信息和二级信息，一级信息，即未经处理的信息；二级信息是从更大的信息源中选择的加工过的信息。

（3）对资产信息资料的调整。在评估业务实施过程中，当所执行的评估业务发生变化，如国家政策出现重大调整、市场出现较大变化、评估基准日发生改变、评估范围发生重大调整、评估对象发生重大变化、委托方及产权持有人企业法人登记内容发生变更等，致使原收集的资料不足以做出新情况下的评估结论时，评估人员应该根据评估业务出现的新情况及时补充收集的相关资料。

5.3.5　评定估算形成结论

资产评估专业人员在收集整理资料的基础上，进入评定估算形成结论程序，该程序包括以下几个步骤：

5.3.5.1　选择适当的评估方法

评估方法的选择受到很多因素的影响。评估专业人员应当根据评估目的、评估对象、价值类型、资料收集情况等因素来选择合适的评估方法。例如，对企业资产组的商誉进行评估，评估目的是对商誉的减值进行测试，价值类型应该选择资产组的可收回价值，可收回价值采用被评估资产组市场价值（公允价值）减去处置费用后净额或预计未来现金流现值来确定。这里的市场价值（公允价值）减去处置费用后净额一般采用市场法确定，预计未来现金流现值一般采用收益法确定，这里选用两种不同方法评估得出的结果进行比较，根据会计准则要求做出的规定，取两者中较大者与账面值比较，只要大于账面值，就认为商誉未发生减值。一般情况下，对同一资产，根据资产评估准则规定，除了受条件限制只能选择一种评估方法以外，应当选择两种以上的评估方法，经综合分析形成评估结论。

5.3.5.2　形成初步评估结论

资产评估专业人员应当根据所采用的评估方法，选取相应的公式和参数进行分析、计算和判断，形成初步的评估结论。例如，采用市场法应当选择可比的交易案例，分析评估对象和可比参照物的相关资料和价值影响因素，通过调整可比因素，得到评估对象的价值。评估结论分析需要考虑以下内容：①不同评估方法所对应评估范围内资产的差异分析；②评估假设条件对各评估方法评估结论影响程度分析；③各评估方法评估结论更适合评估经济行为的分析；④评估资料的完整程度、企业经营情况对各评估方法评估结论的影响分析；⑤各评估方法评估结论差异情况分析及各评估结论合理性分析；⑥企业特别事项对各评估方法、评估结论的影响程度分析。

资产评估机构应当建立内部质量控制制度，由不同人员对资产评估过程和结论进行必要的复核工作。

5.3.5.3　使用合理的评估假设

资产评估专业人员执行资产评估业务，应当合理使用评估假设，并在资产评估报告中披露评估假设。资产评估假设也是资产评估结论成立的前提条件。将一项资产交易价格的主要影响因素从实际中抽象出来，研究这些因素对交易价格的影响，提高评估的效率。

5.3.5.4　综合分析确定资产评估结论

资产评估专业人员应当对形成的初步评估结论进行分析，判断采用该种评估方法形成的评估结论的合理性。首先应当对评估资料、评估参数、评估模型推算的有效性、合理性、正确性进行分析；其次对评估结论与评估目的、价值类型、评估方法的适应性进行分析；再次对评估增减值进行分析，确定资产评估增值或减值原因，并判断其合理性；最后通过对类似资产交易案例的分析，对评估结论的合理性进行判断。综合考虑评估目的、价值类型、评估对象现实状况等因素，做出最终的评估结论。

5.3.6　编制出具评估报告

资产评估机构及其专业人员在执行必要的资产评估程序并形成资产评估结论之后，应当编制出具评估报告。资产评估报告书主要内容包括委托方和资产评估机构情况、资产评估目的、资产评估价值类型、资产评估基准日、评估方法及其说明、资产评估假设和限制条件等。

资产评估报告除了要满足有关资产评估报告的格式规范和内容规范外，还应当根据评估项目的特点提供必要的相关信息，确保资产评估报告使用者能够正确理解资产评估结论。资产评估机构出具资产评估报告前，在不影响对评估结论进行独立判断的前提下，可以与委托人或者委托人同意的其他相关当事人就资产评估报告有关内容进行沟通，对沟通情况进行独立分析，并决定是否对资产评估报告进行调整。

5.3.7　整理归集评估档案

整理归集评估档案是资产评估程序的最后一个步骤。评估档案整理和归集是资产评估工作不可忽视的环节，是资产评估程序的重要组成部分，是评价、考核资产评估专业人员专业胜任能力和工作业绩的依据。

5.3.7.1　资产评估工作底稿

资产评估工作底稿是指资产评估专业人员在评估过程中形成的，反映评估程序实施情况、支持评估结论的工作记录，也是资产评估师形成评估报告的依据。工作底稿应如实反映资产评估计划与方案的制订及实施情况，包括与形成评估报告有关的所有重要事项，以及资产评估师评定估算的全部依据、过程及专业判断。

工作底稿并不是越详尽越好，工作底稿的繁简程度与以下几个因素相关：一是资产评估业务约定书约定的评估目的及要求；二是被评估资产的规模及复杂程度；三是委托人所申报的资产评估资料；四是被评估资产的产权；五是评估假设的前提条件、重要事项说明。

5.3.7.2　资产评估工作底稿的分类

工作底稿分为管理类工作底稿与操作类工作底稿。管理类工作底稿是指评估项目负责人在评估过程中，为规划、安排、控制和管理整个评估工作并出具评估报告所形成的文字记录，主要包括以下内容：一是资产评估业务基本事项的记录；二是资产评估委托合同；三是资产评估计划；四是资产评估业务执行过程中重大问题的处理记录；五是资产评估报告的审核意见。

操作类工作底稿的内容因评估目的、评估对象和评估方法等不同而有所差异，通常包括以下内容：一是现场调查记录与相关资料，通常包括委托人或者其他相关当事人提供的资料，现场勘察记录、书面询问记录、函证记录等，其他相关资料。二是收集的评估资料，通常包括市场调查及数据分析资料、询价记录、其他专家鉴定及专业人士报告、其他相关资料。三是评定估算过程记录，通常包括重要参数的选取和形成过程记录，价值分析、计算、判断过程记录，评估结论形成过程记录，与委托人或者其他相关当事人的沟通记录，其他相关资料。

资产评估机构应当建立工作底稿复核制度。复核人在复核工作底稿时，应做出必要的复核记录，书面表示复核意见并签名。在复核过程中，复核人如发现已执行的评估程序或做出的评估记录存在问题，应指示有关人员予以答复、处理，并形成相应的评估记录。

5.4　执行资产评估程序的要求

对资产评估程序的运用也有一定的要求，通过资产评估行业的实践，认为执行资产评估程序通常包含以下三个方面的要求：

第一，资产评估机构及其专业人员应当在国家和资产评估行业规定的统一资产程序的基础上，建立健全本机构资产评估程序制度。由于资产评估机构和评估人员所承接的评估业务范围和具体评估对象各有不同，完全按照国家统一规定的资产评估程序执业可能会有困难，各资产评估机构应当结合本机构及评估范围和对象的实际情况，在资产评估程序基本规定的基础上进行细化和必要调整，形成本机构资产评估作业程序制度，并在资产评估执业过程中切实履行，不断完善。

第二，资产评估机构及其专业人员执行资产评估业务应当根据具体资产评估项目的情况和资产评估程序制度的基本要求，履行恰当的资产评估程序，在没有正当理由和可靠依据的情况下，不得随意简化或删减资产评估程序。但是，资产评估专业人员在充分掌握资产评估程序实质的基础上，根据评估对象的具体情况，可在不影响资产评估质量的前提下，对资产评估程序中的某些规定做适当的调整或具体化。资产评估机构及其专业人员应当将资产评估程序的具体组织实施情况记录于工作底稿，并将主要资产评估程序执行情况在出具的资产评估报告书中予以披露。

第三，为保证切实履行资产评估程序，资产评估机构内部应建立相应的管理制度和监督制度。为了切实履行资产评估程序，资产评估机构内部应当建立相应的执行资产评估程序的管理制度和监督制度，指导和监督资产评估执业人员在资产评估过程中实施资产评估程序。由于资产评估项目的特殊性，资产评估人员无法完全履行资产评估程序中的某个基本环节，或受到限制无法实施完整的资产评估程序时，资产评估机构及其专业人员应当考虑这种状况是否会影响到资产评估结论的合理性，并决定是否接受该评估项目，如果该评估项目属于必须完成的项目，资产评估人员必须在资产评估报告中明确披露这种状况及其对资产评估结论可能具有的影响。

某省资产评估协会对 2018 年度资产评估行业检查，有关评估程序存在的问题如下：

5.4.1　共性问题

（1）两个评估报告中评估机构与被评估单位属于利益相关方，评估机构未执行回避原则，评估机构及评估师执业缺乏独立性。

（2）评估报告中声明缺失，价值类型和价值定义缺失，评估对象界定错误，评估说明缺失。

（3）对签订资产评估业务约定书重视程度不够。存在约定书要素不完整情况，如评估对象、评估报告使用者、评估报告提交期限和方式、评估服务费总额及支付方式、评估机构和委托方的其他权利和义务、违约责任和争议解决。

（4）收集的评估资料不充分、不完整，评估依据存在不完整、缺乏针对性的问题。

（5）评估工作底稿不规范，缺少评估计划、风险评估等，导致评估工作底稿规范性和完备性不足。

（6）评估报告的复核流于形式。

5.4.2　具体问题

被检查评估报告名称：××工程有限公司股东股权转让申报价值咨询项目资产评估报告；评估类型：企业价值评估；评估基准日：2017 年 4 月 30 日；评估价值：48.99 万元。

（1）评估报告中存在的问题：①报告中没有声明的部分。②摘要及评估结论中描述"此次评估主要采用重置成本法"是错误的，应是"资产基础法"。摘要中缺少对评估对象及评估范围、所选用的价值类型的描述。③报告正文第一部分没有披露委托方以外的其他评估报告使用者。④评估对象界定错误，应是股东全部权益价值，而不是全部资产及负债。缺少对评估对象和评估范围的具体描述。⑤报告中缺少价值类型和定义部分。⑥报告第五部分为"五、评估原则"，该部分不属于资产评估报告的内容。⑦评估依据中有多处不恰当的部分：引用的《企业会计制度》已废止；《资产评估职业道德准则——评估程序》等准则名称是错误的；《机电产品价格手册》、材料价格信息等并不涉及。⑧评估方法中没有说明对企业整体所采用的评估方法。⑨报告中缺少评估假设部分。⑩报告第十部分为"十、评估基准日期后重大事项"，评估报告中不应单独列示该部分，其内容应转入特别事项说明。⑪报告第十一部分为"十一、评估报告书的法律效力"，评估报告中不应单独列示该部分，其内容应转入特别事项说明或评估报告使用限制说明中。⑫报告结论是以持续经营假设为前提的，但是从被评估单位的利润表来看，其2017年度没有收入、成本、费用，是否适用持续经营假设存疑，报告中缺少对该事项的披露以及对评估结果可能产生的重大影响的披露。⑬报告中缺少评估报告使用限制说明。⑭报告签章处的法定代表人应为首席合伙人。⑮评估结果汇总表缺少机构盖章。⑯资产评估报告附件缺少评估师职业资格证书、资产评估师声明、股权转让协议。⑰没有编写评估说明。

（2）评估业务约定书中缺少评估对象、评估报告使用者、评估报告提交期限和方式、评估服务费总额及支付方式、评估机构和委托方的其他权利和义务、违约责任和争议解决。不符合《资产评估准则——业务约定书》的相关规定。业务约定书应当包括下列基本内容：①评估机构和委托方的名称、住所；②评估目的；③评估对象和评估范围；④评估基准日；⑤评估报告使用者；⑥评估报告提交期限和方式；⑦评估服务费总额、支付时间和方式；⑧评估机构和委托方的其他权利和义务；⑨违约责任和争议解决；⑩签约时间。

（3）评估底稿中存在的问题：①没有明确评估业务基本事项的程序。②没有对评估机构的专业能力、独立性和业务风险进行综合分析和评价，以确定是否应当受理该评估业务的程序。③没有编制评估计划。④没有被评估单位确认的评估明细表。⑤现金盘点表是打印出来的，没有实际盘点的痕迹，没有盘点人、监盘人的签字。⑥其他应收款、其他应付款没有凭证抽查、合同或收付款记录抽查等支持性资料。

5.5　国有企业资产评估程序的特殊性

《企业国有资产评估管理暂行办法》第四条规定："企业国有资产评估项目实行核准制和备案制。经各级人民政府批准经济行为的事项涉及的资产评估项目，分别由其国有资产监督管理机构负责核准。"

核准制是指国有或国有控股企业发生经各级人民政府批准实施的经济事项，需要进行资产评估的，应将有关材料和资产评估报告报经相应国资监管机构，对资产评估项目的合法性、合规性进行审核批准的管理制度。备案制就是企业按照有关制度进行资产评估后，在相应经济行为发生前，将评估项目的有关情况专题向国资监管机构、所出资企业报告并由后者受理的行为。

经国务院国有资产监督管理机构批准经济行为的事项涉及的资产评估项目，

由国务院国有资产监督管理机构负责备案；经国务院国有资产监督管理机构所出资企业及其各级子企业批准经济行为的事项涉及的资产评估项目，由中央企业负责备案。地方国有资产监督管理机构及其所出资企业的资产评估项目备案管理工作的职责分工由地方国有资产监督管理机构根据各地实际情况自行规定。

根据北京市国资委发布的《关于深化企业国有资产评估管理改革工作有关事项的通知》，2019 年 5 月 1 日以后，首批 10 家授权企业的国有资产交易、增资等经济行为涉及的资产评估，国资委将不再负责备案，备案权限下放到被授权的企业。

5.5.1 核准的程序及报送的材料

凡需经核准的资产评估项目，企业在资产评估前应当向国有资产监督管理机构报告下列有关事项：相关经济行为批准情况；评估基准日的选择情况；资产评估范围的确定情况；选择资产评估机构的条件、范围、程序及拟选定机构的资质、专业特长情况；资产评估的时间进度安排情况。

资产评估项目的核准按照下列程序进行：①企业收到资产评估机构出具的评估报告后应当逐级上报初审，经初审同意后，评估基准日起 8 个月内向国有资产监督管理机构提出核准申请。②国有资产监督管理机构收到核准申请后，对符合核准要求的，及时组织有关专家审核，在 20 个工作日内完成对评估报告的核准；对不符合核准要求的，予以退回。

企业提出资产评估项目核准申请时，应当向国有资产监督管理机构报送下列文件材料：资产评估项目核准申请文件；资产评估项目核准申请表；与评估项目相对应的经济行为批准文件或有效材料；所涉及的资产重组方案或者改制方案、发起人协议等材料；资产评估机构提交的资产评估报告（包括评估报告书、评估说明、评估明细表及其电子文档）；与经济行为相对应的审计报告；资产评估各当事方的相关承诺函；其他有关材料。

5.5.2 备案的程序及报送的材料

资产评估项目的备案按照下列程序进行：①企业收到资产评估报告机构出具的评估报告后，将备案材料逐级报送给国有资产监督管理机构或其所出资企业，自评估基准日起 9 个月内提出备案申请。②国有资产监督管理机构或者所出资企业收到备案材料后，对材料齐全的，在 20 个工作日内办理备案手续，必要时可组织有关专家参与备案评审。

资产评估项目备案需报送下列文件材料：国有资产评估项目备案表；资产评估报告（评估报告书、评估说明和评估明细表及其电子文档）；与资产评估项目相对应的经济行为批准文件；其他有关材料。

本章小结 ···

　　资产评估程序是指根据《资产评估基本准则》制定的，资产评估机构及其资产评估专业人员执行资产评估业务所履行的、系统性的工作步骤。

　　资产评估程序的作用：①保证资产评估行为的合法性；②资产评估程序是相关当事方评价资产评估服务的重要依据；③资产评估程序是资产评估机构和人员防范执业风险、保护自身合法权益、合理抗辩的重要手段。

　　资产评估程序的具体步骤：①评估项目洽谈和业务受理；②评估前准备工作；③进行评估现场调查；④收集整理评估资料；⑤评定估算形成结论；⑥编制出具评估报告；⑦整理归集评估档案。

　　执行资产评估程序的要求：①资产评估机构和评估人员应当在国家和资产评估行业规定的统一资产程序的基础上，建立健全本机构资产评估程序制度；②资产评估机构和人员执行资产评估业务时，应当根据具体资产评估项目的情况和资产评估程序制度，确定并履行适当的资产评估程序，不得随意简化或删减资产评估程序；③为保证切实履行资产评估程序，资产评估机构内部应建立相应的管理制度和监督制度。

　　国有企业资产评估程序特殊性：企业国有资产评估项目实行核准制和备案制。经各级人民政府批准经济行为的事项涉及的资产评估项目，分别由其国有资产监督管理机构负责核准。

章后练习 ···

一、单项选择题

1. 下列关于资产评估程序，说法错误的是（　　）。

    A. 资产评估机构及其资产评估专业人员不得随意减少资产评估基本程序

    B. 进行评估现场调查属于资产评估项目承接、组织阶段

    C. 资产评估业务不同，每项基本程序需要执行的具体工作步骤也有差异

    D. 履行资产评估程序有助于防范评估执业风险

2. 在执行明确资产评估业务基本程序时，关于明确委托人、产权持有人和委托人以外的其他评估报告使用人的表述，不正确的是（　　）。

    A. 评估机构应当了解除委托人和国家法律、法规规定的评估报告使用人外，是否还存在其他的评估报告使用人

    B. 如果存在其他的评估报告使用人，评估机构应当在适当及切实可行的情况下了解其与委托人和被评估企业或资产的关系

    C. 第三者委托评估机构对拟评估资产进行评估，一般应事先通知产权持有人、资产管理者或征得资产管理者的同意，这往往是执行评估业务的先决条件

    D. 评估报告其他使用人，不包括在资产评估委托合同中

3. 面对一项资产评估业务，资产评估机构需要考虑是否受理，下列属于影响资产评估机构是否受理该资产评估业务的因素的是（　）。

    A. 评估方法的选择   B. 评估基准日

    C. 价值类型   D. 评估机构及人员的专业能力

4. 下列不属于资产评估委托合同内容的是（　）。

    A. 评估目的

    B. 综合评价表

    C. 评估报告提交期限和方式

    D. 资产评估机构和委托人的其他权利和义务

5. 以下关于订立资产评估业务委托合同的说法，正确的是（　）。

    A. 评估机构及评估专业人员是订立评估委托合同的经济主体之一

    B. 资产评估委托合同只需由资产评估机构的法定代表人签字

    C. 资产评估专业人员可以以个人名义订立评估委托合同

    D. 司法鉴定或其他特殊业务建立评估委托关系所采用的文书并不一定使用资产评估委托合同的形式，以其他形式建立委托关系的应符合法律要求

6. 与企业组织的现金、存货等资产清查核对工作，主要对清查实施方案、人员安排、调查方式（逐项清查或者抽样清查）、清查结果等进行了解，判断清查结果能否反映实际状况，并根据清查结果对资产数量、质量、金额等做出恰当的判断，这属于现场调查的（　）手段。

    A. 勘查   B. 函证   C. 监盘   D. 核对

二、多项选择题

1. 履行资产评估程序的作用包括（　）。

    A. 保证资产评估行为的合法性

    B. 保障资产评估业务质量

    C. 防范评估执业风险

    D. 保证评估的客观性

    E. 保证评估的及时性

2. 以下选项中属于评估项目进入实施阶段前需要做的工作有（　）。

    A. 收集整理评估资料

    B. 签订业务委托合同

    C. 进行评估现场调查

    D. 明确业务基本事项

    E. 编制资产评估计划

3. 资产评估专业人员在受理评估业务前应当明确资产评估业务基本事项。下列事项中属于资产评估业务基本事项的有（　）。

    A. 评估方法

    B. 委托人、产权持有人和委托人以外的其他报告使用人

C. 评估假设

D. 评估服务费及支付方式

E. 评估目的

4. 编制资产评估计划考虑的主要因素包括（　　）。

A. 评估业务风险、评估项目的规模和复杂程度

B. 相关资料收集状况

C. 委托人及相关当事人的配合程度

D. 资产评估专业人员的专业能力、经验及人员配备情况

E. 委托方支付评估服务费的情况

5. 资产评估计划的主要内容包括（　　）。

A. 评估业务实施的主要过程

B. 时间进度

C. 评估服务费支付方式

D. 资产评估各方的违约责任

E. 人员安排

6. 现场调查的手段包括（　　）。

A. 逐项调查　　　B. 抽样调查　　　C. 询问　　　D. 访谈　　　E. 核对

7. 对评估资料进行分类时，从来源划分，评估资料分为（　　）。

A. 从委托人、产权持有人等相关当事人处获取资料

B. 直接从市场等渠道独立获取的资料

C. 权属证明

D. 从政府部门、各类专业机构和其他相关部门获取的资料

E. 会计凭证

参考答案 ┃

延伸阅读 ┃

6

资产评估数量方法及其应用

资产评估的定量分析方法、寿命周期模型、层次分析法（AHP）、模糊综合评价法

6.1 资产评估中的定量分析方法

资产评估中常常要用到定量分析方法，根据收集的资料，将资料中的数据转变成能够运用的各种参数，进而通过模型的测算得出评估结果，在这个过程中，需要采用数量方法，常用到的数量方法是定量预测方法。常见的定量预测方法有许多种，本节主要介绍一元回归预测、多元回归预测、时间序列预测分析中的一些方法。

6.1.1 一元回归预测方法

在资产评估中，通常需要对未来收益进行预测，这种预测除了需要对被评估对象未来所处环境进行综合分析外，还需要对其历史收益状况以及影响收益变化的各个因素进行分析，从历年的收益变化情况中寻找其变化规律，回归方程分析则是一种很好的分析工具。

根据大量统计资料，研究两个变量之间的统计规律及有关回归关系的计算方法和理论，由一元回归分析确定的预测模型称为一元回归预测模型。在某些情况下，影响预测目标的因素基本稳定，预测目标随时间序列呈线性变化趋势，这时可直接运用一元线性回归方法进行预测。

回归预测时应注意：必须是具有相关关系的经济现象之间才能运用回归预测法；预测对象（因变量）和相关因素（自变量）之间的关系必须是密切的，而相关因素（自变量）之间的关系必须是不密切的，且自变量的数值也能够求出。

回归分析预测方法的一般步骤：

第一步，确定自变量。明确了预测的具体目标，也就确定了因变量。如预测具体目标是下一年度的销售量，那么销售量就是因变量。通过市场调查和查阅资

料，寻找与预测目标的相关影响因素，即自变量，并从中选出主要的影响因素。

第二步，建立预测模型。根据理论分析和相关分析，如果有几个重要因素同时对预测对象有影响作用且密切相关，则选用多元回归方程式；如果在几个因素中，其中某一因素基本起决定作用，其他因素影响作用不大，可选用一元回归预测。若自变量与因变量之间数据分布呈线性时间序列，可确定用线性回归方程式；如果呈曲线时间序列，可确定用非线性回归方程式。

第三步，进行相关分析。回归分析是对具有因果关系的影响因素（自变量）和预测对象（因变量）所进行的数理统计分析处理。只有当自变量与因变量确实存在某种关系时，建立的回归方程才有意义。因此，作为自变量的因素与作为因变量的预测对象是否有关，相关程度如何，以及判断这种相关程度的把握性多大，就成为进行回归分析必须要解决的问题。进行相关分析，一般要得出相关关系，以相关系数的大小来判断自变量和因变量的相关的程度，并求出回归方程式。

第四步，对回归方程式进行效果检验。可利用相关系数检验 F 检验、t 检验等方法判断回归方程效果，若效果好可用于预测。

第五步，计算并确定预测值。利用回归预测模型计算预测值，并对预测值进行综合分析，确定最后的预测值。一元回归模型的一般方程为：

$$y = a + bx \tag{6-1}$$

其中，y 为因变量，即预测对象；x 为自变量，即引起预测对象变化的因素；a、b 为回归系数。

运用最小二乘法求得如下方程组：

$$\left. \begin{array}{l} \sum y_i = na + b \sum x_i \\ \sum x_i y_i = a \sum x_i + b \sum x_i^2 \end{array} \right\} \tag{6-2}$$

解上述方程，就可以得出回归系数 a 和 b 的计算公式。

$$a = \left(\sum y - b \sum x \right) / n \tag{6-3}$$

$$b = \left[n \sum xy - \sum x \sum y \right] / \left[n \sum x^2 - \left(\sum x \right)^2 \right] \tag{6-4}$$

【例6-1】设有下列资料（见表6-1），试预测第9年社会商品（消费品）的零售额。假设已知第9年居民货币收入为21亿元。

表6-1　某市居民货币收入和社会商品零售额统计　　　单位：亿元

年份	1	2	3	4	5	6	7	8
居民货币收入（x_i）	11.6	12.9	13.7	14.6	14.4	16.5	18.2	19.2
社会商品零售额（y_i）	10.4	11.5	12.4	13.1	13.2	14.5	15.8	17.2

求解过程：

根据表6-1统计资料，建立一元线性回归模型，即：

$$\hat{y}_i = a + bx$$

估计参数：

$$b = \frac{n\sum x_i y_i - \sum x_i \sum y_i}{n\sum x_i^2 - \left(\sum x_i\right)^2}$$

$$a = \bar{y} - b\bar{x} = 1.2120$$

则回归模型为：

$$\hat{y}_i = 1.2120 + 0.8081x_i$$

模型显著性检验：通过对模型的未知参数 a、b 进行估计，求出了这一元线性回归模型，它在一定程度上揭示了两个相关变量 x（居民货币收入）与 y（社会商品零售额）之间的相关程度、模型的精度及稳定性，还必须对模型进行检验。

经济理论检验：例题中所求预测模型 $\hat{y}_i = 1.2120 + 0.8081x_i$，显然居民货币收入和社会商品零售额预测值之间是正的关系。因此，前面的符号也应该是正号。

统计检验：现在介绍相关系数检验、t 检验和 F 检验。对回归模型进行显著性检验时，可以任选一种。这里仅介绍相关系数检验和 t 检验。

一是相关系数检验。相关系数的定义如下：

$$r = \frac{\sum\limits_{r}(x_r - \bar{x})(y_r - \bar{y})}{\sqrt{\sum\limits_{r}(x_r - \bar{x})^2 \sum\limits_{r}(y_r - \bar{y})^2}} \tag{6-5}$$

为了统一检验标准，设置了临界相关系数 $r_{\min}$，若 $r > r_{\min}$ 则表明显著相关；若 $r < r_{\min}$ 则表明相关不明显，x、y 的关系不能直接用模型来描述（查表得 $r_{\min}$ 时需给出显著性水平 α 的值和自由度 $(n-2)$ 的值。

本例中 $r = 0.9969$，查表得 $r_{\min} = 0.834$，$r > r_{\min}$，表示 x 和 y 之间存在显著的相关关系，回归模型是可靠的。

二是 t 检验：t 值的计算公式为：

$$t = \frac{r}{\sqrt{1 - r^2}} \cdot \sqrt{n - 2} \tag{6-6}$$

在本例中，$t = 31.04$。计算出 t 值后，按给定的显著性水平 α 查 t 分布表，本例中显著性水平 $\alpha = 0.01$，查 t 分布表 $t_{\alpha/2}(n-2) = 3.707$，$t > t_{\alpha/2}(n-2)$，说明 x 与 y 之间的线性关系是极显著的。

回归模型通过显著性检验后，就可以用来预测了。根据回归模型：

$$\bar{y}_i = 1.2120 + 0.8081x_i$$

将第 9 年的居民货币收入 $x_9 = 21$ 亿元代入上述模型，得：

$$\hat{y}_9 = 1.2120 + 0.8081 \times 21 = 18.18（亿元）$$

即如果第 9 年居民货币收入达到 21 亿元，则社会商品零售额大致能达到 18.18 亿元，此值又称为点预测值。

根据上述计算可以看出，在其他因素没有特殊变化的情况下，居民货币收入每增加 1 亿元，社会商品零售额就增加 0.8081 亿元。

利用回归模型进行预测，预测值只是回归曲线上的数据点，y 的未来实际值可能落在回归趋势线之外，与预测值不符。实际值总是在一定幅度范围内围绕着回归线上下波动。因此，需要对未来实际值的可能取值范围，即置信区间以及其置信度进行分析。

回归方程 $\hat{y} = a + bx$ 使自变量 x 与自变量 y 的相关关系建立，但对于 x 的某一特定值 x_0，对于 y 值是一个随机变量，它必然由于随机因素的影响而发生波动。实际值 y 与回归值 $\hat{y}$ 之间的偏差的大小是有一定规律的。一般来说，对于服从正态分布的随机变量，对每一个确定的 $x = x_0$，则 y 值也服从正态分布，y 在点 x_0 最有可能的取值是 $\hat{y}_0 = a + bx_0$，它的波动情况，可用回归标准误差 S 来加以估计。

回归标准误差的计算公式为：

$$S = \sqrt{\frac{1}{n-2} \sum_{i=1}^{n} (y_i - \hat{y}_i)^2} \tag{6-7}$$

在本例中，$S = 0.3697$。在数理统计中已经证明，s^2 是总体方差 δ 的无偏估计量，根据正态分布的性质，对于固定的 $x = x_0$，y 的取值范围是以 y_0 为中心作对称分布，越靠近 $\hat{y}_0$ 的地方出现的概率越大。

求 y_0 的置信区间，可以用 $\hat{y}_0 - y_0$ 这一差量来考虑。因 $\hat{y}_0 - y_0$ 也是随机变量，它的期望值为：

$$E(\hat{y}_0 - y_0) = E[a + bx_0 - (\hat{a} + \hat{b}x_0 + \varepsilon)] = 0 \tag{6-8}$$

因 $\hat{y}_0$ 和 y_0 都服从正态分布，故 $\hat{y}_0 - y_0$ 服从平均数为零，标准差为：

$$S = \sqrt{1 + \frac{1}{n} + \frac{(x_0 - \bar{x})^2}{\sum (x - \bar{x})^2}} \tag{6-9}$$

在预测的显著性水平 α 下，y_0 的 $1 - \alpha$ 的预测置信区间为：

$$y_0 \pm t_{\frac{a}{2}} \cdot S \sqrt{1 + \frac{1}{n} + \frac{(x_0 - \bar{x})^2}{\sum (x - \bar{x})^2}} \tag{6-10}$$

本例中，显著性水平 $\alpha = 0.01$，查 t 分布表 $t_{0.005} = 3.707$，计算出预测区间为 $[16.37, 19.99]$。也就是说，如果第 9 年居民货币收入为 21 亿元，则第 9 年社会商品零售额，在 0.01 的显著性水平上（即有 99% 的可靠程度），为 16.37 亿~19.99 亿元。

对于一元线性回归预测而言，如何建立预测的回归模型，初看起来很简单，如先作散点图，再从散点图中看发展趋势。如果散点图大致呈直线趋势时，可用趋势直线来描述散点图以建立直线模型。因而，预测工作者的知识水平和实践工作经验是相当重要的。

6.1.2 多元回归预测方法

在市场中常常发生一个因变量与两个或者两个以上的自变量有依存关系的情

况。多元线性回归预测法与一元线性回归预测法基本相同，只是扩散了方程式。

多元线性回归预测方程式为：

$$y = a + b_1 x_1 + b_2 x_2 + \cdots + b_m x_m \tag{6-11}$$

其中，y 为因变量（即预测值）；x_1，x_2，$\cdots$，x_m 为自变量；a，b_1，b_2，$\cdots$，b_m 为回归系数。

对那些受较多因素影响的预测目标而言，有时需要运用多元回归分析方法。分析多种因素同时作用时，预测目标未来的变化趋势。多元回归预测方法较为复杂，它一般要按以下几个步骤进行：

步骤一：影响因素分析。根据历史记录的信息，分析影响预测目标变动的各种因素。

步骤二：简单相关分析。根据历史资料分别计算预测目标与各个影响因素的简单相关系数，选择那些与预测目标相关程度较高者作为自变量。一般而言，与预测目标相关系数小于 0.8 的因素被视为相关程度不高，可以舍弃，不纳入预测模型。

步骤三：判断影响因素的多重共线性。通过简单相关分析选择的自变量能否全部进入预测模型，取决于自变量之间是否有较强的线性关系。解决的办法是在存在高度线性相关的自变量间略去与预测目标相关系数较小者，只保留一个相关程度较高的自变量。

步骤四：运用最小二乘法，借助计算机软件求出回归方程，对预测目标的未来变化进行预测。

运用多元线性回归预测法进行预测，需要的数据多，计算很复杂，除了二元线性回归预测可用手工计算外，一般借助计算机来完成。

一般如果认为预测对象 y 与影响因素 x_1，x_2，$\cdots$，x_p 之间具有线性相关关系，那么，它们的关系可以表示为线性回归预测模型。

$$\hat{y} = b_0 + b_1 x_1 + b_2 x_2 + \cdots + b_p x_p \tag{6-12}$$

其中，b_0 为常量因素，表示不能用其他自变量表示的部分，b_1，b_2，$\cdots$，b_p 为各自变量的加权系数，表示各自变量的因变量的影响大小。

多元线性回归预测方法的参数估计、模型显著性检验、预测、预测置信区间估计都和一元线性回归预测方法相似，下面以例子来说明多元线性回归预测方法。

【例 6-2】对某种食品 V 的未来需求进行预测，相关资料如表 6-2 所示。

表 6-2　食品的未来需求预测表

年份	销售量 y/t	消费人数 x_1/万人	V 的价格 x_2/万元/吨	替代品 G 人均消费 x_3/kg/人	替代品 G 人均消费量 x_4/kg/人	替代品 L 人均消费量 x_5/kg/人	人均收入 x_6/百元
1996	7.45	425.5	8.12	17.5	17.8	185.85	21.68
1997	7.61	422.3	8.32	22.9	19.51	185.35	21.08
1998	7.86	418	8.36	23.7	18.93	185.1	21.03

年份	销售量 y/t	消费人数 x_1/万人	V 的价格 x_2/万元/吨	替代品 G 人均消费 x_3/kg/人	替代品 G 人均消费量 x_4/kg/人	替代品 L 人均消费量 x_5/kg/人	人均收入 x_6/百元
…	…	…	…	…	…	…	…
2012	11	525	12.3	28.4	40.35	158.25	42.85
2013	12.38	550	12.88	35.4	45	155	46.75
2014	11.77	561	14.02	34.8	49.87	141.5	44.27

第一，影响因素分析。从表 6-2 中可以看出，影响食品 V 需求量的因素有两方面，一是消费人口，二是人均需求量。消费人口取决于人口机械变动和自然变动；人均需求量受到季节，人均收入，产品的平均价格，替代品 G、F、L 销售状况的影响。显然，消费人口可作为影响食品 V 需求量的主要因素，人均需求量不能直接作为影响因素。

第二，相关性分析。根据表 6-2 中数据分别计算预测目标 y 与各个影响因素的简单相关系数，选择那些与预测目标相关程度高者作为自变量。本例计算结果如表 6-3 所示。

表 6-3　对食品 V 的简单相关分析

	y	x_1	x_2	x_3	x_4	x_5	x_6
y	1.0000	0.9276	0.8092	0.7082	0.9587	-0.8237	0.9096
x_1	0.9276	1.0000	0.8850	0.6545	0.8989	-0.8416	0.9300
x_2	0.8092	0.8850	1.0000	0.7827	0.8980	-0.9627	0.9632
x_3	0.7082	0.6545	0.7827	1.0000	0.7832	-0.8288	0.7167
x_4	0.9587	0.8989	0.8980	0.7832	1.0000	-0.9278	0.7167
x_5	-0.8237	-0.8416	-0.9627	-0.8288	-0.9278	1.0000	-0.9363
x_6	0.9096	0.9300	0.9632	0.7167	0.9539	-0.9363	1.0000

由于表 6-3 中相关系数 R (x_3, y) = 0.7082<0.8，所以将 x_3 舍弃。

第三，多重共线性分析。从表 6-3 中可以看出，x_6 和 x_1、x_2、x_4、x_5 的相关系数均大于 0.93，且大于其与因变量 y 的简单相关系数，意味着 x_6 与其他 4 个自变量高度相关，所以舍弃 x_6；x_5 与 x_4、x_2 间也有高度线性关系 x_5 也应舍弃。经取舍后自变量为：消费人口 x_1，V 的平均价格 x_2，F 的人均消费量 x_4。

建立回归方程：

$$\hat{y} = a + b_1 x_1 + b_2 x_2 + b_3 x_3$$

用最小二乘法估计参数，借助计算机软件，求出回归方程：

$$\hat{y} = 1.8427 + 0.0158 x_1 - 0.4725 x_2 + 0.1628 x_4$$

确定系数 R^2=0.9725，说明拟合程度很高。假设消费人口和替代品 F 的人均消费存在着稳定的净增长率，可以预先估测；V 的平均价格也事前可以调控。可以预测 5 年后 V 的需求量，如表 6-4 所示。

表 6-4　食品 V5 年后的需求量预测表

年份	消费人口/万人	年平均价格/万元/吨	F 的人均消费/kg/人	V 的需求量/吨
2015	592.89	15.53	57.21	13.19
2016	604.63	16.46	60.74	13.69
2017	616.60	17.44	64.42	13.83
2018	628.81	18.48	68.26	14.16
2019	641.26	19.57	70.24	14.49

6.1.3　时间序列分析及其应用

6.1.3.1　移动平均数法

移动平均数法是在算术平均教法的基础上发展起来的，它是利用过去若干期实际销售量的平均值，来预测当地销售量的。每预测一次，在时间上就依次往后推移，每期预测均取前若干期实际销售的平均值作为当期的预期值。周期个数的选择取决于实验目的，必须包括足够的期数，以抵消随机波动的影响，但期数又不能过多，以便除去过早的、作用不大的数据。期数的多少要根据具体商品的销售规律来考虑。一般而言，移动平均期取得越长，预测的误差就越小。这种方法适用于变动不大的比较单纯的中短期预测，如商品流通额的预测和某种商品需求量的预测等。

移动平均数的计算公式为：

$$M_t = \frac{X_{t-1} + X_{t-2} + \cdots + X_{t-N}}{N} \tag{6-13}$$

其中，M_t 表示第 t 期的平均数，即当期预测值；N 表示期数；X_{t-1} 表示前一期实际值；X_{t-2} 表示前二期实际值；X_{t-N} 表示前第 N 期实际值。

上述移动平均数法的缺点是均等考虑过去 N 期的历史数据，然而在实际生活中，往往距离当前时刻越近的历史数据对预测值会有更重要的影响。为了克服这一缺点，可以采用加权移动平均数法：

$$M_t = \bar{\omega}_1 X_{t-1} + \bar{\omega}_2 X_{t-2} + \cdots + \bar{\omega}_N X_{t-N} \tag{6-14}$$

其中，$\sum_1^N \bar{\omega}_i = 1$，一般而言，$\bar{\omega}_1 > \bar{\omega}_2 > \cdots > \bar{\omega}_N$。

6.1.3.2　指数平滑法

如果采用移动平均数法，虽然考虑新的数据点比较容易，但需要有较多的历史数据，数据储存量比较大，有时显得不太方便。因此，发展了一种依存数据较少的改进方法，这就是指数平滑法。指数平滑法是一种权数较特殊的加权平均法。下面以一阶指数平滑法应用于销量预测为例进行介绍，前期实际销售量乘以 α（α 表示加权因子或平滑系数）前期预测的销售量乘以（$1-\alpha$）这两个乘积相加便得出本期预测销售量。

指数平滑法是利用上期预测值为实际值资料进行预测的一种应用方法，其计算公式为：

$$Y_t = Y_{t-1} + \alpha(X_{t-1} - Y_{t-1}) = \alpha X_{t-1} + (1 - \alpha) Y_{t-1} \qquad (6-15)$$

其中，X_{t-1} 表示上期实际销售值；Y_{t-1} 表示上期预测值；Y_t 表示本期预测值；α 表示平滑系数。

平滑系数 α 代表了新旧数据的分配比值，它的取值大小，实际上表现了不同时期的因素在预测中所扮演的不同角色。α 值越大，其上期的实际值比重就越大；α 值越小，则上期预测值占的比重越大，预测曲线越平滑。

α 取值范围为 $0< \alpha <1$，一般为 $0.1 \sim 0.3$ 较为合适。

当 $\alpha =1$ 时，则 $1-\alpha =0$，预测值等于上期的实际数据，是一种最原始的预测方法。

当 $\alpha =0$ 时，则 $1-\alpha =1$，预测值等于上期的估计值，由于该方法未将历史数据纳入预测过程，因此不具有任何意义。

6.1.4　组合预测方法

在进行预测时，每种方法都有一定的局限性，例如，移动平均法和指数平滑法比较适合做短期预测，回归分析忽视了因变量之间的复杂关系，故单纯地利用某一种预测方法，难以保证预测结果的准确性和稳健性。

为了提高预测的精度和稳健性，可以使用组合预测方法，即将几种预测方法所得的预测结果，选择适当的权重进行加权平均的一种预测方法。对某一种资产，利用第 i 种方法得到的预测值为 f_i，那么使用 n 种方法得到的最终的预测结果 f 可以表 $f = \varphi(f_1, f_2, \cdots, f_n)$，特别的，$f = \sum_{i=1}^{n} \omega_i f_i$，其中 ω_i 为第 i 种方法对应的权重，满足 $\sum_{i=1}^{n} \omega_i = 1$，确定权重系数是提高组合预测方法精度的关键，常见的方法有最小二乘法、二次规划法、线性规划等方法。

除了上述组合预测方法以外，还可以使用调焦预测法，即在预测过程中，不断对每一种预测技术进行评估，动态地选择最有效的预测方法。

更复杂的时间序列分析方法还有高阶指数平滑、自回归滑动平均模型、季节平均系数分析法和移动平均数季节指数法等方法，可参阅相关的专业统计书籍。值得指出的是，影响预测误差的因素非常复杂，并不是采用越复杂的预测的方法，预测误差就越低。实践证明，一阶指数平滑和移动平均对于短期预测往往是有效的预测方法。

【例6-3】某企业拥有一项专利技术，此专利技术已经应用了9年，相关资料如表6-5所示，现对该专利进行评估，预计该专利技术还能应用4年，以净现金流量作为收益值，分别采用不同的预测方法测算其净现金流。

表6-5 某专利技术收益资料

t	年份	利润总额	折旧	税款	年增加工资	净现金流 y_t
1	2012	89.05	17.81	26.7	22.25	57.91
2	2013	92.03	22.25	26.31	21.39	66.58
3	2014	91.23	21.82	28.21	23.84	61
4	2015	110.58	32.60	33.25	26.67	83.26
5	2016	113.16	27.33	33.75	26.31	80.79
6	2017	106.08	27.67	31.72	22.19	79.84
7	2018	115.07	28.52	33.98	25.69	83.92
8	2019	108.17	31.50	25.32	29.33	85.02
9	2020	119.59	32.51	35.76	27.64	88.7
合计		994.96	242.01	274.82	225.13	687.02

（1）移动平均法。表6-6给出了当期数分别为3个周期和4个周期时的净现金流量预测结果。从表中可以看出，N=3时的平均误差要大于N=4时的平均误差，故选用N=4为预测变动周期，则2021年的预测值为84.37万元。

表6-6 移动平均预测表

年份	净现金流 y_t	N=3		N=4	
		预测值 M_t	绝对误差	预测值 M_t	绝对误差
2012	57.91				
2013	66.58				
2014	61				
2015	83.26	61.83	21.43		
2016	80.79	70.28	10.51	67.19	13.60
2017	79.84	75.02	4.82	72.91	6.93
2018	83.92	81.30	2.62	76.22	7.70
2019	85.02	81.52	3.50	81.95	3.07
2020	88.70	82.93	5.77	82.39	6.31
2021		85.88		84.37	
合计			48.66		37.61
平均			8.11		7.52

（2）指数平滑法。将指数平滑的初始预测值设置为其实际值，表 6-7 给出了当平滑系数 α 分别为 0.3 和 0.8 时的预测结果，当平滑系数取值为 0.8 时，预测误差比较小。选择预测系数 $\alpha = 0.8$，得到 2021 年的预测值为 87.89 万元。

表 6-7　指数平滑预测法

年份	净现金流量 y_t	$\alpha = 0.3$		$\alpha = 0.8$	
		预测值 Y_t	绝对误差	预测值 Y_t	绝对误差
2015	57.91	57.91		57.91	
2016	66.58	57.91	8.67	57.91	8.67
2017	61.00	60.51	3.09	64.85	3.09
2018	83.26	60.66	22.75	61.77	18.41
2019	80.79	67.44	20.13	78.76	19.02
2020	79.84	71.44	12.40	80.42	0.88
2021	83.92	73.96	12.48	79.96	3.50
2022	85.02	76.95	11.06	83.13	5.06
2023	88.70	79.37	11.75	84.64	5.57
2024		82.17		87.89	
合计			102.33		64.20
平均			12.79		8.03

（3）组合预测法。将指数平滑法与移动平均法的预测结果进行组合，分别设置权重为 0.5 和 0.5 时，得到最终预测结果为：84.37×0.5+87.89×0.5 = 86.13（万元）。故该专利未来每年产生的现金流为 86.13 万元。

6.2　寿命周期模型分析及应用

6.2.1　寿命周期模型分析应收集的数据

在估算资产剩余使用寿命时，寿命周期分析是最常见的定性分析方法之一。如果结合统计分析对寿命周期进一步量化，则可以对特定类型的资产（如与客户有关的资产、大批同类型机器设备）作出更精确的定量分析，即生存曲线分析方法，它根据特定资产的历史生存时间资料以估测相关资产的寿命特征，再进一步推测相似的目标资产的剩余使用寿命。

在运用寿命周期模型对资产剩余使用寿命进行分析时，常常用到退废这一术语。当一项资产退出有效的服务或经营时可以称为退废。

运用生存曲线分析方法应收集目标资产的下列历史信息：①在评估基准日所有活跃的资产个体单位的年龄；②所有已退废的资产个体单位的年龄（在退废时）；③所有已退废的资产个体单位开始使用的日期。具体来讲，这些信息应包括：

第一，活跃的个体单位（如现有客户、机器设备等）。主要包括：独特的个体单位识别符号（姓名、账号、机器标识码等）；开始日期（客户首次加入服务的日期、机器首次投入使用的日期等）；资产相关的经济收益的计量（如客户、设备带来的平均收入等）。

第二，退出服务的个体单位。主要包括：独特的个体单位识别符号；开始日期；结束日期（如业务关系结束的日期、机器设备报废的日期等）。

在多数情况下，不易获得已退出服务的资产个体单位的年限。这时，一般只能取得评估基准日之间一个阶段的数据：在每个时间段开始时在用个体单位的数量；在每个时间段内服务的个体单位数量（退出服务实际使用年限未知）。

6.2.2 构建生存曲线

生存曲线是一条向下倾斜的（或反 S 形）的图形，表示在某一组已知的资产中在各年龄点仍在继续服务（或起作用）的个体单位数量。纵坐标 y 表示在不同年龄点（用横坐标 x 表示）仍在继续服务（或起作用）的最初那组资产的百分比数或实际数量。

构建目标资产的生存曲线，首先就要根据企业相关资产历史数据信息，确定目标资产的退废率及生存率。然后根据估计的退废率构建相似目标资产的未来生存曲线图。退废率的计算公式为：

$$退废率 = \frac{一个期间内退废的个体单位数量}{该期初面临退废的个体单位数量} \tag{6-16}$$

根据年退废率可计算出年生存率，每年的生存率计算公式如下：

$$生存率 = 1 - 退废率 \tag{6-17}$$

【例 6-4】假设某一银行的客户账户资料历史数据如表 6-8 所示。

表 6-8　某银行客户账户资产历史数据

建立期		经验期（2006 年以前）											
年份	账户数	1995	1996	1997	1998	1999	2000	2001	2002	2003	2004	2005	2006
1995	95	95	95	86	67	61	45	41	38	37	28	28	25
		0	9	19	6	16	4	3	1	9	0	3	
1996	21		21	15	10	8	7	6	5	5	4	4	3
			6	5	2	1	1	1	0	1	0	1	

续表

建立期		经验期（2006年以前）											
年份	账户数	1995	1996	1997	1998	1999	2000	2001	2002	2003	2004	2005	2006
1997	29			29	21	12	6	4	4	4	2	2	2
				8	9	6	2	0	0	2	0	0	
1998	23				23	20	10	9	7	6	5	5	3
					3	10	1	2	1	1	0	2	
1999	14					14	7	6	5	4	2	2	2
						7	1	1	1	2	0	0	
2000	41						41	31	29	26	14	14	12
							10	2	3	12	0	2	
2001	63							63	46	37	22	19	16
								17	9	15	3	3	
2002	39								39	24	7	7	6
									15	17	0	1	
2003	23									23	6	6	6
										17	0	0	
2004	27										27	25	24
											2	1	
2005	35											35	29
												6	
2006	60												60
合计	470												
累计		95	116	130	121	115	116	160	173	166	117	147	188
总退出数		0	15	32	20	40	19	26	30	76	5	19	

注：①在每个单元格中，顶端数字表示年初面临退费的账户数，底端数字表示该年度内退废的账户数。②在每个年龄段中，退废率=退废数÷将退废数。③水平栏对应建立期。④竖栏对应经验期。

考虑到距评估基准日越近，历史数据的影响越大，选取2003～2005年为经验期，对该经验期的生存曲线进行计算，结果如表6-9所示。

表6-9　2003～2005年生存曲线数据

年龄段（年）	面临退废的账户数量	在该年龄段间退废的账户数量	退废率（%）	生存率（%）	生存曲线（%）
[1]	[2]	[3]	[4]	[5]	[6]
10～11	28	3	10.71	89.29	7.39
9～10	32	1	3.13	96.88	8.28

年龄段（年）	面临退废的账户数量	在该年龄段间退废的账户数量	退废率（%）	生存率（%）	生存曲线（%）
［1］	［2］	［3］	［4］	［5］	［6］
8～9	43	9	20.93	79.07	8.54
7～8	12	3	25.00	75.00	10.80
6～7	11	2	18.18	81.82	14.40
5～6	22	3	13.64	86.36	17.61
2～5	37	5	13.51	86.49	20.39
3～4	55	16	29.09	70.91	23.57
2～3	50	15	30.00	70.00	33.24
1～2	55	18	32.73	67.27	47.49
0～1	85	25	29.41	70.59	70.59
0	85				100.00

注：第［4］列＝第［3］列／第［2］列；第［5］列＝1－第［4］列；第［6］列＝第［6］列（本列下一行数）×第［5］列。

应用与以前年度存续的客户账户数量相同的退废率，可以对以后年度存续的客户账户数量进行预测。可能对该公司的业务经营、市场政策、留住客户的策略等问题进行分析，对历史上的各年龄段退废率进行加权平均，估算出一个加权平均退废率。这里我们对上述公司的客户账户的退废率进行简单平均作为估算未来客户账户的退废率来构建生存曲线。平均退废率＝20.58%。表6-10给出了1996～2015年的客户账户生存曲线。

表6-10　1996～2015年的客户账户生存曲线数据

年份	年初存续的客户关系	退废率/（%）	年中退废的客户关系	年末存续的客户关系	生存曲线（年中）
［1］	［2］	［3］	［4］	［5］	［6］
1996	188	20	38	150	169
1997	150	20	30	120	135
1998	120	20	24	96	108
1999	96	20	19	77	86
2000	77	20	15	62	69
2001	62	20	12	50	56
2002	49	20	10	39	44
2003	39	20	8	31	35
2004	32	20	6	26	29

续表

年份	年初存续的客户关系	退废率/（%）	年中退废的客户关系	年末存续的客户关系	生存曲线（年中）
［1］	［2］	［3］	［4］	［5］	［6］
2005	25	20	5	20	23
2006	20	20	4	16	18
2007	16	20	3	13	14
2008	13	20	3	10	12
2009	10	20	2	8	9
2010	8	20	2	6	7
2011	7	20	1	6	6
2012	5	20	1	4	5
2013	4	20	1	3	4
2014	3	20	1	2	3
2015	3	20	1	2	3

注：1996 年年初数 188 来自表 6-8，自 1997 起，第二列＝上一年的第［5］列。

第［3］列，退废率估计在以后的年份中为常数。

第［4］列＝第［2］列×第［3］列。

第［5］列＝第［2］列-第［4］列。

第［6］列＝第［2］列和第［5］列的平均数。

根据表 6-10 中最后一栏年中生存曲线数据可做生存曲线图，如图 6-1 所示。

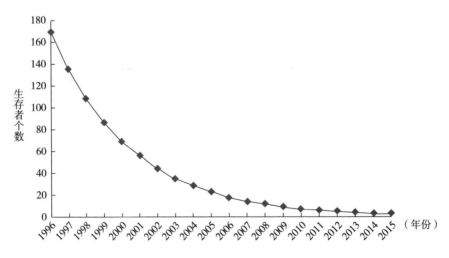

图 6-1　生存曲线

建立了目标资产的生存曲线后，就明确了目标资产的未来服务年限（或未来各年中起作用的资产数量），从而为估算目标资产未来各年的收益打下基础。

6.3   AHP 法在组合无形资产分割评估中的应用

6.3.1   层次分析法简介

无形资产收益在许多情况下，可能是其组成的由若干种无形资产共同带来的，即得到的是组合无形资产的收益。因此，必须强调，不能将其他无形资产带来的收益误算到被评估无形资产的收益中。或者说如何在组合无形资产形成的价值中，正确界定各种无形资产的价值，这就是所谓组合无形资产的分割问题。

有些资产评估的著作中曾讨论过整体无形资产的分割问题，所论方法有以下两个缺点：其一，很难准确收集到所需资料，操作上比较困难；其二，仅适用于同类专利技术产品中使用的相同种类不同名称的无形资产（主要是技术类无形资产）。如何对组合无形资产组成的各子无形资产的价值分别进行评估，确实是一个比较复杂的问题，目前国内外有效的方法不多。这里介绍运用系统分析方法中的层次分析法（AHP 法）解决其分别评定价值的问题。实践证明，这种方法应用于组合无形资产的分割，有一定合理性，实际效果较好，操作也不是十分困难。

层次分析法（Analytical Hierarchy Process，AHP 法），是美国学者 Saaty 提出的一种运筹学方法。这是一种综合定性和定量的分析方法，可以将人的主观判断标准，用来处理一些多因素、多目标、多层次的复杂问题。

运用 AHP 法解决问题，大体可以分为四个步骤：

6.3.1.1   建立层次结构模型

首先，把复杂问题分解为由元素组成的各个部分，把这些元素按其属性分成若干组形成不同层次，建立相邻（上、下）层次中不同元素间的联系，构造递阶层次结构模型，如图 6-2 所示。

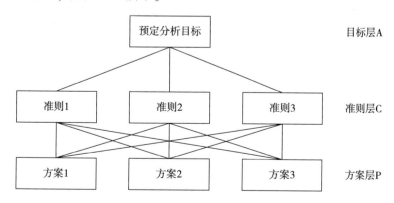

图 6-2   递阶层次结构模型

目标层是运用 AHP 法进行分析的目的，只有一个元素；准则层为判断目标的或实现目标的约束，如果问题复杂，可划分为若干对子层次，同层元素有支配作用；方案层是实现目标的方案或策略。通过逻辑分析可建立相邻层次间各元素之间的联系，用连线表示。

6.3.1.2　构造两两比较判断矩阵

根据模型表示的层次和元素间的联系，构造由某一元素与相邻下一层次有联系的所有元素的比较判断矩阵。例如，图 6-2 中 A 层与 C 层间可建立比较判断矩阵。判断矩阵元素按一定比例标度两两比较得到，标度及含义如表 6-11 所示。

表 6-11　AHP 法比较标度及含义

相对重要标度	含义	理解
1	两元素具有相同重要性	对于同一问题两个要素贡献相同
3	一个元素比另一个元素稍微重要	认为一个要素比另一元素贡献稍微大一些
5	一个元素比另一元素明显重要	认为一个要素比另一要素贡献明显大一些
7	一个元素比另一元素强烈重要	认为一个要素比另一要素贡献强烈大
9	一个元素比另一元素极端重要	认为一个要素比另一要素贡献极端大
2、4、6、8	作为上述相邻判断的插值	

以上判断是一种经验和对问题的认识程度的主观反映。

原则上，判断一个矩阵是一个方针，A = $(a_{ij})_{n \times n}$，$a_{ij} > 0$ 应当满足以下性质：

性质 1：任取 i，j，满足 $a_{ij} = 1$；

性质 2：任取 i，j，满足任取 i，j，满足 $a_{ij} = 1/a_{ji}$；

性质 3：任取 i，j，满足 $a_{ik}a_{kj} = a_{ij}$。

6.3.1.3　层次单排序

计算比较判断短阵的特征向量及最大特征根 λ_{max}（特征向量 W 及最大特征根的计算方法不在此叙述）。比较判断矩阵特征向量的值，表示了同一层次中若干元素对相邻上一层次某一元素的相对重要性排序权重。层次分析法的计算问题基本上归结为如何计算判断矩阵的最大特征根及其对应的特征向量。这里仅介绍一种简单的近似计算方法——方根法。其计算步骤如下：

步骤一：计算判断矩阵每一行元素的乘积 M_i。

$$M_i = \prod_{j=1}^{n} a_{ij} \qquad (i = 1, 2, \cdots, n) \qquad (6-18)$$

步骤二：计算 M_i 的 n 次方根 $\overline{W_i}$。

$$\overline{W_i} = \sqrt[n]{M_i} \qquad (i = 1, 2, \cdots, n) \qquad (6-19)$$

步骤三：对向量 $W_i = (\overline{W_1}, \overline{W_2}, \overline{W_3}, \cdots, \overline{W_n})^T$ 进行归一化处理，即使

$$W_i = \frac{\overline{W_i}}{\sum\limits_{i=1}^{n} \overline{W_i}} \quad (i = 1, 2, \cdots, n) \tag{6-20}$$

则 $W_i = (W_1, W_2, W_3, \cdots, W_n)^T$ 即为判断矩阵的特征向量。

步骤四：计算判断矩阵的每一列元素的和 S_j。

$$S_j = \sum_{j=1}^{n} a_{ij} \tag{6-21}$$

步骤五：计算最大特征值。

$$\lambda_{max} = \sum_{i=1}^{n} W_i S_i \tag{6-22}$$

其中，$(AW)_i$ 同样表示向量 AW 的第 i 个元素。

步骤六：一致性检验。上述排序权重是由经验和判断形成的比较判断矩阵计算得到的，主观的经验和判断是否有客观的一致性（不致出现相互矛盾），即排序权重是否有满足性要求，必须进行检验。检验方法分三步进行：

首先，计算一致性指标 CI。

$$CI = \frac{\lambda_{max} - n}{n - 1} \tag{6-23}$$

其中，λ_{max} 表示比较判断矩阵的最大特征根；n 表示比较判断矩阵阶数。

其次，根据比较判断矩阵阶数 n，查出平均随机一致性指标 RI（见表6-12）。

表 6-12 平均随机一致性指标

矩阵阶数 n	1	2	3	4	5	6	7	8	9
RI 值	0.00	0.00	0.58	0.90	1.12	1.24	1.32	1.41	1.45

最后，计算一致性比率 CR。

$$CR = \frac{CI}{RI}$$

当 CR < 0.1，认为比较判断矩阵具有满意的一致性，排序权重可以接受。

6.3.1.4 层次总排序

进行各层次元素的组合权重计算，得到递阶层次结构中各层次中所有元素对总目标的相对权重，直至求出方案层各元素对总目标的排序权重。要做到这一点，需要把第三步中的计算结果进行适当组合，步骤是由上至下逐层进行，每一步的结果还需要进行一致性检验。

假设已经计算出的第 k-1 层各元素相对总目标的组合排序权重向量为：

$$a^{k-1} = (a_1^{k-1}, a_2^{k-1}, \cdots, a_n^{k-1})^T \tag{6-24}$$

第 k 层对在 k-1 层第 j 个元素作为准则下各元素的排序权重向量为：

$$b_j^k = (b_{11}^k, b_{21}^k, \cdots, b_{m1}^k)^T \tag{6-25}$$

并构成矩阵 $B^k = (b_1^k, b_2^k, \cdots, b_n^k)$。

则第 k 层的各元素相对于总目标的总排序（或称组合排序向量）由式（6-26）算出（见表6-13）。

$$a^k = B^k a^{k-1} \tag{6-26}$$

表6-13　第 k 层的各元素相对于总目标的总排序

k-1 层元素 / k 层元素	A_1 a_1^{k-1}	A_2 a_2^{k-1}	$\cdots$	A_m a_m^{k-1}	层次总排序权值
B_1	b_{11}^k	b_{12}^k	$\cdots$	b_{12}^k	$\sum\limits_{j=1}^{m} a_j^{k-1} b_{1j}^k$
B_2	b_{21}^k	b_{22}^k	$\cdots$	b_{2m}^k	$\sum\limits_{j=1}^{m} a_j^{k-1} b_{2j}^k$
$\cdots$	$\vdots$	$\vdots$	$\cdots$	$\vdots$	$\cdots$
B_n	b_{n1}^k	b_{n2}^k	$\cdots$	b_{nm}^k	$\sum\limits_{j=1}^{m} a_j^{k-1} b_{nj}^k$

对总排序权重的一致性检验，也需类似逐层计算 CI，若分别得到了第 k-1 层的计算结果 CI^{k-1} 和查表结果 RI^{k-1}，则相应的第 k 层指标为：

$$CI^k = (CI_1^{k-1}, CI_2^{k-1}, \cdots, CI_n^{k-1})\alpha^{k-1} \tag{6-27}$$

$$RI^k = (RI_1^{k-1}, RI_2^{k-1}, \cdots, RI_n^{k-1})\alpha^{k-1} \tag{6-28}$$

第 k 层总排序一致性比率为：

$$CR^k = \frac{CI^k}{RI^k} \tag{6-29}$$

同样，当 $CR^k < 0.1$，认为第 k 层对总目标的排序权值具有一致的满意性，可以接受。

6.3.2　AHP 法在无形资产评估中的应用

AHP 用于组合整体无形资产的分割时，我们总是可以评估出组合无形资产价值的（组合无形资产超额收益的折现或资本化）关键是要找出组合中不同类型无形资产带来的超额收益在总的组合无形资产价值中的贡献，即比重。这样，可以将确定不同无形资产在组合无形资产价值中的权重分析作为 AHP 法的总目标，而其中各种不同类型的无形资产应作为方案层的各个不同要素。由于各种类型无形资产对超额收益产生的作用不同，而贡献大小不一样，因此将超额收益产生的各种原因（在业绩分析中可以确定）作为准则层的诸元素。分清了 AHP 法中的三个层次（问题复杂还可将准则层分为若干子层次），就可以在相邻层次各要素间建立联系。这一点可以通过遵循一般经济活动的逻辑规律或咨询被评估单位的高级管理人员做到。下层次对上一层次某一因素，即各种类型无形资产对超额收益产生的原因，有贡献的用连线联结起来的无贡献的不画连线。至此，完成了 AHP 法层次递层结构模型的构造，称为组合无形资产分析结构图（见图6-3）。

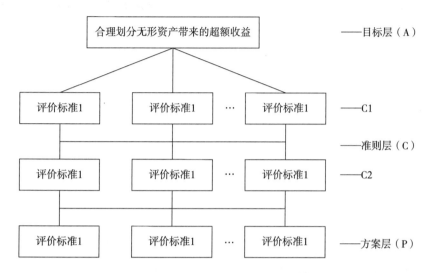

图6-3 组合无形资产分析结构示意图

图6-3中各层的含义如下：A 层为进行层次分析的总目标，在已确定出组合无形资产形成的超额收益中，分析求出各种无形资产在超额收益中的贡献份额或权重；C 层为准则层，即如何权衡或区分无形资产带来超额收益的评价标准，根据复杂程度，可分为若干子标准层（如图中子标准 C_2 层）；P 层为方案层，排列出组合无形资产所包含的各种类型不同的无形资产（名称）。

模型完成后，设计出反映层次间各要素相互关系的比较判断矩阵调查表，邀请有关专家和被评估单位不同管理部门的高级管理人员（一般要有技术、销售、财务、生产部门负责人及全面掌握情况的厂级领导参加），向他们讲清调查意图及标度方法，并给予示范。请他们根据历史业绩现行结构、未来预期的各种因素，凭自己的经验和判断填写调查表。一般不要求当场完成，让他们回去消化后独立认真填写。调查表收回后由有经验的评估人员综合整理出符合要求的比较判断矩阵。

进行层次单排序、总排序计算及一致性检验，所有计算通过一致性检验，若可接受通过，得到的方案层总排序权值即为各种不同无形资产在组合无形资产评估价值中的权重数，用组合无形资产的评估价值去乘权重数，即得到了各种不同无形资产的评估价值，完成了组合无形资产的价值分割。

【例6-5】WK 制药厂是一国有中型制药企业，在多年的生产经营中开发出了某系列药品，销售遍及全国，这些药品使用的注册商标"WK"已成为国内知名商标。因为企业进行股份制改造的需要，要求对其商标价值进行评估。

　　评估人员经过认真地调查分析，采用超额收益法计算出无形资产价值为 15000 万元。在评估过程中，评估人员认为这些超额收益不完全是由商标带来的（或者不能采用有效的方法把商标带来的超额收益单独计算出来），通过与企业高级管理人员多次座谈，进行业绩及结构分析，确定带来超额收益的无形资产有五种：商标、配方技术、营销技巧、客户网络、管理水平，发现能够带来超额收益的直接原因是产品价格高于其他企业同类产品（有垄断加价因素），销售量增幅较大，竞争力在逐年提高，企业内部生产成本在逐年降低。采用 AHP 法进行分割，建立了层次结构图，如图 6-4 所示。

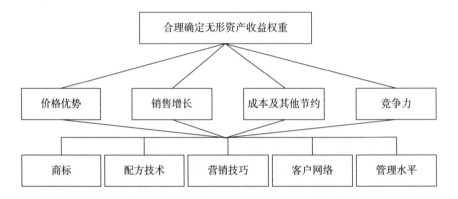

图 6-4　WK 厂无形资产组合分析结构图

　　在此基础上设计因素分析调查表。

无形资产因素分析调查表

　　通过与贵公司高级管理人员座谈，进行业绩及结构分析，我们认为贵公司能带来超额收益的无形资产有五种：商标、配方技术、营销技巧、客户网络、管理水平；能够带来超额收益的直接原因：产品价格高于其他企业同类产品（有垄断加价因素）、销售量增幅较大竞争力在逐年提高、企业内部生产成本在逐年降低。为评估以上五种无形资产对超额收益的贡献大小，我们希望了解您对上述各种因素相对贡献大小的看法，请您按所给的标度表（见表 6-14）完成后面的调查表。

表 6-14　比较标度及含义

相对重要标度	含义	理解
1	两元素具有相同重要性	对于同一问题两个要素贡献相同
3	一个元素比另一个元素稍微重要	认为一个要素比另一元素贡献稍微大一些

相对重要标度	含义	理解
5	一个元素比另一元素明显重要	认为一个要素比另一要素贡献明显大一些
7	一个元素比另一元素强烈重要	认为一个要素比另一要素贡献强烈大
9	一个元素比另一元素极端重要	认为一个要素比另一要素贡献极端大
2、4、6、8	作为上述相邻判断的插值	

表 6-14 中相对重要标度表示对于目标对象来说，一个因素相对另一因素重要性的大小。如对于无形资产的超额收益来说，价格优势比销售增长明显重要，用标度 5 表示，相对成本及其他节约的重要度介于稍微重要和明显重要之间，用标度 4 表示，相对竞争力来说，竞争力比价格优势强烈重要，则用相对标度的倒数 1/7 表示。无形资产超额收益直接原因相对贡献如表 6-15 所示。

表 6-15　无形资产超额收益直接原因相对贡献大小分析调查表

A	价格优势	销售增长	成本及其他节约	竞争力
价格优势	1	5	4	1/7
销售增长	—	1	1/3	1/2
成本及其他节约	—	—	1	1/5
竞争力	—	—	—	1

请按上述填写方法填写表 6-16 至表 6-20 的调查表，仅填写空白表格。

表 6-16　无形资产超额收益的直接原因相对贡献大小分析调查表

无形资产超额收益	优势增长	销售增长	成本及其他节约	竞争力
价格优势				
销售增长	—			
成本及其他节约	—	—		
竞争力	—	—	—	

表 6-17　各类无形资产对形成价格优势的相对贡献大小调查表

价格优势	商标	配方技术	营销技巧	客户网络	管理水平
商标					
配方技术	—				
营销技巧	—	—			
客户网络	—	—	—		
管理水平	—	—	—	—	

表 6-18　各类无形资产对销售增长的相对贡献大小调查表

销售增长	商标	配方技术	营销技巧	客户网络	管理水平
商标					
配方技术	—				
营销技巧	—	—			
客户网络	—	—	—		
管理水平	—	—	—	—	

表 6-19　各类无形资产对成本和其他节约的相对贡献大小调查表

成本和其他节约	商标	配方技术	营销技巧	客户网络	管理水平
商标					
配方技术	—				
营销技巧	—	—			
客户网络	—	—	—		
管理水平	—	—	—	—	

表 6-20　各类无形资产对竞争力的相对贡献大小调查表

竞争力	商标	配方技术	营销技巧	客户网络	管理水平
商标					
配方技术	—				
营销技巧	—	—			
客户网络	—	—	—		
管理水平	—	—	—	—	

　　邀请企业外部有关专家和企业内部生产销售、财务、技术、经营各部门的高级管理人员，对其讲解填表意图及要求，然后发放调查表调查。调查表收集后，可对每一表格的标度可做平均处理，得到判断矩阵的上三角矩阵。根据判断矩阵的对称性补充完整，即得出比较判断矩阵，并进行排序计算。计算过程如下（计算中的比较判断矩阵是通过调查表综合得到的）。

1. 层次单排序权的计算及一致性检验

　　（1）A—C 层单排序。确定各种因素在无形资产收益中作用的大小，如表 6-21 所示。

表 6-21　各种因素在无形资产收益中作业的大小

A	C_1	C_2	C_3	C_4	排序权重
C_1	1	1/3	2	1/4	0.126

A	C_1	C_2	C_3	C_4	排序权重
C_2	3	1	5	3	0.511
C_3	1/2	1/5	1	1/3	0.084
C_4	4	1/3	3	1	0.279

一致性检验结果：

$\lambda_{max} = 4.208$

$CI = (4.208-4) \div (4-1) = 0.069$

查表得到：$RI = 0.9$

$CR = CI \div RI = 0.069 \div 0.9 = 0.077 < 0.1$，通过一致性检验。

（2）C_1—P 单排序。确定各种无形资产在产品加价因素中的贡献大小，如表 6-22 所示。

表 6-22　各种无形资产在产品加价因素中的贡献大小

C_1	P_1	P_2	P_3	P_4	P_5	排序权重
P_1	1	2	6	4	7	0.472
P_2	1/2	1	2	3	4	0.243
P_3	1/6	1/2	1	3	5	0.154
P_4	1/4	1/3	1/3	1	2	0.083
P_5	1/7	1/4	1/5	1/2	1	0.048

一致性检验结果：

$\lambda_{max} = 5.256$

$CI = (5.256-5) \div (5-1) = 0.0680$

$RI = 1.12$

$CR = 0.080 \div 1.12 = 0.077 < 0.1$，通过一致性检验。

（3）C_2—P 单排序。确定各种无形资产在销售增长因素中贡献的大小，如表 6-23 所示。

表 6-23　各种无形资产在销售增长因素中的贡献的大小

C_2	P_1	P_2	P_3	P_4	P_5	排序权重
P_1	1	4	6	7	3	0.524
P_2	1/4	1	2	3	1/2	0.151
P_3	1/6	1/2	1	3	3/2	0.124
P_4	1/7	1/3	1/3	1	1/2	0.054
P_5	1/3	2	2/3	2	1	0.147

一致性检验结果：

$\lambda_{max} = 5.342$

CI＝（5.342－5）÷4＝0.086

RI＝1.12

CR＝0.086÷1.12＝0.076<0.1，通过一致性检验。

（4）C_3—P 单排序。确定各种无形资产在成本及节约因素中贡献的大小，如表6-24所示。

表6-24 各种无形资产在成本及节约因素中的贡献的大小

C_3	P_1	P_2	P_3	P_4	P_5	排序权重
P_1	1	6	4	7	3	0.510
P_2	1/6	1	3/2	5	3	0.192
P_3	1/4	2/3	1	4	2	0.156
P_4	1/7	1/5	1/4	1	1/2	0.048
P_5	1/3	1/3	1/2	2	1	0.095

一致性检验结果：

$\lambda_{max} = 5.319$

CI＝（5.319－5）÷4＝0.080

RI＝1.12

CR＝0.080÷1.12＝0.077<0.1，通过一致性检验。

（5）C_4—P 单排序。确定各种无形资产在提高企业市场竞争力因素中贡献大小，如表6-25所示。

表6-25 各种无形资产在成本及节约因素中的贡献的大小

C_4	P_1	P_2	P_3	P_4	P_5	排序权重
P_1	1	2	4	7	5	0.445
P_2	1/2	1	2	6	5	0.285
P_3	1/4	1/2	1	4	3	0.157
P_4	1/7	1/6	1/4	1	3	0.065
P_5	1/5	1/5	1/3	1/3	1	0.049

一致性检验结果：

CI＝（5.330－5）÷4＝0.082

RI＝1.12

CR＝0.080÷1.12＝0.074<0.1，通过一致性检验。

2. 层次总排序计算

通过组合权重计算，确定各种无形资产对超额收益的贡献权重大小。

3. 组合分割，确定被评估无形资产价值

以上计算结果表明，在无形资产超额收益中商标、配方技术、营销技巧、客户网络、管理水平占的权重分别为 $V = V_0$。无形资产超额收益评估值为 $V = V_0$，那么商标的评估值应为：

$15000 \times 0.494 = 7410$（万元）

同时还可得到：

配方技术评估值 $= 15000 \times 0.203 = 3045$（万元）

营销技巧评估值 $= 15000 \times 0.140 = 2100$（万元）

客户网络评估值 $= 15000 \times 0.06 = 900$（万元）

管理水平评估值 $= 15000 \times 0.103 = 1545$（万元）

评估结果反馈给被评估企业后，企业认为基本符合实际生产经营情况，有客观性、合理性。

AHP 法用来进行组合无形资产价值的分割，具有以下优点：

第一，是在对被评估企业历史业绩、现行结构、未来预期综合分析基础上完成，评估中能与被评单位各级管理部门进行对话，比较客观地反映了企业的实际情况及特点。结论比较合理，易于接受。

第二，这种方法在分割组合无形资价值中，虽难免带来一些主观性，但能检验主观判断的合理性（对明显不合理的判断能检测，并加以纠正）。更重要的是，这样组合分割的无形资产价值在总量上不会超过企业超额收益的价值（注意，单排序、总排序得到的每一组权重的和必须为 1），避免了分项进行无形资产评估时，各类无形资产评估价值之和可能会超过整个企业超额收益现值之和的奇怪现象。

第三，目前企业普遍对无形资产的管理和应用认识不足，甚至不知存在无形资产（或滥定无形资产），AHP 法要求评估人员和企业人员共同分析。这样可以使企业正确认识现有的无形资产存量，提高对无形资产资源的管理和利用水平。

第四，AHP 法有完整的理论体系和简单的应用形式，有利于提高无形资产评估中的科学性和可操作性水平。

AHP 法应用于无形资产评估，也存在一些问题。比如，比例标度有一定弹性，实际中如何去正确把握；当不同的管理人员得到的经验判断相差较大（甚至结论相反），怎样去进行数据分析处理，这些方面也较棘手，另外，AHP 法技术性强，要求评估人员的素质较高。

6.4　模糊综合评价法在资产评估中的分析与应用

6.4.1　模糊综合评价法的原理

模糊综合评价法是一种基于模糊数学的综合评价方法。该综合评价法根据模糊数学的隶属度理论把定性评价转化为定量评价，即用模糊数学对受到多种因素制约的事物或对象做出一个总体的评价。它具有结果清晰、系统性强的特点，能较好地解决模糊的、难以量化的问题，适合各种非确定性问题的解决。

对模糊综合评价法中的有关术语定义如下：

第一，评价因素（F）：是指对招标项目评议的具体内容（如价格、各种指标、参数、规范、性能、状况等）。

为便于权重分配和评议，可以按评价因素的属性将评价因素分成若干类（如商务、技术、价格、伴随服务等），把每一类都视为单一评价因素，并称之为第一级评价因素（F1）。第一级评价因素可以设置下属的第二级评价因素（例如，第一级评价因素"商务"可以有下属的第二级评价因素：交货期、付款条件和付款方式等）。第二级评价因素可以设置下属的第三级评价因素（F3）。依次类推。

第二，评价因素值（Fv）：是指评价因素的具体值。例如，某投标人的某技术参数为120，那么，该投标人的该评价因素值为120。

第三，评价值（E）：是指评价因素的优劣程度。评价因素最优的评价值为1（采用百分制时为100分）；欠优的评价因素，依据欠优的程度，其评价值大于或等于零、小于或等于1（采用百分制时为100分），即$0 \leq E \leq 1$（采用百分制时$0 \leq E \leq 100$）。

第四，平均评价值（Ep）：是指评标委员会成员对某评价因素评价的平均值。

平均评价值（Ep）= 全体评标委员会成员的评价值之和÷评委数

第五，权重（W）：是指评价因素的地位和重要程度。

第一级评价因素的权重之和为1；每一个评价因素的下一级评价因素的权重之和为1。

第六，加权平均评价值（Epw）：是指加权后的平均评价值。

加权平均评价值（Epw）= 平均评价值（Ep）×权重（W）。

第七，综合评价值（Ez）：是指同一级评价因素的加权平均评价值（Epw）之和。综合评价值也是对应的上一级评价。

6.4.2 模糊综合评价法的模型和步骤

第一步，确定评价对象的因素集。设 $U = \{u_1, u_2, \cdots, u_m\}$ 为刻画被评价对象的 m 种评价因素（评价指标）。其中，m 是评价因素的个数，有具体的指标体系所决定。

为便于权重分配和评议，可以按评价因素的属性将评价因素分成若干类，把每一类都视为单一评价因素，并称为第一级评价因素。第一级评价因素可以设置下属的第二级评价因素，第二级评价因素又可以设置下属的第三级评价因素，依次类推。

即：$U = U_1 \cup U_2 \cup \cdots \cup U_s$。（有限不交并）

其中，$U_i = \{u_{i1}, u_{i2}, \cdots, u_{im}\}$，$U_i \cap U_j = \Phi$，任意 $i \neq j$，i，j = 1，2，$\cdots$，s。

我们称 $\{U_i\}$ 是 U 的一个划分（或剖分），U_i 称为类（或块）。

第二步，确定评价对象的评语集。设 $V = \{v_1, v_2, \cdots, v_n\}$，是评价者对被评价对象可能做出的各种总的评价结果组成的评语等级的集合。

其中，v_j 代表第 j 个评价结果，j = 1，2，$\cdots$，n。n 为总的评价结果数，一般划分为 3~5 个等级。

第三步，确定评价因素的权重向量。设 $A = (a_1, a_2, \cdots, a_m)$ 为权重（权数）分配模糊矢量，其中 a_i 表示第 i 个因素的权重，要求 $0 \leqslant a_i$，$\Sigma a_i = 1$。A 反映了各因素的重要程度。在进行模糊综合评价时，权重对最终的评价结果会产生很大的影响，不同的权重有时会得到完全不同的结论。

第四步，进行单因素模糊评价，确立模糊关系矩阵 R。单独从一个因素出发进行评价，以确定评价对象对评价集合 V 的隶属程度，称为单因素模糊评价。在构造了等级模糊子集后，就要逐个对被评价对象从每个因素 u_i 上进行量化，也就是确定从单因素来看被评价对象对各等级模糊子集的隶属度，进而得到模糊关系矩阵：

$$R = \begin{pmatrix} r_{11} & r_{12} & \cdots & r_{1n} \\ r_{21} & r_{22} & \cdots & r_{2n} \\ \vdots & \vdots & \ddots & \vdots \\ r_{m1} & r_{m2} & \cdots & r_{mn} \end{pmatrix}$$

其中，r_{ij} 表示某个被评价对象从因素 u_i 来看对等级模糊子集 v_j 的隶属度。一个被评价对象在某个因素 u_i 方面的表现是通过模糊矢量 r_i 来刻画的，r_i 称为单因素评价矩阵，可以看作是因素集 U 和评价集 V 之间的一种模糊关系，即影响因素与评价对象之间的 "合理关系"。

$r_i = (r_{i1}, r_{i2}, \cdots, r_{in})$，归一化处理：$\Sigma r_{ij} = 1$，目的是消除量纲的影响。

在确定隶属关系时，通常是由专家或与评价问题相关的专业人员依据评判等级对评价对象进行打分，然后统计打分结果，然后可以根据绝对值减数法求得：

$$r_{ij} = \begin{cases} 1, & (i = j) \\ 1 - c \sum_{k=1} |x_{ik} = x_{jk}|, & (i \neq j) \end{cases}$$

其中，c 适当选取，要求 $0 \leqslant r_{ij} \leqslant 1$。

第五步，多指标综合评价（合成模糊综合评价结果矢量）。利用合适的模糊合成算子将模糊权矢量 A 与模糊关系矩阵 R 合成得到各被评价对象的模糊综合评价结果矢量 B。

模糊综合评价的模型为：

$$B = AR = (a_1, a_2, \cdots, a_m) \begin{pmatrix} r_{11} & r_{12} & \cdots & r_{1n} \\ r_{21} & r_{22} & \cdots & r_{2n} \\ \vdots & \vdots & \ddots & \vdots \\ r_{m1} & r_{m2} & \cdots & r_{mn} \end{pmatrix} = (b_1, b_2, \cdots, b_n)$$

其中，b_j 表示被评级对象从整体上看对评价等级模糊子集元素 v_j 的隶属程度。

第六步，对模糊综合评价结果进行分析。模糊综合评价的结果是被评价对象对各等级模糊子集的隶属度，它一般是一个模糊矢量，而不是一个点值，因而它能提供的信息比其他方法更丰富。对多个评价对象比较并排序，就需要进一步处理，即计算每个评价对象的综合分值，按大小排序，按序择优。将综合评价结果 B 转换为综合分值，于是可依其大小进行排序，从而挑选出最优者。

6.4.3　模糊综合评价法的优缺点

6.4.3.1　模糊综合评价法的优点

模糊评价通过精确的数字手段处理模糊的评价对象，能对蕴藏信息呈现模糊性的资料作出比较科学、合理、贴近实际的量化评价。

评价结果是一个矢量，而不是一个点值，包含的信息比较丰富，既可以比较准确地刻画被评价对象，又可以进一步加工，得到参考信息。

6.4.3.2　模糊综合评价法的缺点

计算复杂，对指标权重矢量的确定主观性较强；当指标集 U 较大，即指标集个数较大时，在权矢量和为 1 的条件约束下，相对隶属度权系数往往偏小，权矢量与模糊矩阵 R 不匹配，结果会出现超模糊现象，分辨率很差，无法区分谁的隶属度更高，甚至造成评判失败，此时可用分层模糊评估法加以改进。

6.4.4　模糊综合评价法的应用

6.4.4.1　在中小企业融资效率评价中的应用

模糊综合评价法在中小企业融资效率评价中的应用步骤如下：

第一步，确定备择对象集。

$X = \{x_1,\ x_2,\ x_3\} = \{$股权融资，债券融资，内部融资$\}$

第二步，确定因素集（指标集）。

$U = \{u_1,\ u_2,\ u_3,\ u_4,\ u_5\} = \{$融资成本，资金利用率，融资机制规范制度，融资主体自由度，清偿能力$\}$

第三步，确定权重矢量。

$A = (a_1,\ a_2,\ a_3,\ a_4,\ a_5) = (0.3,\ 0.25,\ 0.2,\ 0.15,\ 0.1)$

第四步，确定评价集（等级集）：

$V = \{v_1,\ v_2\} = \{$高，低$\}$

第五步，确定评价矩阵。

各种融资方式的单因素评价矩阵：

$$R_1 = \begin{pmatrix} 0 & 1 \\ 0.3 & 0.7 \\ 0.3 & 0.7 \\ 0.7 & 0.3 \\ 1 & 0 \end{pmatrix} \quad R_2 = \begin{pmatrix} 0.7 & 0.3 \\ 0.6 & 0.4 \\ 0.4 & 0.4 \\ 0.4 & 0.6 \\ 0.3 & 0.7 \end{pmatrix} \quad R_3 = \begin{pmatrix} 0.8 & 0.2 \\ 0.7 & 0.3 \\ 0.2 & 0.8 \\ 0.9 & 0.1 \\ 1 & 0 \end{pmatrix}$$

表 6-26　各种融资方式的隶属度

因素	股权融资（x_1）效率		债券融资（x_2）效率		内部融资（x_3）效率	
隶属度	高（v_1）	低（v_2）	高（v_1）	低（v_2）	高（v_1）	低（v_2）
融资资金成本（u_1）	0	1	0.7	0.3	0.8	0.2
资金利用率（u_2）	0.3	0.7	0.6	0.4	0.7	0.3
融资机制规范度（u_3）	0.3	0.7	0.6	0.4	0.2	0.8
融资主体自由度（u_4）	0.7	0.3	0.4	0.6	0.9	0.1
资金清偿能力（u_5）	1	0	0.3	0.7	1	0

第六步，进行模糊综合评价。

将评价因素的权重矢量与各种融资方式的评价矩阵进行模糊合成变换，即模糊综合评价模型：$B = A \cdot R$。

此处，模糊合成算子为普通矩阵乘积算法。

即得：$B_1 = A \cdot R_1 = (0.34,\ 0.66)$，$B_2 = A \cdot R_2 = (0.57,\ 0.43)$，$B_3 = A \cdot R_3 = (0.69,\ 0.31)$。

第七步，解释模糊综合评价结果矢量。

此处，利用最大隶属度原则，即取 V 中与最大值 b_j 对应的元素 v_j 作为评价结果。易知：在 B 中，$b_1 < b_2$，故选择 v_2，即股权融资效率是低的。同理易得：债券融资和内部融资的效率是高的。而根据模糊分布原则，各种融资方式效率高的隶属度排序为 0.69＞0.57＞0.34，即内部融资效率＞债券融资效率＞股权融资

效率。

第八步，结论。

中小企业融资顺序应尽量优先运用内部留成，再考虑外部资金融资方式。总之，方法是可行的，过程是科学的，解释是本质的，判断是全面的，评价是准确的，结论是可信的，操作是简便的。

6.4.4.2 在人事考核中的应用

（1）一级模糊综合评判在人事考核中的应用。以某单位对员工的年终综合评定为例。第一，取因素集 U = {政治表现 u_1，工作能力 u_2，工作态度 u_3，工作成绩 u_4}；第二，取评语集 V = {优秀 v_1，良好 v_2，一般 v_3，较差 v_4，差 v_5}；第三，确定各因素的权重：A = (0.25, 0.2, 0.25, 0.3)；第四，确定模糊综合判断矩阵：①u_1 由群众评议打分来确定：R_1 = (0.1, 0.5, 0.4, 0.0)；②u_2、u_3 由部门领导打分来确定：R_2 = (0.2, 0.5, 0.2, 0.1, 0)，R_3 = (0.2, 0.5, 0.3, 0, 0)；③u_4 由单位考核组成员打分来确定：R_4 = (0.2, 0.6, 0.2, 0, 0)。第五，模糊综合评判，进行矩阵合成运算。可得：B = A · R = (0.06, 0.18, 0.1, 0.02, 0)。易知：评判结果为"良好"。

（2）多层次模糊综合评判在人事考核中的应用。以公司对某部门员工进行年终评定为例。先对各个子因素集进行一级模糊综合评判：B_1 = A_1 · R_1，B_2 = A_2 · R_2，B_3 = A_3 · R_3，B_4 = A_4 · R_4。这样，二级综合评判为：B = A · R。根据最大隶属度原则，认为对该员工的评价为良好。同理，可对该部门的其他员工进行考核。

本章小结

常见的定量预测方法包括一元线性回归、多元线性回归、时间序列分析等。

生存曲线分析方法是根据特定无形资产的历史生存时间资料来估测目标资产的寿命特征的方法。采用这种方法对目标无形资产有效服务年限进行分析，需要收集较为完整的目标无形资产历史资料，根据这些历史资料估算出目标无形资产未来的退废率，从而作出目标无形资产的未来生存曲线图，估计出目标无形资产的有效服务年限。

层次分析法是一种综合定性和定量的分析方法，可以将人的主观判断标准用来处理一些多因素、多目标、多层次的复杂问题。运用 AHP 法解决问题，大体可以分为四个步骤：①建立问题的递阶层次结构模型；②构造两两比较判断矩阵；③由判断矩阵计算被比较元素相对权重（层次单排序）；④计算各层元素的组合权重（层次总排序），它可以用来确定各个因素对总目标的影响程度。

模糊综合评价法是一种基于模糊数学的综合评价方法。该综合评价法根据模糊数学的隶属度理论把定性评价转化为定量评价，即用模糊数学对受到多种因素制约的事物或对象做出一个总体的评价。它具有结果清晰、系统性强的特点，能较好地解决模糊的、难以量化的问题，适合各种非确定性问题的解决。模糊综合评价法可以分为六个步骤：①确定评价对象的因素集；②确定评价对象的评语集；③确定评价因素的权重向量；④进行单因素模糊评价，确立模糊关系矩阵R；⑤多指标综合评价；⑥对模糊综合评价结果进行分析。

章后练习

简答题

1. 简述资产评估中常用的定量预测方法。
2. 简述无形资产生存曲线的构造过程。
3. 什么是层次分析法？简述它在资产评估中应用的步骤。

参考答案

延伸阅读

7

资产评估的市场途径及其应用

主要知识点

市场途径概念、市场途径运用前提、市场途径的程序、市场途径的具体评估方法

7.1 资产评估的市场途径及其程序

7.1.1 市场途径概述

市场途径是指根据替代原理，采用比较或类比思路估测资产价值的方法的总称。所谓比较的思路是指通过选取市场上与被评估资产相同或相类似资产作为参照物，通过各种因素差异分析和价格调整来估测被评估资产价值的评估技术思路。市场途径要求充分利用相同和相类似资产的价格信息，并以此为基础估测被评估资产的价值。运用市场途径进行评估，所得到的评估结论能够被交易双方所接受，是资产评估常见的途径之一。

市场途径的理论基础是资产价格形成的替代原理。替代原理是消费者行为理论中的一个基本规律，它是指商品的价格是在替代关系中确定的，购买者在合理的时间范围内为取得相同或相似效用的替代商品而支付的价格。同一种商品在同一个市场上具有相同的市场价格，当同一市场上有两个以上相同的商品同时存在时，理性而谨慎的购买者会选择价格最低的一种，即价格最低的同质商品对其他同质商品具有替代性。也就是说，任何一个正常、理性的投资者在购置某项资产时，都会"货比三家"，最终他所愿意支付的价格不会高于市场上具有相同用途的替代资产的现行市价。相同或相类似资产之间价格具有这种替代性，是市场法运用的基本依据。根据替代原理，我们可以通过相同或类似资产的已知成交价格来求取估价对象的未知价格。这里，一般把已知成交价格的相同或类似资产称为参照物。

7.1.2 市场途径运用前提

应用市场途径进行资产评估需要满足两个基本的前提条件：一是要有一个活跃的公开市场；二是公开市场上要有可比的资产及其交易活动。

公开市场是一个充分竞争的市场，市场上有自愿的买者和卖者，在交易信息充分交换，或者交易信息公开的前提下，买者和卖者有相对充裕的时间进行平等交易。这就排除了个别交易的偶然性，市场成交价格基本上可以反映市场行情。在市场上交易行为发生得越频繁，与被评估资产相同或相类似的资产价格越容易获得，按市场行情估测被评估资产价值，评估结果会更贴近市场，更容易被资产交易各方所接受。

资产及其交易的可比性，是指选择的可比资产及其交易活动在近期公开市场上已经发生，且与被评估资产及资产业务相同或相似。这些已经完成交易的资产就可以作为被评估资产的参照物，其交易数据是进行比较分析的主要依据。资产及其交易的可比性具体体现在以下几个方面：

第一，资产功能的可比性。资产功能的可比性即参照物与被评估资产在用途、性能等功能上的相同或相似性。资产的功能是资产使用价值的主体，是影响资产价值的重要因素之一，但资产的功能又是相对于社会需要而言的。在社会需要的前提下，资产的功能越好，其价值越高；反之亦然。功能的可比性是参照物与被评估资产具有可比性的重要前提。把握住参照物与被评估资产在功能上的一致性，可以避免移花接木、张冠李戴，市场途径才具备运用的基础。

第二，资产实体特征和质量的可比性。资产的实体特征主要是指资产的外观、形状、规模、结构、规格型号和役龄等，资产的质量主要是指资产本身的建造或制造工艺水平等。资产的实体特征和质量是市场途径进行分析比较的主要因素，把握参照物与被评估资产的实体特征和质量，才能明确比较调整的方向和幅度。

第三，市场条件的可比性。市场条件包括市场供求关系、竞争状况和交易条件等。在一般情况下，供不应求时，价格偏高；供过于求时，价格偏低。交易条件主要包括交易批量、交易动机、交易时间等。交易批量不同，交易对象的价格就可能不同；交易动机也对资产交易价格有影响；在不同时间交易，资产的交易价格也会有差别。市场条件的差异对资产价值的影响应引起评估人员足够的关注，把握参照物与评估对象所面临的市场条件，可以为明确评估结果的价值类型创造条件。

第四，交易时间的可比性。交易时间的可比性是指参照物成交时间与评估基准日间隔时间不能过长，应在一个适度时间范围内，一般不宜超过 2 年。同时，这个时间因素对资产价值的影响是可以调整的，且选择近期交易的参照物还可以减少调整时间因素对资产价值影响的难度。

参照物与评估对象的可比性是运用市场法评估资产价值的重要前提。把握参照物与评估对象功能上的一致性，可以避免张冠李戴；把握参照物与评估对象所面临的市场条件，可以明确评估结果的价值类型；选择近期交易的参照物，可以减少调整时间因素对资产价值影响的难度。

7.1.3　市场途径的程序

利用市场途径进行评估需要遵循以下程序：

7.1.3.1　选取参照物

运用市场途径估价需要拥有大量的参照物，这是正确把握类似资产正常的市场价格行情，从而选择出符合一定数量和质量要求的可比参照物，以保障根据这些可比参照物的成交价格评估被评估资产价值更加精准而不出现较大误差的前提。因此，资产评估机构及其专业人员应通过多种途径尽量收集较多的参照物。收集参照物的途径一般有查阅政府和有关部门的价格信息资料、走访资产交易当事人、访问相关的中介机构、向专业的资产信息提供机构购买资产价格资料、同行之间相互提供，等等。当然，参照物的获取是一个不断积累的过程，资产评估机构及其专业人员平时就应留意收集，并建立相应的参照物交易实例库，以备随时调用。

收集参照物并建立参照物的交易实例库后，针对某一具体评估目的及评估基准日下的评估对象，需要从中选取符合一定条件的可比参照物作为比较的交易实例。选择可比参照物的关键要求是可比性，包括资产的功能、市场条件及交易时间等的可比性。当然，具体到不同的评估对象，对参照物可比性的要求也不一样。例如，当评估对象为房地产时，选择参照物要求应在房地产用途、区位、规模、档次、建筑结构、权利性质等方面具有可比性。另外，为了避免某个参照物在个别交易中的特殊因素和偶然因素对成交价及评估值的影响，运用市场法评估资产价值时应尽可能选择多个可比参照物，即所选择的可比参照物还要达到一定的数量要求。通常情况下，不论参照物与评估对象如何相似，参照物都应选择三个以上。

7.1.3.2　在评估对象与参照物之间选择比较因素

评估专业人员在对被评估对象进行评估时，要对收集到的信息资料进行筛选，从而选取可比交易案例作为参照物。不同的评估对象在参照物的比较因素选择上侧重点会有所不同。例如，在进行房地产评估时，选取的参照物主要考虑地理位置、环境因素等影响因素。而在整体企业价值评估时，则需要考虑企业盈利情况、企业规模等影响因素。一般情况下，需要比较的因素分为以下几个方面：

（1）资产功能。资产功能是资产使用价值的主体，是影响资产价值的重要因素之一。在资产评估中强调资产的使用价值或功能，并不是从纯粹抽象意义上来讲，而是从资产的功能并结合社会需求，从资产实际发挥效用的角度来考虑。就是说，在社会需要的前提下，资产的功能越好，其价值越高；反之亦然。

（2）时间因素。时间因素是指参照物成交时间与被评估资产评估基准日不同造成的被评估资产的价格差异。一般来说，参照物成交价格与评估基准日间隔不宜过长，选择近期交易的参照物可减少时间因素对资产价值的影响。如对房地产进行评估，时间间隔如果在 5 年以上则不宜采用。时间因素调整的方法可以采取定基物价指数法，也可以采取环比物价指数法。一般地，当资产价格处于上升时期时，时间因素调整系数应大于 100%；反之，则应小于 100%。

（3）交易条件。交易条件主要包括交易批量、交易动机、交易时间等。交易批量不同、交易动机的差异及交易时间不同，都会使资产的交易价格有所差别。

（4）资产的实体特征和质量。资产的实体特征主要是指资产的外观、结构、役龄和规格型号。资产的质量主要是指资产本身的功能、性能精度、建造或制造工艺水平，也包括由此资产生产的商品品牌和市场影响力。对资产实体特征及质量的鉴定有时比较复杂，需由有关专业机构或专家进行。

（5）成新率。由于被评估资产通常并不是全新资产，其新旧程度、可被再用程度也成为判断该资产价值的重要标准之一。除了土地以外，其他有形资产都会存在损耗问题，有形损耗越高，成新率越低，资产价值也就越低。因此，如果参照物的成新率比被评估资产低，就需要将参照物的成交价往上调，即调整系数大于 100%；反之，则需要将参照物的成交价往下调。

除了上述因素之外，同类资产的现行市价和地域以及通货膨胀等因素也对被评估资产的价值有重要影响。

运用市场途径评估企业价值时，应当重点考虑参照公司的可比性。可比性可以通过以下两个标准来判断：

一是行业标准。处于同一行业的企业具有可比性。在确定被评估企业所属的行业时，可以参考我国出台的国民经济行业分类、证监会的上市公司行业分类、国际通用的标准行业代码等。但需要注意的是，在依照行业标准时，应当尽量选取与被评估企业在主营业务收入结构、利润结构、经营模式等方面趋同的案例。

二是财务标准。存在相同的盈利能力的企业通常具有类似的财务结构。需要通过必要的分析来从业务类型及构成、市场、管理等方面进行比较，以体现被评估企业和可比案例之间的风险和成长差异。

7.1.3.3 指标对比、量化差异

根据前面所选定的对比指标体系，在参照物及评估对象之间进行参数指标的比较，并将两者的差异进行量化。对比主要体现在交易价格的真实性、正常交易情形、参照物与评估对象可替代性的差异等。例如，在不动产评估中要求参照物与评估对象应在同一供求范围内、处在同一区域或相邻地区等，但其交易情形、交易时间、建筑特征等方面存在差异；在机器设备评估中尽管要求资产功能指标，包括规格型号、出厂日期等相同或相似，但在生产能力、产品质量，以及在资产运营过程中的能耗、料耗和工耗等方面都可能有不同程度的差异；在企业价

值评估中虽然要求参照物与评估对象在所属行业、生产规模、收益水平、市场定位、增长速度、企业组织形式、资信程度等方面相同或相似，但企业所在地区经济环境、产品结构、资产配置、销售渠道等方面都可能存在差异。运用市场法的一个重要环节就是将参照物与评估对象对比指标之间的上述差异数量化和货币化。

7.1.3.4　分析确定已经量化的对比指标之间的差异

运用市场途径是以参照物的成交价格作为评定估算评估对象价值的基础。在这个基础上将已经量化的参照物与评估对象对比指标差异进行调增或调减，就可以得到以每个参照物为基础的评估对象的初步评估结果。初步评估结果与所选择的参照物个数密切相关。

7.1.3.5　综合分析确定评估结果

由于市场途径选择参照物时一般要求有三个或三个以上，因此，按照上述步骤将参照物的成交价格调整修正出的初步评估结果也有三个或三个以上，这些结果往往是不同的，而根据资产评估的一般惯例，正式的评估结果只能有一个，这就需要把它们综合成一个评估结果来作为最终的评估值。从理论上讲，综合的方法主要有以下三种：①平均数法。这种方法又包括简单算术平均数法和加权算术平均数法。简单算术平均数是把调整修正出的各个初步评估结果直接相加，再除以这些结果的个数即得到综合后的评估价值；加权算术平均数是要考虑每个初步评估结果对综合后最终评估结果的不同重要程度，先赋予每个初步评估结果不同的权数或权重，然后再综合出一个评估价值。②中位数法。把调整修正出的各个初步评估结果按由低到高的顺序排列，如果是奇数个评估结果，那么处在正中间位置的那个结果为综合出的一个评估价值；如果是偶数个评估结果，那么处在正中间位置的那两个结果的简单算术平均数为综合出的一个评估价值。③众数法。各个初步评估结果中出现最频繁的那个数值就是众数，把它作为综合后的一个评估价值。在实际评估中，最常用的综合方法是平均数法，其次是中位数法，众数法较少采用。

7.2　市场途径的具体评估方法

按照参照物与被评估对象的相近相似程度，可将市场途径的具体评估方法分为两类：一类是直接比较法；另一类是间接比较法（见图7-1）。

7.2.1　直接比较法

直接比较法是指以参照物的交易价格为基础，通过对评估对象与参照物的一

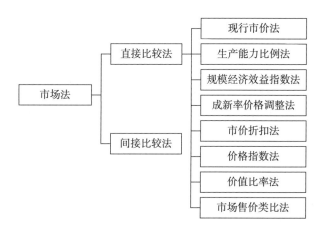

图 7-1 市场途径的具体评估方法

个或若干特征进行直接比较，得到评估对象的特征修正系数或特征差额，然后对其进行修正从而得到评估对象价值的方法。

直接比较法对于参照物与评估对象的可比性要求比较高。参照物与评估对象要达到相同或基本相同的程度，或参照物与评估对象的差异主要体现在某几项明显的因素上，如功能、交易条件、时间等。

直接比较法的基本计算公式分为以下几种情形：

第一，如果参照物与被评估对象可比因素完全一致。那么，用公式表示为：

$$A = B \qquad (7\text{-}1)$$

其中，A 为评估对象价值；B 为参照物的合理成交价值。

第二，参照物与被评估对象只有一个可比因素不一致，并且参照物和评估对象之间受某一因素影响，而且是正比关系。那么，用公式表示为：

$$A = B \times \alpha \qquad (7\text{-}2)$$

其中，A 为评估对象价值；B 为参照物成交价格；α 为修正系数。

第三，参照物与被评估对象有 n 个可比因素不一致，那么有以下两种方法。

方法一：用公式表示为：

$$A = B \times \alpha_1 \times \alpha_2 \times \alpha_3 \times \cdots \times \alpha_n \qquad (7\text{-}3)$$

其中，A 为评估对象价值；B 为参照物成交价格；α_1、α_2、$\cdots$、α_n 为修正系数。

方法二：用公式表示为：

$$A = B \pm \alpha_1 \pm \alpha_2 \pm \cdots \pm \alpha_n \qquad (7\text{-}4)$$

其中，A 为评估对象价值；B 为参照物成交价格；α_1、α_2、$\cdots$、α_n 为修正差额。

直接比较法具有适应性强、应用广泛的特点，采用该方法比较直观、简单明了，但对所收集到的信息资料的质量要求较高，并且需要评估人员有较丰富的评估经验、市场阅历和评估技巧。

当参照物与评估对象的差异仅仅体现在某一基本特征上的时候，直接比较法还将演变为以下具体的评估方法，如现行市价法、生产能力比例法等。

（1）现行市价法。当评估对象本身具有现行市场价格或评估对象的基本特征与参照物完全一致的时候，可以直接利用评估对象或参照物在评估基准日的现行市场价格作为评估对象的评估价值。例如，可上市流通的股票和债券可按其在评估基准日的收盘价作为评估价值，全新的设备、汽车等可按同品牌、同型号、同规格、同厂家、同批量的全新设备、汽车等参照物的现行市场价格作为评估价值。现行市价法是以成交价格作为标准，有的资产在市场交易过程中，报价或目录价与实际成交价之间会由于交易对象、交易批量等原因存在差异。需要注意的是，运用现行市价法时，评估对象或参照物在评估基准日的现行市场价格与评估对象的价值内涵相同。

（2）生产能力比例法。生产能力比例法是指被评估对象与参照物仅存在功能因素差异的情况下，资产价值与其功能呈线性关系。以参照物的合理成交价为基础，调整评估对象与参照物之间的功能差异因素从而来估算评估对象价值的方法。计算公式为：

$$A = B \times \left(\frac{P_A}{P_B} \right) \tag{7-5}$$

其中，A 为资产评估价值；B 为参照物的成交价格；P_A 为评估对象生产能力；P_B 为参照物生产能力。

【例7-1】被评估资产生产能力为 100 吨，参照资产的生产能力为 150 吨，且该类资产的价值和生产能力之间呈线性关系，评估基准日的参照物资产的市场价格为 150 万元，由此估算被评估资产的价值。

评估价值＝150×100÷150＝100（万元）

（3）市价折扣法。市价折扣法是以参照物成交价格为基础，考虑评估对象在销售条件、销售时限或销售数量等方面的差异，根据有关规定，设定一个价格折扣率来估算评估对象价值的方法。此方法只适用于评估对象与参照物之间存在交易条件的差异的情形。该方法的基本计算公式为：

$$A = B \times (1 - \beta) \tag{7-6}$$

其中，A 为评估价值；B 为参照物成交价格；β 为价格折扣率。

运用市价折扣法时应当注意：①参照物资产必须是与被评估资产完全相同的资产；②如果市场分割使参照资产有几个不同的价格，则必须根据资产市场供求状况和资产取得时的市场实际价格，并结合国家有关政策，准确确定参照物资产的市场标准价格；③要分析被评估资产有无非正常损耗，如果有，还应该根据非正常损耗情况酌情扣减。

【例7-2】评估某项拟快速变现资产，在评估基准日与其完全相同的参照物正常变现价为 10 万元，经评估师分析，认为其快速变现的折扣率为 30%，估算其快速变现资产的价值。

评估价值=10×（1-30%）= 7（万元）

（4）价格指数法。价格指数法是指基于参照物成交时间与评估对象的评估基准日之间的时间间隔引起的价格变动对资产价值的影响，以参照物合理的成交价为基础，利用物价指数调整参照物的成交价从而得到评估对象价值的方法。

$$A = B \times (1 + \beta) \qquad (7-7)$$

其中，A 为评估价值；B 为参照物成交价格；β 为价格变动指数。

$$A = B \times \beta \qquad (7-8)$$

其中，A 为评估价值；B 为参照物成交价格；β 为价格指数。

价格指数有以下的表述方式：

1）定基价格指数。定基价格指数是指在一定时期内对比基期固定不变的价格指数。定基价格变动指数是指当年物价与基年物价的差与基年物价的比值。

【例7-3】假设以2016年为基年，该类设备的实际均价为20元，2017年和2018年的实际均价分别为21.5元和23元，求2017年和2018年的定基价格变动指数。

$$B = 1 + \beta_1 \qquad (7-9)$$

其中，B 为定基价格指数；β_1 为定基价格变动指数。

$$B = \frac{A}{A'} \qquad (7-10)$$

其中，B 为价格指数；A 为评估基准日资产定基价格指数；A' 为参照物交易日资产定基价格指数。

表7-1 定基价格指数

年份	该类设备实际均价	定基价格指数=当年实际物价指数÷基年物价	定基价格变动指数=（当年实际物价-基年物价）÷基年物价
2016（基年）	20元	100%	—
2017	21.5元	107.5%	7.5% =（21.5-20）÷20
2018	23元	115%	15% =（23-20）÷20

2）环比价格指数。环比价格指数是指各时期的商品价格都同它前一时期的商品价格对比而编制的指数。

$$A = \frac{B}{B'} \qquad (7-11)$$

其中，A 为环比价格指数；B 为本年定基价格指数；B' 为上年定基价格指数。

$$A' = \frac{B - B'}{B'} \qquad (7-12)$$

其中，A' 为环比价格变动指数；B 为本年基年价格指数；B' 为上年基年价格指数。

$$A = 1 + \beta_0 \qquad (7-13)$$

其中，A 为环比价格指数；β_0 为环比价格变动指数。

假设参照物成交日是 m 年，评估基准日是 $m + n$ 年，则有：

$$A = \frac{\beta_{m+n}}{B_m} \qquad (7-14)$$

其中，A 为价格指数；β_{m+n} 为第 $m + n$ 年的定基价格指数；β_m 为第 m 年的定基价格指数。

$$V = V' \times \frac{1 + \beta_1}{1 + \beta_1'} \qquad (7-15)$$

其中，V 为评估价值；V' 为参照物资产交易价格；β_1 为评估基准日同类资产定基价格变动指数，β_1' 为参照物交易日同类资产定基价格变动指数。

或

$$V = V' \times A_1 \times A_2 \times \cdots \times A_n \qquad (7-16)$$

其中，V 为评估价值；V' 为参照物资产交易价格；A_1 为第 1 期环比价格指数；A_2 为第 2 期环比价格指数；$\cdots$；A_n 为第 n 期环比价格指数。

【例 7-4】与评估对象完全相同的参照资产 3 个月前成交价格为 10 万元，3 个月内该类资产价格上涨 4%，则估算该评估对象的价值。

评估对象价值 = 10 × （1+4%） = 10.4 （万元）

【例 7-5】被评估资产于 2018 年 12 月 31 日进行评估，该类资产 2018 年下半年各月月末的价格同 2017 年年底相比，分别上涨了 2%、5%、8%、8.5%、9%、10%。其中，参照资产 10 月底的价格为 10 万元，则估算被评估资产 2018 年 12 月 31 日的价值。

评估对象价值 = $10 \times \left(\dfrac{1+10\%}{1+8.5\%} \right) \approx 10.14$ （万元）

【例 7-6】已知某资产在 2018 年 6 月的交易价格为 400 万元，该类资产不再生产，但该类资产的价格变化情况如下，2018 年 6~12 月环比价格指数分别为 102.4%、98%、104%、99%、103.5%、101%，则估算被评估对象的价值。

400 × 102.4% × 98% × 104% × 99% × 103.5% × 101% ≈ 432.03 （万元）

（5）类比调整法。直接比较法中有两种使用频率较高，即市场售价类比法和价值比率法，这两种方法也称类比调整法。

1）价值比率法。价值比率法是指利用参照物的成交价格，与某一经济参数或经济指标相比较而形成的价值比率作为乘数或倍数，乘以评估对象的同一经济参数或经济指标，从而得到评估对象价值的一种具体评估方法。常见的价值比率如图7-2所示。

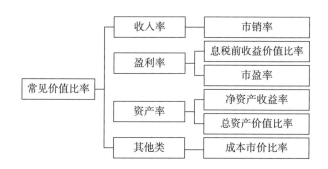

图7-2　常见价值比率

价值比率法的分类。通常情况下价值比率法被用来评估企业价值。由于企业存在规模、盈利能力方面的差异，因此为了增强可比性，就需要采用某种可比的"价值联系"将被评估企业与可比企业的价值联系起来。根据选取的对象不同，分为上市公司比较法和交易案例比较法。

上市公司比较法是指获取并分析可比上市公司的经营和财务数据，计算适当的价值比率，在与被评估企业比较分析的基础上，确定评估对象价值的具体方法。

交易案例比较法是指获取并分析可比企业的买卖、收购及合并案例资料，计算适当的价值比率，在与被评估企业比较分析的基础上，确定评估对象价值的具体方法。

在运用价值比率法时，需要注意以下几点：首先，需要重点关注可比的交易对象信息来源的准确性与可靠性。资产评估专业人员要保证收集到数据的真实性以及数据获取途径的合理性及合法性。其次，确定可比对象与可比标准。可比对象选取和可比标准确定一般包括：企业所生产的产品或提供的服务是否具有可比性；企业的规模是否相似；未来企业成长性是否具有可比性。再次，可比对象数量选择的把握。所选取的可比对象数量并不一定要求多，而是要求具有较高的可比性。选用上市公司作为可比对象时，数据公开并且容易获得，因此在选取时，灵活性和可选择的范围比较大。最后，价值比率的选取。价值比率选取需要考虑以下的因素：①亏损企业一般不采用与净利润相关的价值乘数；②可比对象与被评估企业的资本结构存在较大差异，则不宜选择部分投资口径的价值乘数；③轻资产企业不宜选择与资产规模相关的价值乘数，应当考虑与收益口径相关的指标；④对于成本和利润较为稳定的企业，可以采用收益口径的价值乘数进行评估；⑤可比对象与被评估企业的税收政策不一致，偏向于采用与税后收益相关的指标，从而避免了由于税收不一致而导致的价值差异性。

价值比率法主要有成本市价法和市盈率倍数法。成本市价法是以评估对象的现行合理成本为基础，利用参照物的成本市价比率来估算评估对象价值的方法。其计算公式为：

$$V = C \times \left(\frac{V'}{C'}\right) \tag{7-17}$$

其中，V 为资产评估价值；C 为评估对象现行合理成本；V' 为参照物成交价格；C' 为参照物现行合理成本。

【例7-7】某设备在评估基准日的成本市价率为120%，已知被评估全新设备的现行合理成本为10万元，估算该设备的价值。

资产评估价值=10×120%=12（万元）

市盈率倍数法主要适用于企业价值的评估。市盈率倍数法是以参照物（企业）的市盈率作为乘数（倍数），以此乘数与被评估企业相同口径的收益额相乘估算被评估企业价值的方法。其计算公式为：

$$V = R \times PE \tag{7-18}$$

其中，V 为企业评估价值；R 为被评估企业相同口径收益额；PE 为参照物（企业）市盈率。

【例7-8】某被评估企业的年净利润为100万元，评估基准日资产市场上同类企业平均市盈率为25倍，则：

该企业的评估价值=100×25=2500（万元）

2）市场售价类比法。以上几种方法是在参照物与评估对象的差异仅体现在某一基本特征上的时候所采用。但是，当参照物与评估对象的多个基本特征都存在差异时，则应采用市场售价类比法进行评估。市场售价类比法的运用不要求参照物与评估对象之间一定要相同或基本一致，只要它们相似就可以采用。可以说，在资产评估具体的操作过程中，市场售价类比法是直接比较法中使用频率较高的一种技术方法，也是市场法中最基本的评估方法。

市场售价类比法是以参照物的成交价格为基础，考虑参照物与评估对象在功能、市场条件和交易时间等方面的差异，通过对比分析和量化差异，调整估算小评估对象价值的方法。

应用市场售价类比法评估资产价值时参照物的主要差异调整因素包括：①时间因素。时间因素是指参照物成交时间与评估基准日时间差异对价格影响，一般而言，选择参照物时要求参照物为近期成交或标示出的价格。②地区因素。地区因素是指资产所在的地区或地段条件对资产（尤其是房地产）价格的影响因素。③功能因素。功能因素是指资产实体功能过剩或不足对价格的影响。

$$V = V' + R_1 + R_2 + \cdots + R_n \tag{7-19}$$

其中，V 为资产评估价值；R_1 为参照物售价；R_2 为时间差异值；R_n 为交易情形差异值。

$$V = V' \times \beta_1 \times \beta_2 \times \cdots \times \beta_n \qquad (7\text{-}20)$$

其中，V 为资产评估价值；β_1 为参照物售价；β_2 为功能差异修正系数；β_n 为时间差异修正系数。

直接比较法具有适用性强、应用广泛的特点。虽然比较直观、简单明了，但此方法强调参考对象与被评估资产之间的可比性。影响评估对象价值的因素较多，如时间因素、价格因素、功能因素、交易条件等。另外，该法对信息资料的数量和质量要求较高，而且要求评估人员要有较丰富的评估经验、市场阅历和评估技巧。因为，直接比较法可能要对参照物与评估对象的若干可比因素进行对比分析和差异调整。没有足够的数据资料以及对资产功能、市场行情的充分了解和把握，很难准确地评定估算出评估对象的价值。

7.2.2　间接比较法

间接比较法是先利用资产的国家标准、行业标准或市场标准（标准可以是综合标准，也可以是分项标准）作为基准，分别将评估对象和参照物整体或分项与其对比打分从而得到评估对象和参照物各自的分值。再利用参照物的市场交易价格，以及评估对象的分值与参照物的分值的比值（系数）求得评估对象价值的一类评估方法。该方法并不要求参照物与评估对象必须一样或者基本一样。只要参照物与评估对象在大的方面基本相同或相似，通过评估对象和参照物与国家、行业或市场标准的对比分析，掌握参照物与被评估对象之间的差异，在参照物成交价格的基础上调整估算评估对象的价值。

由于间接比较法需要利用国家、行业或市场标准，应用起来有较多的局限，在资产评估实践中应用并不广泛。

在上述各种具体评估方法中，许多具体评估方法既适用于直接评估单项资产的价值，也适用于在市场法中估测评估标的与参照物之间某一种差异的调整系数或调整值。在市场经济条件下，单项资产和整体资产都可以作为交易对象进入市场流通，不论是单项资产或是整体资产的交易实例都可以为运用市场法进行资产评估提供可参照的评估依据。当然，上述具体方法只是市场法中的一些经常使用的方法，市场法中的具体方法还有许多。读者必须注意的是，以上具体方法还可能成为或可以成为成本途径的具体方法。但是作为市场途径中的具体方法，它的使用前提必须满足两个最基本的条件：一是利用参照物进行评估，参照物与评估对象必须具有可比性；二是参照物的交易时间与评估基准日间隔不能过长。而作为成本途径中的具体方法的使用前提可能会与作为市场途径的具体方法的使用前提有所区别。

（1）规模经济效益指数法。被评估对象与参照物仅存在功能因素差异的情况下，资产价值与其功能呈指数关系，通常称作规模经济效益指数法，其计算公式为：

$$A = B \times \left(\frac{P_A}{P_B}\right)^{\alpha} \tag{7-21}$$

其中，A 为资产评估价值；B 为参照物的成交价格；P_A 为评估对象生产能力；P_B 为参照物生产能力；α 为价值指数。

【例 7-9】 某类设备的价值和生产能力之间呈指数关系，市场上年加工 1600 件产品的该类全新设备价值为 10 万元，该类资产的功能价值指数为 0.5。估算现年加工 900 件产品的被评估设备的价值。

$$评估价值 = 10 \times \left(\frac{900}{1600}\right)^{0.5} = 7.5 \ （万元）$$

（2）成新率价格调整法。成新率价格调整法是指以参照物的成交价格为基础，考虑参照物与评估对象之间的新旧程度上的差异，通过成新率调整估算出评估对象的价值。其计算公式为：

$$A = B \times \frac{\beta_1}{\beta_2} \tag{7-22}$$

其中，A 为资产评估价值；B 为参照物的成交价格；β_1 为评估对象成新率；β_2 为参照物成新率。

$$\theta = \frac{n'}{n + n'} \times 100\% \tag{7-23}$$

其中，θ 为成新率；n 为资产已使用年限；n' 为资产尚可使用年限。

尚可使用年限是指资产的剩余使用寿命，可以通过技术检测来确定，或者通过总使用年限减去实际已使用年限的余额来确定。

成新率价格调整法一般只适用于评估对象与参照物之间仅有成新率差异的情形，但是稍加改造也可以作为计算评估对象与参照物成新率差异调整和差异值调整的方法。

【例 7-10】 某评估参照物价格为 100 万元，成新率为 0.8，被评估资产的成新率为 0.6，估算该评估对象的价值。

$$评估对象的价值 = 100 \times \frac{0.6}{0.8} = 75 \ （万元）$$

7.2.3　市场途径的延伸方法

在资产评估实务中，基于市场途径延伸出来一些方法，如基准地价修正法、路线价法。

7.2.3.1　基准地价修正法

（1）基准地价修正法的概念。基准地价修正法是利用城镇基准地价和基准地价修正体系等评估成果，按照替代原则，对估价对象的区域条件和个别条件等与其所处区域的平均条件相比较，并对照修正系数表选取相应的修正系数对基准地价进行修正，进而求取估价对象在估价期日价格的方法。

基准地价法的理论基础是替代原理，即在正常的市场条件下，具有相同或类似土地条件和使用价值的土地，在正常的房地产市场中，在交易双方都具有同等市场信息的基础上，应当具有相似的价格。

（2）基准地价修正法系数体系。基准地价修正法体系包括以下几个方面的内容：①地价增长率/地价指数；②不同用途宗地地价区域因素修正系数指标说明表和修正系数表；③不同用途宗地地价区域个别修正系数指标说明表和修正系数表；④其他因素（如容积率、面积、形状、建筑物朝向等）修正系数指标说明表和修正系数表；⑤土地开发程度修正系数表等。

（3）基准地价系数修正法的基础思路。基准地价是某级别或均质地域内各类用地的土地使用权平均价格，那么，基准地价相对应的土地条件，也是该土地级别或均质地域内该类用地土地的平均条件。这样，以基准地价为参照的基准地价修正法，则是将待估宗地的条件与待估宗地所在级别或均质地域内同类用途土地的平均条件进行比较，然后根据两者在区域条件、个别条件、估价期日、容积率和使用年期等方面的差异，对照基准地价修正体系选取适宜的修正系数，对基准地价进行修正，来求取待估宗地的价格。基准地价系数修正法公式为：

$$V = V' \times \beta_1 \times \beta_2 \times \beta_3 \times \beta_4 \qquad (7-24)$$

其中，V 为被估宗地地价；V' 为待估宗地所处级别（地段）的基准地价；β_1 为年期修正系数；β_2 为日期修正系数；β_3 为容积率修正系数；β_4 为其他因素修正系数。

【例 7-11】

1. 估价对象概况

（1）土地登记状况。

估价对象的权属性质：国有划拨土地使用权。

山阳市人民政府于 2007 年 11 月 29 日向权利人核发了《国有土地使用证》，该证记载内容如下：

编号：山樊国用〔2007〕第××××××号

土地使用权人：×××公司

坐落：樊城区×××路

地号：10-12-8-1

图号：F527-528

地类（用途）：住宅用地

使用权类型：划拨

取得价格：未记载

终止日期：未记载

土地面积：12979.40平方米（本次评估面积为2278.60平方米）

记事内容：无

登记机关：山阳市国土资源局

填发日期：2007年11月29日

土地等级：根据山阳市土地级别图，估价对象所在土地等级为山阳市住宅用地一级。

表7-2　土地登记状况要点

宗地名称	清河口家属院用地
土地证编号	山樊国用〔2007〕第321014008-1号
土地使用者	中国石化集团资产经营管理有限公司湖北石油分公司
位置	樊城区大庆东路
用途	住宅用地
土地面积（平方米）	12979.40
使用权类型	划拨
土地等级	山阳市住宅用地1级

（2）土地权利状况。

估价对象的土地所有权属于国家。

估价对象的土地使用权属于×××公司，该宗地以划拨方式取得。

估价期日本次评估对象未设定抵押权、担保权、地役权、租赁权、地上地下权等他项权利，本次评估对象未设定相邻关系权利。

（3）土地利用状况。

估价对象对应《国有土地使用证》（山樊国用〔2007〕第×××××号）证载土地使用权面积为12979.40平方米，估价对象为该土地证的一部分。参照山阳市土地利用勘测规划院出具的《补偿图》，确定本次估价对象土地面积为2278.60平方米。

根据估价人员的现场勘查及土地使用人提供的资料，宗地内建有房屋7间，总建筑面积为338.34平方米，宗地实际容积率约为0.15。地上房产情况表略。

估价对象的利用条件：规划利用是住宅用地；遵循合法原则条件下最佳利用是住宅用地；无利用限制；作为住宅用地未发现明显利用缺陷。

2. 基准地价成果介绍及内涵

根据山阳市人民政府《关于公布实施2012年山阳市及所辖县（市、区）城区土地级别与基准地价更新成果的通知》（山政发〔2013〕34号，2013年12月6日）及《山阳市区土地级别与基准地价更新技术报告》（2013年6月），山阳市基准地价分商业、居住、工业三种用途。其基准地价内涵如表7-3所示。

表7-3 山阳市城区基准地价内涵

内容/用途	估价期日	平均容积率	开发程度	年限	使用权类型
商业	2012年6月30日	2.5	六通一平	40	出让国有土地使用权
住宅	2012年6月30日	2.2	六通一平	70	出让国有土地使用权
工业	2012年6月30日	1	五通一平	50	出让国有土地使用权

注："六通一平"指红线外"通路、供电、通信、通上水、通下水、通气"及红线内"场地平整"；"五通一平"指红线外"通路、供电、通信、通上水、通下水、通气"及红线内"场地平整"。

山阳市各级别基准地价如表7-4所示。

表7-4 山阳市城区各类用地基准地价结果   单位：元/平方米

用地类型/级别	I级	II级	III级	IV级	V级	VI级
商业用地	4515	3403	2427	1748	1132	710
住宅用地	3544	2843	2041	1416	950	615
工业用地	1203	910	615	380	336	195

3. 基准地价系数修正法计算公式

根据《城镇土地估价规程》与《山阳市区土地级别与基准地价更新技术报告》（2013年8月），首先分析待估宗地地价的评估基准日与本次土地估价期日间地价变化情况，对基准地价进行期日修正；然后分析待估宗地因素条件与所在区段因素条件平均状况的差异，进行区段综合因素修正；最后根据待估宗地地价内涵与所在区域基准地价内涵的差异，对测算的地价进行土地开发水平修正和年期修正得到待估宗地地价。即：

宗地地价$=[$适用的基准地价$\times K_1 \times (1+\Sigma K)] \times K_2 \times K_3 \times K_4 \times K_5 \times$容积率修正系数$\pm$开发水平差异修正

其中，K_1表示期日修正系数；ΣK表示影响地价各种因素修正系数之和；K_2表示土地使用年期修正系数；K_3表示面积修正系数；K_4表示形状修正系数；K_5表示建筑物朝向修正系数。

4. 确定待估宗地土地用途、级别及基准地价水平

估价对象设定土地用途为住宅用地，根据山阳市城区土地级别图，确定待估宗地对应土地级别为住宅一级，对应的基准地价为3544元/平方米。

5. 确定期日修正系数（K_1）

山阳市基准地价基准日为2012年6月30日，本次估价基准日为2015年9月30日，估价基准日与基准地价基准日相差约3.25年，应进行日期修正。

根据中国城市地价动态监测网（www. landvalue. com. cn）的数据整理山阳市地价指数和地价增长率情况，如表7-5所示。

表7-5　山阳市地价增长率/地价指数情况　　　　单位：元/平方米

年份	地价增长率（%）			
	综合	商业	居住	工业
2012年6月30日	1.36	1.22	2.16	0.15
2012年9月30日	0.8	0.91	1.18	0.02
2012年12月31日	1.66	2.17	2.17	0.18
2013年3月31日	1.91	2.45	2.58	0.07
2013年6月30日	1.98	2.28	2.5	0.65
2013年9月30日	2.56	3.27	3.39	0.11
2013年12月31日	2.06	2.47	2.79	0.12
2014年3月31日	1.61	1.84	2.23	0.04
2014年6月30日	1.61	1.77	2.25	0.08
2014年9月30日	1.9	2.1	2.65	0.01
2014年12月31日	0.02	0.04	0.01	0
2015年3月31日	1.26	1.01	1.32	0
2015年6月30日	0.04	0.07	0.03	0
2015年9月30日	1.1	0.82	1.19	0.26

本次估价参照上述中国城市地价动态监测网的数据，确定日期修正系数 $K_1 = 1.2713$。

6. 确定土地使用权年期修正系数（K_2）

本次先测算估价对象70年使用年限的出让地价，山阳市基准地价中住宅用地的设定使用年限为法定最高使用年限70年，不需进行年限修正。

7. 确定待估宗地地价影响因素修正系数（$\sum K$）

根据山阳市城区土地级别与基准地价更新技术报告，Ⅰ级住宅用地宗地地价区域因素修正系数指标说明表和Ⅰ级住宅用地宗地地价区域因素修正系数表如表7-6、表7-7、表7-8所示，按照待估宗地的因素条件，可建立待估宗地地价影响因素说明、优劣程度及修正系数（$\sum K$）。

表7-6　Ⅰ级住宅用地宗地地价区域因素修正系数指标说明

因素	优	较优	一般	较劣	劣
距市级商服中心距离（米）	≤500	(500, 600]	(600, 800]	(800, 1000]	>1000
距区级商服中心距离（米）	≤300	(300, 500]	(500, 700]	(700, 900]	>900

续表

因素	优	较优	一般	较劣	劣
距小区商服中心距离（米）	≤200	(200, 300]	(300, 500]	(500, 700]	>700
商服网点密度状况（个/平方千米）	≥45	[40, 45)	[35, 40)	[25, 35)	<25
临街道路类型	混合型主干道	生活型主干道	生活型次干道或交通型主干道	交通型次干道	支路
临公交站点状况（条）	≥17	[15, 17]	[12, 15]	[9, 12]	<9
距火车站距离（米）	[500, 1000]	[100, 2000], ≤500	[2000, 3000]	[3000, 4000]	>4000
距长途汽车站距离（米）	[500, 1000]	[100, 2000], ≤500	[2000, 3000]	[3000, 4000]	>4000
供电状况（%）	≥99	[98, 99]	[97, 98]	[96, 97]	[95, 96]
供水状况（%）	≥99	[98, 99]	[97, 98]	[96, 97]	[95, 96]
排水状况（%）	≥98	[92, 98]	[90, 92]	[85, 90]	[80, 85]
供气状况（%）	≥98	[90, 98]	[85, 90]	[80, 85]	≤80
距中学距离（米）	[150, 300]	[300, 500]或≤150	[500, 800]	[800, 1000]	>1000
距小学距离（米）	[150, 300]	[300, 500]或≤150	[500, 800]	[800, 1000]	>1000
距幼儿园距离（米）	[150, 300]	[300, 500]或≤150	[500, 800]	[800, 1000]	>1000
距医院距离（米）	[150, 300]	[300, 500]	[500, 800]	[800, 1000]	<150, >1000
距公园广场距离（米）	≤300	[300, 550]	[550, 900]	[900, 1200]	>1200
距邮局距离（米）	≤300	[300, 600]	[600, 800]	[800, 1000]	>1000
距农贸市场距离（米）	[150, 300]	[300, 500]或≤150	[500, 800]	[800, 1000]	>1000
距金融网点距离（米）	≤300	[300, 600]	[600, 800]	[800, 1000]	>1000
距超级市场距离（米）	≤300	[300, 600]	[600, 800]	[800, 1000]	>1000
大气状况	≤50	(50, 100]	[100, 150]	[150, 200]	>200
水状况	II类水域	III类水域	IV类水域	V类水域	劣V类水域
噪声状况	≤45	[45, 55]	[55, 65]	[65, 70]	>70
临江距离（米）	≤1500	[1500, 2000]	[2000, 2500]	[2500, 3000]	>3000
绿地覆盖度（%）	≥45	[35, 45]	[25, 35]	[15, 25]	<15
客流人口密度（人/平方千米）	≥28000	[25000, 28000]	[19000, 25000]	[12000, 19000]	<12000

因素	优	较优	一般	较劣	劣
居住人口密度 （人/平方千米）	[12000, 16000]	[8000, 10000]， [16000, 20000]	[10000, 12000]	[4000, 8000)， [20000, 25000]	<4000, ≥25000
综合交通规划	混合型 主干道	生活型 主干道	生活型次 干道或交通 型主干道	交通型 次干道	支路
建设重点区规划	近期重点 规划功能区	近期次重点 规划功能区	一般规划 功能区	中期规划 功能区	中远期规划 功能区

表 7-7　I 级住宅用地宗地地价区域因素修正系数

因素	权重	优	较优	一般	较劣	劣
距市级商服中心距离（米）	0.0204	0.0059	0.0030	0.0000	−0.0029	−0.0058
距区级商服中心距离（米）	0.0204	0.0059	0.0030	0.0000	−0.0029	−0.0058
距小区商服中心距离（米）	0.0272	0.0078	0.0039	0.0000	−0.0039	−0.0078
商服网点密度状况 （个/平方千米）	0.0629	0.0181	0.0091	0.0000	−0.0090	−0.0180
临街道路类型	0.0954	0.0274	0.0137	0.0000	−0.0136	−0.0272
临公交站点状况（条）	0.0907	0.0260	0.0130	0.0000	−0.0130	−0.0259
距火车站距离（米）	0.0254	0.0073	0.0037	0.0000	−0.0037	−0.0073
距长途汽车站距离（米）	0.0235	0.0067	0.0034	0.0000	−0.0034	−0.0067
供电状况（%）	0.0445	0.0128	0.0064	0.0000	−0.0064	−0.0127
供水状况（%）	0.0445	0.0128	0.0064	0.0000	−0.0064	−0.0127
排水状况（%）	0.0347	0.0100	0.0050	0.0000	−0.0050	−0.0099
供气状况（%）	0.0291	0.0084	0.0042	0.0000	−0.0042	−0.0083
距中学距离（米）	0.0196	0.0056	0.0028	0.0000	−0.0028	−0.0056
距小学距离（米）	0.0161	0.0046	0.0023	0.0000	−0.0023	−0.0046
距幼儿园距离（米）	0.0148	0.0043	0.0022	0.0000	−0.0021	−0.0042
距医院距离（米）	0.0169	0.0049	0.0025	0.0000	−0.0024	−0.0048
距公园广场距离（米）	0.0156	0.0045	0.0023	0.0000	−0.0023	−0.0045
距邮局距离（米）	0.0069	0.0020	0.0010	0.0000	−0.0010	−0.0020
距农贸市场距离（米）	0.0135	0.0039	0.0020	0.0000	−0.0020	−0.0039
距金融网点距离（米）	0.0143	0.0041	0.0021	0.0000	−0.0021	−0.0041
距超级市场距离（米）	0.0145	0.0042	0.0021	0.0000	−0.0021	−0.0041
大气状况	0.0175	0.0050	0.0025	0.0000	−0.0025	−0.0050
水状况	0.0165	0.0047	0.0024	0.0000	−0.0024	−0.0047
噪声状况	0.0201	0.0058	0.0029	0.0000	−0.0029	−0.0057

续表

因素	权重	优	较优	一般	较劣	劣
临江距离（米）	0.0538	0.0155	0.0078	0.0000	−0.0077	−0.0154
绿地覆盖度（%）	0.0551	0.0158	0.0079	0.0000	−0.0079	−0.0157
客流人口密度（人/平方千米）	0.0248	0.0071	0.0036	0.0000	−0.0036	−0.0071
居住人口密度（人/平方千米）	0.0362	0.0104	0.0052	0.0000	−0.0052	−0.0103
综合交通规划	0.0614	0.0176	0.0088	0.0000	−0.0088	−0.0175
建设重点区规划	0.0636	0.0183	0.0092	0.0000	−0.0091	−0.0182

表7-8 估价对象地价区域因素修正系数

因素	因素描述	优劣程度	修正系数
距市级商服中心距离（米）	>1000	劣	−0.0058
距区级商服中心距离（米）	>900	劣	−0.0058
距小区商服中心距离（米）	(500，700]	一般	0.0000
商服网点密度状况（个/平方千米）	[35，40)	一般	0.0000
临街道路类型	生活型次干道或交通型主干道	一般	0.0000
临公交站点状况（条）	[9，12)	较劣	−0.0130
距火车站距离（米）	(1000，2000]，≤500	较优	0.0037
距长途汽车站距离（米）	(1000，2000]，≤500	较优	0.0034
供电状况（%）	(98，99]	较优	0.0064
供水状况（%）	(98，99]	较优	0.0064
排水状况（%）	(92，98]	较优	0.0050
供气状况（%）	(90，98]	较优	0.0042
距中学距离（米）	(500，800]	一般	0.0000
距小学距离（米）	(300，500]或≤150	较优	0.0023
距幼儿园距离（米）	(300，500]或≤150	较优	0.0022
距医院距离（米）	(800，1000]	较劣	−0.0024
距公园广场距离（米）	>1200	劣	−0.0045
距邮局距离（米）	(300，600]	较优	0.0010
距农贸市场距离（米）	(500，800]	一般	0.0000
距金融网点距离（米）	(300，600]	较优	0.0021
距超级市场距离（米）	(800，1000]	较劣	−0.0021
大气状况	(50，100]	较优	0.0025
水状况	Ⅲ类水域	较优	0.0024
噪声状况	(55，65]	一般	0.0000
临江距离（米）	≤1500	优	0.0155
绿地覆盖度（%）	[25，35)	一般	0.0000

续表

因素	因素描述	优劣程度	修正系数
客流人口密度（人/平方千米）	［25000，28000）	较优	0.0036
居住人口密度（人/平方千米）	［10000，12000）	一般	0.0000
综合交通规划	生活型次干道或交通型主干道	一般	0.0000
建设重点区规划	近期重点规划功能区	优	0.0183
合计			0.0454

8. 确定面积修正系数（K_3）、形状修正系数（K_4）、建筑物朝向修正系数（K_5）

根据《山阳市区土地级别与基准地价更新技术报告》（2013 年 6 月），住宅用地的面积修正系数、形状修正系数、建筑物朝向修正系数分别如表 7-9、表 7-10、表 7-11 所示。

表 7-9　住宅用地宗地面积修正系数

指标标准	优	较优	一般	较劣	劣
指标标准说明	面积适中，对土地利用极为有利	面积对土地利用较为有利	面积对土地利用无不良影响	面积较小，对土地利用有一定影响	面积过小，对土地利用产生严重的影响
修正系数	1.06	1.03	1	0.97	0.94

表 7-10　住宅用地宗地形状修正系数

指标标准	优	较优	一般	较劣	劣
指标标准说明	正方形、长方形	梯形	较规整	较不规整	畸零地
修正系数	1.06	1.03	1	0.97	0.94

表 7-11　住宅用地建筑物朝向修正系数

指标标准说明	南	东南、西南	东	东北、西北	北、西
修正系数	1.06	1.03	1	0.98	0.96

根据估价对象的实际情况确定上述各项因素修正系数如表 7-12 所示。

表 7-12　修正系数法

指标标准	估价对象因素描述	优劣程度	修正系数
面积修正系数 K_3	面积较小，对土地利用有一定影响	较劣	0.97

续表

指标标准	估价对象因素描述	优劣程度	修正系数
形状修正系数 K_4	较规整	一般	1
建筑物朝向修正系数 K_5	—	—	1

9. 确定待估宗地土地开发程度修正

本次所使用的基准地价设定的开发程度为"六通一平"（宗地外通路、通电、通信、通上水、通下水、供气及宗地内土地平整）。

本次评估设定待估宗地的开发程度为"六通一平"（宗地外通路、通电、通信、通上水、通下水、供气及宗地内土地平整），与基准地价设定开发程度一致，因此不需进行开发程度的修正。

10. 确定待估宗地容积率修正系数

估价对象设定容积率为 2.2，当地基准地价住宅用地设定平均容积率为 2.2，本次不需进行容积率修正，确定容积率修正系数为 1.0。

11. 确定评估结果

经以上分析过程，可得到待估宗地的土地价格：

宗地地价 = ［适用的基准地价 × K_1 × （1+ $\sum K$）］× K_2 × K_3 × K_4 × K_5 × 容积率修正系数 ± 开发水平差异修正

$$= ［3544 × 1.2713 × （1+4.54\%）］× 1.0 × 0.97 × 1.0 × 1.0 × 1.0 + 0$$
$$= 4568.7 （元/米^2）$$

7.2.3.2 路线价法

（1）路线价法概念。对面临特定街道、接近性相等的城镇土地，设定标准临街深度，从中选取若干标准临街宗地计算其平均单价并附设于该特定街道上，此平均单价称为路线价。然后据此路线价，利用临街深度价格修正率，来求取该街道的其他临街土地价值的一种估价方法。

路线价法作为市场途径的另一种延伸方法，实质上也是一种市场途径，其理论依据与市场法相同，也是资产价格形成的替代原理。路线价法中的"标准临街宗地"可视为市场法中的"可比实例"，路线价是若干"标准临街宗地"的平均价格，可视为市场法中经过交易情况修正、市场状况修正后的可比实例价格。

（2）评估思路。

宗地总价 = 路线价 × 深度百分率 × 临街宽度 × 其他条件修正率　　　（7-25）

第一，划分路线价区段。一个路线价区段，是指具有同一路线价的地段，即可及性相等的地段。因此，在划分路线价区段时，可及性相当的地段应划分为同一路线价区段。原则上，可以以地价有显著差异的地点作为路线价区段的分界，如街道十字路口、丁字路口的中心或其他明显地点等，两分界点之间的地段则为一个路线价区段。但在城市繁华街道，由于土地区位差异比较强烈，有时两个十字路口之间的区段，仍有较大的可及性差异，此时宜将一个自然路段划分为两个或多个路线价区段。而某些欠繁华地段，往往可以将多个十字路口之间的路段合并为一个路线价区段。

第二，设定标准深度。标准深度是地价变化的转折点，由此向街道方向，其地价受街道的影响而逐渐增加；由此远离街道方向，其地价急剧下降。在实际评估中，标准深度的设定一般是路线价区段内临街各宗地的标准比较案例。如美国城市临街宗地多以 30.48 米（10 英尺）作为标准深度，这相当于市场法中设定的标准比较案例。在我国路线价估价中，没有对标准深度资产评估学教程进行统一规定。

第三，评估并确定路线价。各国通行的方法是由经验丰富的评估人员依据买卖实例用市场途径等基本方法来确定。具体来说，它是根据选定的标准宗地的形状、大小评估标准宗地价格，根据标准宗地价格水平及街道状况、公共设施的接近情况、土地利用状况划分地价区段，附设路线价。标准宗地价格的计算通常采用收益途径、市场途径等评估方法。

第四，制作深度指数表与其他修正系数表。同一路线价区段内的各宗地，由于宽度、深度、形状、面积、临街状况等的不同，单位面积地价仍有一定的差异。在这些影响因素中，随深度不同而表现出的价格变化规律称为深度价格递减率，以百分率表示这种随深度变化而引起的相对价格关系，编制成表，则为深度指数表，或称深度百分率表、深度价格递减率表。一些经过长期评估实践总结出来的供评估参考的深度指数表，称为路线价法则。

第五，计算地价。根据确定的路线价和深度百分率及其他条件修正率表，运用路线价计算公式，就可以得到宗地价值。

（3）四三二一法则。路线价估价法在欧美流行较早，并逐渐形成了许多值得参考的深度指数表，即路线价法则。其中，最具代表性的有四三二一法则、苏慕斯法则及霍夫曼法则等。在此主要介绍四三二一法则。

四三二一法则是将标准深度 30.48 米（100 英尺）的普通临街地分为四等份，即由临街面算起，第一个 7.62 米（25 英尺）的价值占路线价的 40%，第二个 7.62 米（25 英尺）的价值占路线价的 30%，第三个 7.62 米（25 英尺）的价值占路线价的 20%，第四个 7.62 米（25 英尺）的价值占路线价的 10%。如果超过 30.48 米（100 英尺），则以九八七六法则来补充，即随着离道路距离的增加，每一个 7.62 米（25 英尺）价值占路线价的比重依次为 9%、8%、7% 和 6%。

利用四三二一法则评估，原理比较简单，但是由于深度划分过于粗略，评估结果精确程度稍差。

【例 7-12】评估人员对临街宗地 A、B、C、D、E 进行评估，如图 7-3 所示，临街深度分别为 7.62 米（25 英尺）、15.24 米（50 英尺）、22.86 米（75 英尺）、30.48 米（100 英尺）和 38.1 米（125 英尺），临街宽度都是 9.144 米（30 英尺）。路线价为 982.5 元/米（3000 元/英尺），设定标准深度为 30.48 米（100 英尺），试运用四三二一法则计算各宗地的评估值。

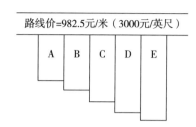

图 7-3　临街宗地 A、B、C、D、E 的临街深度

评估过程：

宗地 A 的评估值 = 3000×0.4×30 = 36000（元）

宗地 B 的评估值 = 3000×（0.4+0.3）×30 = 63000（元）

宗地 C 的评估值 = 3000×（0.4+0.3+0.2）×30 = 81000（元）

宗地 D 的评估值 = 3000×（0.4+0.3+0.2+0.1）×30 = 90000（元）

宗地 E 的评估值 = 3000×（0.4+0.3+0.2+0.1+0.09）×30 = 98100（元）

7.3　市场途径应用举例

7.3.1　市场途径在房地产中的运用

7.3.1.1　估价对象

估价对象位于××市××区××花园 2 号楼 1 层 1 单元 103 室，建于 2004 年，用途为住宅，位于 1 层，建筑面积为 101.16 平方米。

7.3.1.2　评估要求

评估该房产 2018 年 7 月 27 日的市场价值。

7.3.1.3　评估过程

第一，由于该种类型的房地产有较多的交易实例，故采用市场途径进行评估。

第二，搜集有关的评估资料。首先搜集被评估资产相关资料；然后搜集交易实例，选取五个交易实例作为参照物，具体情况如表 7-13 所示。

表 7-13　交易实例

项目名称		估价对象	可比实例 A	可比实例 B	可比实例 C	可比实例 D	可比实例 E
基本情况	名称	流星花园三区	流星花园三区	流星花园三区	流星花园二区	龙禧苑	北店嘉园
	设计用途	住宅	住宅	住宅	住宅	住宅	住宅
	成交日期	—	2018.7	2018.7	2018.7	2018.7	2018.7
	成交单价（元/平方米）	—	55037	57183	54780	55173	55159
	案例调查时间	—	2018.7	2018.7	2018.7	2018.7	2018.7
	交易情况说明	正常	正常	正常	正常	正常	正常
区位状况	基础和公用设施完备程度	齐全	齐全	齐全	齐全	齐全	齐全
	交通便捷程度	距公交站点约200米，途经公交线路约11条	距公交站点约200米，途经公交线路约11条	距公交站点约200米，途经公交线路约11条	距公交站点约200米，途经公交线路约11条	距公交站点约200米，途经公交线路约11条	距公交站点约500米，途经公交线路约11条
	环境和景观	较好	较好	较好	较好	较好	较好
	繁华程度	区级商服中心	区级商服中心	区级商服中心	区级商服中心	区级商服中心	区级商服中心
	楼层	底层/6	底层/6	顶层/5	底层/6	中层/7	顶层/7
	朝向	朝南	朝南	朝南	朝南	朝南	朝南
权益状况	城市规划限制条件	无限制	无限制	无限制	无限制	无限制	无限制
实物状况	成新	八成新	八成新	八成新	七点八成新	七点八成新	七点八成新
	建筑面积（平方米）	101.16	92.12	87.44	83.79	77.03	77.05
	建筑结构	混合	混合	混合	混合	混合	混合
	设备设施	完善	完善	完善	完善	完善	完善
	装修	简装	简装	简装	中装	简装	简装
	层高	普通层高	普通层高	普通层高	普通层高	普通层高	普通层高

　　第三，交通便捷程度修正。距公交站点的距离每增加或减少50米，调整系数在以上基础上减少或增加0.5%，以估价对象此项调整系数为100%，则可比实例 A、B、C、D、E 此项调整系数分别为100%、100%、100%、100%、97%。

　　第四，楼层修正。分为中间楼层、其他楼层、底层和顶层三个等级，根据该因素对此类房地产价格的影响，确定每上升或下降一个等级，调整系数增加或减少1%，以估价对象此项调整系数为100%，则可比实例 A、B、C、D、E 此项调整系数分别为100%、100%、100%、101%、100%。

第五，成新率。估价对象及可比实例 A、B、C、D、E 此项调整系数分别为 100%、100%、97%、97%、97%。

第六，建筑面积修正。按建筑面积对成交单价的影响分为小于 60 平方米、60~90 平方米、90~120 平方米、120~140 平方米和大于 140 平方米五个级别，建筑面积每上升或降低一个级别，调整系数减少或增加 3%。以估价对象此项调整系数为 100%，则可比实例 A、B、C、D、E 此项调整系数分别为 100%、103%、103%、103%、103%。

第七，装修修正。装修分为毛坯、简单装修、中档装修和高档装修四个级别，根据该因素对此类房地产价格的影响，确定每上升或下降一个等级，调整系数增加或减少 2%，以估价对象此项调整系数为 100%，则可比实例 A、B、C、D、E 此项调整系数分别为 100%、100%、102%、100%、100%，如表 7-14 所示。

表 7-14　比较因素调整系数

			估价对象/A	估价对象/B	估价对象/C	估价对象/D	估价对象/E
	交易情况		100/100	100/100	100/100	100/100	100/100
	交易日期		100/100	100/100	100/100	100/100	100/100
房地产状况调整	区位状况	基础和公用设施完备程度	100/100	100/100	100/100	100/100	100/100
		交通便捷程度	100/100	100/100	100/100	100/100	100/97
		环境和景观	100/100	100/100	100/100	100/100	100/100
		繁华程度	100/100	100/100	100/100	100/100	100/100
		楼层	100/100	100/100	100/100	100/101	100/100
		朝向	100/100	100/100	100/100	100/100	100/100
	权益状况	城市规划限制条件	100/100	100/100	100/100	100/100	100/100
	实物状况	成新	100/100	100/100	100/97	100/97	100/97
		建筑面积	100/100	100/103	100/103	100/103	100/103
		建筑结构	100/100	100/100	100/100	100/100	100/100
		设施设备	100/100	100/100	100/100	100/100	100/100
		装修	100/100	100/100	100/102	100/100	100/100
		层高	100/100	100/100	100/100	100/100	100/100
可比实例成交单价（元/平方米）			55037	57183	54780	55173	55159

第八，计算被评估房地产的初步价格。

交易案例 A 修正后的单价为：

$$55037 \times \frac{100}{100} \times \frac{100}{100} \times \cdots\cdots \frac{100}{100} \times \frac{100}{100} \times \frac{100}{100} = 55037 \text{（元/平方米）}$$

交易案例 B 修正后的单价为：

$$57183 \times \frac{100}{100} \times \cdots \cdots \times \frac{100}{103} \times \cdots \cdots \times \frac{100}{100} \times \frac{100}{100} \times \frac{100}{100} = 55517.48 （元/平方米）$$

交易案例 C 修正后的单价为：

$$54780 \times \frac{100}{100} \times \cdots \cdots \times \frac{100}{97} \times \frac{100}{103} \times \frac{100}{102} \times \cdots \cdots \times \frac{100}{100} = 53754.26 （元/平方米）$$

交易案例 D 修正后的单价为：

$$55173 \times \frac{100}{100} \times \cdots \cdots \times \frac{100}{101} \times \frac{100}{97} \times \frac{100}{103} \times \cdots \cdots \times \frac{100}{100} = 54675.94 （元/平方米）$$

交易案例 E 修正后的单价为：

$$55159 \times \frac{100}{100} \times \cdots \cdots \times \frac{100}{97} \times \frac{100}{97} \times \frac{100}{103} \times \cdots \cdots \times \frac{100}{100} = 56916.17 （元/平方米）$$

第九，采用简单算术平均法求取评估结果。

房地产每平方米单价 = 55037+55517.48+53754.26+54675.94+56916.17）÷5 = 55180.17 （元/平方米）

房地产评估价值 = 55180.17×101.16÷10000 = 558.20 （万元）

7.3.2　市场途径在机器设备中的运用

通过市场途径评估机器设备的价值，是通过在市场上选取若干相同或相近的资产作为参照物，针对各项价值影响因素，将被评估机器设备分别与参照物逐项进行价格差异调整，再综合分析各项调整参照物价值，来确定被评估机器设备的评估方法。下面以小型轿车为例，来说明该方法的使用过程。

评估人员首先对被评估对象进行鉴定，基本情况如下：

设备名称：雅阁牌小型轿车

规格型号：HG7242ABC5A

制造厂家：广汽本田汽车有限公司

购置日期：2016 年 5 月

启用日期：2016 年 5 月

账面原值：199128.20 元

账面净值：143953.09 元

已行驶里程：65942.00 千米

主要技术参数见表 7-15：

表 7-15　主要技术参数

产品名称	雅阁牌 HG7242ABC5A 小型轿车			
发动机型号	K24W5	轮距（mm）	前：1585
发动机排量（ml）	2356		后：1580

续表

产品名称	雅阁牌 HG7242ABC5A 小型轿车		
发动机功率（kW）	137	轴数（个）	2
轮胎规格	225/50R17 94V	轴距（mm）	2775
		额定载客（人）	5
总质量（kg）	1970	燃油类型	汽油
外形尺寸（mm）	长：4915；宽 1845；高：1470		

收集与评估对象类似的雅阁牌 HG7242ABC5A 小型轿车近期市场交易实例三例（见表 7-16）。

表 7-16　交易实例

	项目	被评估车辆	交易案例 1	交易案例 2	交易案例 3
	车辆名称	雅阁牌 HG7242 ABC5A 小轿车	雅阁牌 HG7242 ABC5A 小轿车	雅阁牌 HG7242 ABC5A 小轿车	雅阁牌 HG7242 ABC5A 小轿车
	交易价格（元）	—	178000	170000	173900
	交易日期	2018 年 9 月	2018 年 8 月	2018 年 8 月	2018 年 7 月
	交易情况	正常转让	正常转让	正常转让	正常转让
	生产厂家	广汽本田汽车有限公司	广汽本田汽车有限公司	广汽本田汽车有限公司	广汽本田汽车有限公司
	规格型号	HG7242ABC5A	HG7242ABC5A	HG7242ABC5A	HG7242ABC5A
	启用年月	2016 年 5 月	2016 年 5 月	2016 年 5 月	2016 年 6 月
比较因素	已行驶里程（千米）	65942	39000	57000	68700
	发动机及离合器总成	一般	一般	一般	一般
	变速器及传动轴总成	一般	一般	一般	一般
	前桥及转向器、前悬挂总成	一般	一般	一般	一般
	后桥及后悬挂总成	一般	一般	一般	一般
	制动系统	可靠	可靠	可靠	可靠
	车架总成	牢固、无变形	牢固、无变形	牢固、无变形	牢固、无变形
	车身总成	密封性一般	密封性一般	密封性一般	密封性一般
	电器仪表系统	齐全	齐全	齐全	齐全
	轮胎及其他	磨损正常	磨损正常	磨损正常	磨损正常
	外观	一般	一般	一般	一般
	事故情况	无	无	无	无

根据替代原理，按规格型号、生产厂家、技术状况等因素上的差异，对比较

案例的市场价格进行修正，来确定被评估车辆的价格。比较因素的修正：把估价对象的比较因素状况定为标准状况，评定为100分，把比较案例的比较因素与标准状况进行对比评分，比标准状况好的，向上修正，比标准状况差的，向下修正，求得比较实例的评分（见表7-17）。

表 7-17　调整因素

项目		被评估车辆	交易案例 1	交易案例 2	交易案例 3
因要素修正	交易日期	100	99	99	98
	交易方式	100	100	100	100
	生产厂家	100	100	100	100
	规格型号	100	100	100	100
	启用年月	100	100	100	101
	已行驶里程	100	104	101	100
	发动机及离合器总成	100	100	100	100
	变速器及传动轴总成	100	100	100	100
	前桥及转向器、前悬挂总成	100	100	100	100
	后桥及后悬挂总成	100	100	100	100
	制动系统	100	100	100	100
	车架总成	100	100	100	100
	车身总成	100	100	100	100
	电器仪表系统	100	100	100	100
	轮胎及其他	100	100	100	100
	外观	100	100	100	100
	事故情况	100	100	100	100
修正系数			0.9713	1.0001	1.0103
修正价格			172883.00	170017.00	175692.00

最后，确定评估值。

评估值 = （172883.00+170017.00+175692.00）÷3 = 172900（元）

7.3.3　市场途径评价

从市场法适用的前提条件可以看出，市场法对市场条件有着苛刻的要求：首先，活跃的公开市场意味着交易案例较多，容易找到可比性较强的参照物，而且参照物的市价应能较好地反映市场价格的趋势，排除个别交易的偶然性。其次，在公开市场条件下，资产交易条件和成交价是可以确知的。显然，如果在政策交易中含有各种融资条款、价格折让等各种交易条件，而评估人员知之甚少，就不能弄清真实的市场价格，从而无法通过类比对交易价格进行调整。所以，市场法的应用在下列情况下受到一定的限制：

第一，因具有特殊的性质、特定的用途或是限于特定使用者使用的资产。这类资产很少在公开市场上出售，没有公开市场价格或者其价值不宜用市场价格来衡量的场合。如专用的机器设备、特殊生产企业或经营上处于特定地理位置的企业在特殊使用场合下使用的资产。

第二，具有形成过程的非重复性以及交易条件的多样性或保密条款的限制性等特点，造成可比性分析相当困难，而且当事人往往不愿公开交易资料，评估人员很难获得全面的、可作为依据的资料。在对这类资产进行评估时，市场法的应用也受到一定限制。

市场途径首先以公开市场为假设前提，能够客观反映被评估资产目前的市场情况，能够充分反映资产评估的市场性和公正性。在运用该途径时，对于相关参数的选择可以直接从市场上取得，最能反映被评估资产的市场价值。由于市场途径是将被评估资产直接与参照资产进行市场化差异调整，这样的评估结果也更容易为交易双方所接受。

然而，市场途径也有其局限性。市场途径一般不能适用于专用设备、自制设备、非标准设备以及大部分无形资产的评估。采用市场途径评估某项资产时，由于信息资料主要来源于市场，对于信息资料的收集与整理工作量较大。

本章小结

市场途径是指根据替代原理，采用比较或类比思路估测资产价值的方法总称。

运用市场途径的前提条件：需要有一个活跃的公开市场；要求公开市场上有可比的资产及其交易活动。

市场途径程序：选取参照物；在评估对象与参照物之间选择比较因素；指标对比、量化差异；分析确定已经量化的对比指标之间的差异；综合分析确定评估结果。

市场途径的具体评估方法分为直接比较法和间接比较法。

直接比较法是指利用参照物的交易价格，以评估对象的某一或若干特征与参照物的同一或若干特征进行直接比较，得到两者的特征修正系数或特征差额，在参照物交易价格的基础上进行修正，从而得到评估对象价值的方法。

间接比较法是先利用资产的国家标准、行业标准或市场标准作为基准，分别将评估对象和参照物整体或分项与其对比打分从而得到评估对象和参照物各自的分值。

市场途径的优点：能够充分反映资产评估的市场性和公正性；最能反映被评估资产的市场价值；评估结果也更容易为交易双方所接受。

市场途径的局限性：市场途径一般不能适用于专用设备、自制设备、非标准设备以及大部分无形资产评估。采用市场途径评估某项资产时，由于信息资料主要来源于市场，对于信息资料的收集与整理工作量较大。

章后练习

一、单项选择题

1. 通常情况下，可以用市场法进行评估的资产是（　）。
   A. 专利权　　　　B. 专用机器设备　　C. 通用设备　　　　D. 专有技术

2. 在应用市场法时，一般应该选择（　）参照物进行比较。
   A. 3 个或 3 个以上　　　　　　　　B. 2 个或 2 个以上
   C. 1 个或 1 个以上　　　　　　　　D. 4 个或 4 个以上

3. 某地区商品房地区住宅 2017 年 1 月定基价格指数为 100，2017 年 2~8 月的价格指数分别为 108.5、100、95、99、103、110、105，该住宅 2017 年 6 月的价格为 20000 元/米²，那么其在 2017 年 8 月的价格应该修正为（　）元。
   A. 19800.35　　　　　　　　　　B. 20200.55
   C. 20388.35　　　　　　　　　　D. 20500.00

4. 评估某拟快速变现资产，在评估基准日与其完全相同的正常变现价为 20 万元，经资产评估师综合分析，认为快速变现的折扣率应为 30%，因此确定该拟快速变现资产的评估价值为（　）万元。
   A. 14　　　　　　B. 6　　　　　　C. 7　　　　　　D. 10

5. 被评估资产年生产能力为 100 吨，参照资产的年生产能力为 150 吨，评估基准日参照资产的市场价格为 9 万元，由此确定被评估资产的评估价值为（　）万元。
   A. 5　　　　　　B. 10　　　　　　C. 6　　　　　　D. 9

6. 某被评估企业的年净利润为 800 万元，评估基准日资产市场上同类企业平均市盈率为 15 倍，则该企业的评估价值为（　）万元。
   A. 10000　　　　B. 12000　　　　C. 15000　　　　D. 18000

二、多项选择题

1. 下列选项中属于市场途径应用前提的是（　）。
   A. 应当具备可利用的历史资料
   B. 要有一个活跃的公开市场
   C. 被评估资产预期获利年限可以预测
   D. 被评估资产的未来预期收益可以预测
   E. 公开市场上要有可比的资产及其交易活动

2. 运用市场途径评估企业价值时，主要步骤包括（　）。
   A. 在评估对象与参照物之间选择比较因素
   B. 分析确定已经量化的对比指标之间的差异
   C. 指标对比和量化差异

D. 分析测算折现率或资本化率

E. 分析测算被评估资产预期收益持续的时间

3. 下列方法中，属于直接比较法的有（　　）。

A. 现行市价法

B. 生产能力比例法

C. 规模经济效益指数法

D. 市价折扣法

E. 成新率价格调整法

三、计算分析题

1. 有一待估宗地需评估，现收集到与待估宗地条件类似的四宗土地 A、B、C、D 的具体情况，如表 7-18 所示。

表 7-18　四宗土地情况

宗地	成交价	交易时间	交易情况	区域因素	个别因素
A	690	2001 年 8 月	0	+2%	−1%
B	700	2000 年 8 月	+7%	0	−2%
C	730	2002 年 8 月	0	−3%	−1%
D	730	2003 年 8 月	−5%	+3%	+8%

表 7-18 中成交价的单位为：元/平方米，该城市地价指数如表 7-19 所示。

表 7-19　1999~2004 年城市地价指数

时间	1999 年	2000 年	2001 年	2002 年	2003 年	2004 年
指数	100	107	110	108	113	115

表 7-18 内交易情况中正号表示案例价格高于正常交易价格，负号表示低于正常交易价格，对于区域因素，个别因素的修正，都是案例宗地与待估宗地比较，表 7-18 中负号表示案例宗地条件比待估宗地差，正号表示案例宗地条件优于待估宗地，数值大小代表对宗地地价的修正幅度。

试根据以上条件，回答下列问题（若需计算平均值，为简化计算，要求用算术平均值）：

（1）在上述可比案例，已知有一个是收购邻近房地产，一个是急于出售，根据表中提供的信息，请问这两种情况分别应该是 A、B、C、D 中的哪一个？

（2）根据所提供条件，评估该宗土地 2004 年 8 月 1 日的价值。

2. 某资产评估报告，评估对象为写字楼，采用资产评估方法为市场途径和成本途径。由资产评估报告及相关工作底稿得到评估信息如下：

使用市场途径评估时，资产评估专业人员在收集市场交易案例时发现，评估对象所在地区写字楼交易极不活跃，所收集到的 3 个交易案例均为三年前的交易案例，并且交易案例与评估对象在区位条件、个别因素方面存在较大差异。资产评估专业人员对评估对象与交易案例之间的时间因素、区位因素和个别因素差异进行了修正，得到修正后的资产评估结果，并以 3 个修正后评估结果的算术平均数作为市场途径评估值，评估单价为 25194 元/平方米，修正情况与评估结果如表 7-20 所示。

表 7-20　可比实例

房地产名称	评估对象		可比实例 A	可比实例 B	可比实例 C
	交易时间	2016 年 7 月	2013 年 7 月	2012 年 5 月	2011 年 8 月
时间因素 A	修正系数	1	1.52	1.61	1.65
区位因素 B	修正系数	1	1.3	1.45	1.5
个别因素 C	修正系数	1	1.52	1.41	1.35
总修正系数 D	D＝A×B×C		3.00	3.27	3.34
交易价格			11000	7200	5700
修正结果		25194	33000	23544	19038

资产评估专业人员采用成本途径得到评估结果为 12410 元/平方米，资产评估专业人员以两种评估方式的算术平均值（18802 元/平方米）作为评估写字楼单位面积价值最终结论。

评估报告未作其他披露。

试根据以上条件，回答下列问题：

（1）什么是市场途径？市场途径的应用前提是什么？

（2）对该写字楼采用市场途径评估是否恰当？说明理由。

（3）分析资产评估专业人员确定最终评估结论的方式。

参考答案 ┊---

延伸阅读 ┊---

8

资产评估成本途径及其应用

📖 **主要知识点**

成本途径概念、成本途径运用前提、成本途径的程序、成本途径的基本要素

8.1 资产评估的成本途径及其程序

8.1.1 成本途径概述

成本途径作为资产评估基本途径之一，其理论依据是劳动价值理论。劳动价值理论认为资产的价值主要影响因素在于资产的物化劳动和活劳动。也就是说资产的价值是由生产成本决定的，成本越高，价值越大，反之则小，二者在质和量的内涵上是一致的。根据这一原理，采用成本法对资产进行评估，必须首先确定资产的重置成本。重置成本是在现行市场条件下重新购建一项全新资产所支付的全部货币总额。重置成本与原始成本的内容构成基本是相同的，但二者反映的物价水平是不相同的，前者反映的是资产评估日的市场物价水平，后者反映的是当初购建资产时的物价水平。资产的重置成本越高，其重置价值越大。

成本途径是指按照资产重建或重置的思路，核算被评估资产的重置成本，扣除该资产所存在的各种贬值因素之后，从而评估资产价值的评估技术方法的总称。

从上述定义可以看出，成本途径并不是一个具体的评估方法，而只是一个评估思路。成本途径包括许多具体的评估方法，只要符合成本途径的评估思路，都可以认为是成本途径的评估方法。

成本途径评估的总体思路如下：评估人员首先估测被评估资产的重置成本；其次估测被评估资产已存在的各种贬值；最后将存在的各种贬值从重置成本中扣除，估算出被评估资产价值。上述评估思路可用数学模型概括如下：

对于全新且无贬值的被评估资产：

$$V = V_0 \tag{8-1}$$

其中，V 为评估价值；V_0 为资产的全新重置成本。

对于非全新且存在贬值的被评估资产：

$$V = V_0 - V_1 - V_2 - V_3 \qquad (8-2)$$

其中，V 为评估价值；V_0 为资产的全新重置成本；V_1 为资产的实体性贬值；V_2 为资产的功能性贬值；V_3 为资产的经济性贬值。

或：

$$V = V_0 \times \beta_1 - V_2 - V_3 \qquad (8-3)$$

其中，V 为评估价值；V_0 为资产的全新重置成本；β_1 为成新率；V_2 为资产的功能性贬值；V_3 为资产的经济性贬值。

成本途径是以再取得被评估资产的重置成本为基础的评估途径。由于被评估资产的再取得成本的有关数据和信息来源较广泛，且资产的重置成本与资产的现行市价及收益现值也存在着内在联系。因此，在市场不完善的条件下，成本途径也会经常得到应用。

8.1.2　成本途径运用的前提

成本途径从再取得资产的角度反映资产价值，即通过资产的重置成本扣减各种贬值来反映资产价值。只有当被评估资产处于继续使用状态时，再取得被评估资产的全部费用才能构成其价值的内容。资产继续使用不仅是一个物理上的概念，还包含着有效使用资产的经济意义。只有当资产能够继续使用并且在持续使用中为潜在所有者或控制者带来经济利益时，资产的重置成本才能被潜在投资者和市场所承认。从这个意义上讲，成本途径主要适用于继续使用前提下的资产评估。对于非继续使用前提下的资产，如果运用成本法进行评估，需要对成本途径的基本要素做必要的调整。从相对准确合理、减少风险和提高评估效率的角度，把继续使用作为运用成本法的前提是有积极意义的。采用成本途径评估资产的前提条件如下：

第一，被评估资产处于继续使用状态或被假定处于继续使用状态。持续使用假设又被分为在用续用假设、转用续用假设和移地续用假设。在用续用假设是指处于使用中的被评估资产在产权发生变动或资产业务发生后，将按其现行用途及方式继续使用下去；转用续用是指被评估资产将在产权发生变动后或资产业务发生后，改变资产现时用途，调换新的用途继续使用下去；移地续用指被评估资产将在产权变动或资产业务发生后，资产的空间位置转移后继续使用。这三种假设的区别在于被评估资产在产权发生变动后，是否改变资产现时用途或者是否改变资产的空间位置。

第二，被评估资产必须是可再生、可复制的资产。如果被评估资产不具有再生性或可复制性，那么从重建角度计算被评估资产的重置成本不具有理论上和现实上的意义。所以，在评估实务时，土地、矿藏等不满足可再生、可复制的资产不适合运用成本途径进行评估。

第三，应当具备可利用的历史资料。成本途径需要在可利用的历史资料的基础上获取评估对象的信息资料和指标。同时，还要求现时资产与历史资产具有相同性或可比性。

第四，形成资产价值的耗费是必需的。根据前面对于成本途径的概述可知，成本途径的理论依据是劳动价值理论，该理论认为资产相关的有效耗费是资产价值的基础。资产价值是由社会必要劳动时间决定的，而不是由个别劳动时间决定的。因此，采用成本途径评估资产，首先要确定这些耗费是必需的，且这些耗费应体现社会或行业平均水平，而不应是某项资产的个别成本耗费。

8.1.3 成本途径的程序

根据成本途径的数学模型所涉及的要素，依次确定各项要素，由此得到成本途径的程序：①确定被评估资产，并估算重置成本。②确定被评估资产的使用年限。③测算被评估资产的各项损耗或贬值额。④测算被评估资产的价值。

从一般意义上讲，成本途径的运用涉及四个基本要素，即资产的重置成本、资产的实体性贬值、资产的功能性贬值和资产的经济性贬值。在实际评估实践中，或者说在具体运用成本途径评估资产的项目中，不是所有的评估项目一定都存在三种贬值，这需要根据评估项目的具体情形来定，成本途径就是在定性分析各项宏观因素和行业因素的基础上，遵循适当的程序来测算上述四个可能存在的参数。

8.1.4 成本途径的基本要素

根据成本途径基本计算公式（8-2）可知，成本途径涉及四个基本要素，即重置成本、实体性贬值、功能性贬值和经济性贬值。在实务中，有些资产可能不会同时存在这三种贬值，但就成本途径而言，三种贬值应当都存在。

8.1.4.1 重置成本

重置成本是指在现行市场条件下，按功能重置某项资产并使其处于在用状态所需要耗费的成本。资产的重置成本就是资产在现行条件下重新构建该项资产所花费的成本。重置成本与历史成本在成本项目构成上是完全相同的，唯一不同之处在于两种成本反映不同时点的物价水平。重置成本反映的是资产在评估基准日的市场条件下的现时物价水平，而历史成本反映的是资产取得时点的物价水平。重置成本是一个价格范畴，包含了取得资产所耗费的合理必要费用及合理必要的资金成本和利润。具体来说，重置成本又分为复原重置成本和更新重置成本两种。

复原重置成本，是指采用与评估对象相同的材料、建筑或制造标准、设计、规格及技术等，以现时价格水平重新购建与评估对象相同的全新资产所发生的费用。

更新重置成本，是指采用与评估对象功能完全相同的新型材料、现代建筑或制造标准、设计、规格和技术等，以现时价格水平购建与评估对象具有同等功能的全新资产所需的费用。

复原重置成本与更新重置成本的共同点在于，都是按现时条件下的价格水平确定的重置成本。两者的差异主要在于，复原重置成本是按照被评估资产原有的消耗水平计算的重置成本，选择与原来相同的材料、工艺和技术设计标准；而更新重置成本则是按现时条件下新的消耗水平计算的重置成本，选择现时新材料、新工艺及新的设计水平标准。也可以说，更新重置成本考虑了技术进步和劳动生产率提高时对重置资产消耗的影响。在一般情况下，评估时如果能够同时取得复原重置成本与更新重置成本的相关资料，应首选更新重置成本。如果无法取得更新重置成本的资料，也可以选择复原重置成本。

8.1.4.2　实体性贬值

资产的实体性贬值也称有形损耗，是指资产投入使用后由于使用磨损和自然力作用，资产的物理性能下降，从而出现资产的价值损失。资产的实体性贬值通常采用相对数计量，即实体性贬值率，用公式表示为：

$$\alpha = \frac{V_1}{V_0} \times 100\% \qquad (8-4)$$

其中，α 为资产的实体性贬值率；V_1 为资产的实体性贬值；V_0 为资产重置成本。

8.1.4.3　功能性贬值

资产的功能性贬值，是指技术进步引起的资产功能相对落后所造成的资产价值损失。由于新技术的广泛使用，旧技术装备的原有资产与新技术装备的新资产相比，在技术和功能上明显落后，其价值也就会相应地下降。功能性贬值只与技术是否进步有关，与新旧程度无关。例如，一台设备，即使不加使用，处于全新的状态，随着技术不断进步，其价值也会不断下降。

功能性贬值可以体现在两个方面：一是从运营成本角度看，在产出量相等的情形下，被评估资产的运营成本要高于同类技术先进的资产。二是从产出能力角度看，在运营成本相类似的情形下，被评估资产的产出能力要低于同类技术先进的资产。

估算功能性贬值时，主要根据资产的效用、生产加工能力、能耗水平等功能方面的差异造成的成本增加或效益降低，相应确定功能性贬值额。同时，还要重视技术进步因素，重视替代技术、替代产品的影响，以及行业技术装备水平现状和资产更新换代速度。

8.1.4.4　经济性贬值

经济性贬值，是指外部条件的变化引起资产闲置、收益下降等造成的资产价值损失。就表现形式而言，资产的经济性贬值有两种表现形式，一是资产利用率下降甚至闲置等；二是资产的运营收益减少。引起经济性贬值的原因有：①竞争加剧，社会总需求减少，导致资产闲置；②原材料供应不畅，导致生产停滞；

③原材料成本增加，导致企业成本上升；④在通货膨胀情况下，贷款利率升高，导致企业负担加重；⑤国家产业政策变动；⑥环保要求严格；⑦其他。

8.2　成本途径中的基本要素估测

成本途径的运用其实就是对重置成本、实体性贬值、功能性贬值和经济性贬值四个基本要素进行估测和分析判断来评估资产价值的过程（见图8-1）。因此，下面对成本途径中的各主要参数进行说明。

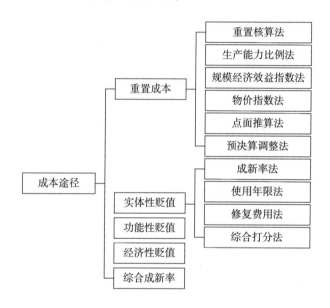

图 8-1　成本途径的要素估测方法

8.2.1　重置成本估算

资产的重置成本可以通过若干种方法进行估算，这里对在评估实务中应用较为广泛的几种方法介绍如下：

8.2.1.1　重置核算法

重置核算法也称细节分析法、核算法。重置核算法是最为接近重置成本理论的估算方法。它是以成本核算理论为基础，按照被评估对象的成本项目构成，根据重新购建该资产所需要支付的费用项目，按现行价格逐项计算并汇总，从而估算被评估对象重置成本的方法。重置核算法分为自建型和购买型两种情形。

自建型是以在评估基准日重新建造资产作为资产重置方式，并根据重新建造资产所需要的料、工、费及必要的资金成本和开发建设者的合理利润等分析和计算出资产的重置成本。

购买型是以购买资产的方式作为资产的重置过程，购买的结果一般是资产的购置价，如果被评估资产属于不需要运输、安装的资产，购置价就是资产的重置成本。如果被评估资产属于需要运输、安装的资产，资产的重置成本具体由资产的现行购买价格、运杂费、安装调试费以及其他必要费用构成，将上述取得资产的必需费用累加起来，便可计算出资产的重置成本。

【例 8-1】某被评估设备两年前购入，现行市场上与被评估设备完全一样的全新设备的价格为 100000 元，从购置市场到被评估设备的使用地点需要运杂费 2000 元，使被评估设备达到预定可使用状态需要直接安装成本 500 元，其中原材料 200 元，人工成本 200 元。根据统计分析，计算求得安装成本中间接成本为人工成本的 0.5 倍，被评估设备的重置成本为：

直接成本＝100000＋2000＋500＝102500（元）

其中：买价为 100000 元；运杂费为 2000 元；安装成本为 500 元（其中原材料为 200 元，人工成本为 200 元）。

间接成本为 200×0.5＝100（元）。

重置成本合计为 102600 元。

重置核算法的评估思路是比较清晰的，评估结果也较为准确。但使用重置核算法有一个比较重要的限制因素，那就是在市场上能够找到与被评估对象完全相同的参照物，这种情况往往很难实现。由于技术更新换代速度较快，并且在很多情况下，从取得被评估资产到评估基准日要经历较长的时间，在市场上与被评估资产同类型的设备已经进行了更新换代，所以很难找到被评估资产的市场购买价格。

8.2.1.2　生产能力比例法

生产能力比例法是指要求在市场上寻求与被评估资产相类似的设备的资产作为参照物，以参照物重置成本为基础，测算出被评估资产与参照物资产功能或生产能力的比例，调整参照物资产的重置成本，最终确定被评估资产的重置成本。生产能力比例法主要是在资产的生产能力与成本之间为线性关系时使用。其基本公式为：

$$评估价值 = \frac{被评估资产生产能力}{参照物资产生产能力} \times 参照物资产重置成本 \qquad (8-5)$$

【例 8-2】某项被评估设备的年生产能力为 6000 件，与其功能完全相同的参照物年生产能力为 8000 件，参照物的重置成本为 8 万元，则被评估资产设备的重置成本为：

$$\frac{6000}{8000} \times 8 = 6 （万元）$$

8.2.1.3 规模经济效益指数法

规模经济效益指数法根据资产的生产能力与价格的比例关系来确定资产的重置成本，这种比例关系通常来说是非线性的。如果某项资产的生产能力可以比另外一项资产的生产能力扩大一倍，但其成本扩大不到一倍，在这种情况下，应当考虑规模经济效益指数。

$$\frac{被评估对象重置成本}{参照物重置成本} = \left(\frac{被评估对象生产能力}{参照物生产能力}\right)^{x}$$

可得到：

$$被评估对象重置成本 = \left(\frac{被评估对象生产能力}{参照物生产能力}\right)^{x} \times 参照物重置成本 \quad (8-6)$$

规模经济效益指数法公式中的 x，是规模经济效益指数，它是个经验数据，通常是根据数理统计分析得到的，一般取值为 0.2~1.2。不同行业的规模经济效益指数也不相同。例如，加工行业一般取值为 0.7，房地产行业一般取值为 0.9。仔细观察式（8-6）会发现，生产能力比例法是规模经济效益指数取值为 1 时的特殊情形。由于我国开展资产评估较晚，缺乏相关的评估经验的积累，而 x 的取值会影响规模经济效益指数法计算的结果，因此，在实务中要谨慎使用该方法。

由于规模经济效益指数法所选择的参照物一般是全新的技术条件下生产出来的资产，通过调整被评估资产与参照物之间的功能差异获得的重置成本，一般已经是考虑了功能性损耗的更新重置成本，从而在计算评估值时无须再扣减功能性损耗。

8.2.1.4 物价指数法

物价指数法是以被评估对象历史成本即账面原值为基础，利用物价指数进行调整，从而得到被评估对象的重置成本。成本途径的物价指数法与市场途径中的物价指数法原理十分相似。物价指数法适用于无法获得处于全新状态的被评估资产的现行市价，也无法获得与被评估资产相类似的参照物的现行市价的情形。基本公式为：

$$V = C_0 \times \beta \quad (8-7)$$

其中，V 为重置成本；C_0 为资产的历史成本；β 为价格指数。

或：

$$V = C_0 \times (1 + \beta_1) \quad (8-8)$$

其中，V 为重置成本；C_0 为资产的历史成本；β_1 为价格变动指数。

其中，价格指数可以是定基价格指数或环比价格指数。

定基价格指数是评估基准日的价格指数与资产购建时点的价格指数之比，即：

$$定基价格指数 = \frac{评估基准日价格指数}{资产购建时点的价格指数} \quad (8-9)$$

环比价格变动指数可考虑按下式求得：

$$\beta = (1 + a_1) \times (1 + a_2) \times (1 + a_3) \times \cdots \times (1 + a_n) \times 100\% \quad (8-10)$$

其中，β 为价格指数；a_n 为环比价格变动指数。

【**例 8-3**】 某项被评估设备购建于 2016 年，账面原值为 10000 元，2018 年 12 月 31 日进行评估，评估人员对设备近年价格变动的资料进行分析后确定，2016 年的设备价格指数为 100%，2018 年设备价格指数为 120%，评估该设备的重置成本。

$$设备的重置成本 = 10000 \times \frac{120\%}{100\%} = 12000 （元）$$

【**例 8-4**】 某项被评估设备购建于 2014 年，账面原值 10000 元，2018 年进行评估。经调查已知同类资产的环比价格变动指数如下：2015 年为 12.1%，2016 年为 14%，2017 年为 16.2%，2018 年为 18%。估算被评估设备的重置成本。

被评估设备重置成本 $= 10000 \times [(1 + 12.1\%) \times (1 + 14\%) \times (1 + 16.2\%) \times (1 + 18\%) \times 100\%] \approx 17522.60(元)$

　　价格指数法与重置成本法是重置成本估算较常见的方法，但两者具有明显的区别，主要表现在：①价格指数法估算的重置成本仅考虑了价格变动因素，因而确定的是复原重置成本；而重置核算法既可以考虑价格因素，又可以考虑生产技术进步和劳动生产率的变化因素，因而既可以估算复原重置成本，也可以估算更新重置成本。②价格指数法建立在不同时期的某一种或某一类甚至全部资产的物价变动水平上；而重置核算法建立在现行价格水平与购建成本费用核算的基础上。

　　明确价格指数法和重置核算法的区别，有助于重置成本估算中方法的判断和选择。一项科学技术进步较快的资产，采用价格指数法估算的重置成本往往会偏高。当然，价格指数法和重置核算法也有相同点，即都是建立在利用历史资料的基础上。因此，注意分析、判断资产评估时重置成本口径与委托方提供历史资料（如财务资料）的口径差异，是上述两种方法应用时需注意的共同问题。

　　上述四种方法均可用于确定在成本途径运用中的重置成本（估测资产重置成本的具体方法并不局限于上述几种方法）。至于选用哪种方法，应根据具体的评估对象和可以收集到的资料来确定。这些方法中，有些可能对某项资产都适用，有的则不然，应用时必须注意分析方法运用的前提条件，否则将得出错误的结论。

8.2.1.5　点面推算法

　　点面推算法并不是一种完全独立于上述四种方法之外新的重置成本估算方法，而是在被评估资产数量较多且属于同一类型时，为简化评估工作、节约评估时间而采取的一种方法。运用该方法的思路是先确定点和面。点就是指样本资产；面则指同一类型的被评估资产。然后精确估算点上样本资产的重置成本，并在样本资产重置成本与样本资产账面历史成本之间建立比值，按这一比值同比例将面上全部被评估资产历史成本调整为重置成本。点面推算法也叫统计分析法。选择点面推算法对样本资产进行重置成本精测时，运用的具体方法仍然是前面阐述过的四种方法。点面推算法的基本步骤如下：①核实资产数量，然后按照适当的标准将全部的资产划分为若干类别。例如，按结构类别将房屋划分为钢结构、钢筋混凝土结构等；机器设备按使用性质可划分为生产机器设备、非生产机器设备、租出机器设备等。②抽样选择适量具有代表性的资产，采用各种方法如生产能力比例法、规模经济效益指数法、价格指数法或重置核算法等来估算其重置成本。③依据分类抽样估算资产的重置成本与账面历史成本，计算出分类资产的调整系数。其计算公式为：

$$K = \frac{R'}{R} \qquad (8-11)$$

其中，K表示资产重置成本与历史成本的调整系数；R'表示某类抽样资产的重置成本；R表示某类抽样资产的历史成本。

根据调整系数K估算被评估资产的重置成本，计算公式为：

$$被评估资产重置成本 = \sum 某类资产账面历史成本 \times K \qquad (8-12)$$

式（8-11）和式（8-12）中资产的历史成本可从会计记录中取得。

【例8-5】某企业拥有同类型机床50台，现需要评估，取其中10台机床作为样本，采用重置核算法估算出样本机床的重置成本为120万元。经查阅企业会计核算资料可知，样本资产的历史成本之和为100万元，全部50台机床账面历史成本之和为1000万元。试用点面推算法估算全部机床的重置成本。

调整系数K = 120÷100 = 1.2

全部机床重置成本 = 1000×1.2 = 1200（万元）

8.2.1.6 预决算调整法

预决算调整法主要用于建筑物重置成本的测算，它是指以待估建筑物决算中的工程量为基础，按现行工程预算价格、费率将其调整为按现行价格水平计算的建筑工程造价，再加上间接成本，从而得出建筑物的重置成本。运用该方法的好处在于不需要对工程量进行重新计算，它的假定条件是建筑物原工程决算是合理的，所以只需对建筑物决算价格及费率用评估时点的标准取代建筑物购建时的标准，计算出调整后的工程决算造价，再加上按评估时日标准计算的间接成本即可得到建筑物的重置成本。

用预决算调整法进行评估是有一定的适用范围的。首先，必须具备完整的建筑工程竣工决算资料或预算资料。其次，这一方法多用于用途相同、结构相同且数量较多的建筑物评估。这样，可以通过选择若干有代表性的典型建筑物按该法评估得出重置成本，然后以估测出的典型建筑物的重置成本与该建筑物原预决算价格比较，求出一个调整系数，推算出其他相同、相似建筑物的重置成本。

8.2.2　实体性贬值估算

在评估过程中，一旦确定了适当的重置成本，然后就要扣减各项贬值，其中最重要的一项就是实体贬值。实体贬值又叫有形耗损，受多种因素的影响。首先，使用时间会影响实体贬值。已使用时间越长，资产的有形损耗越大，剩余的价值就越低。其次，开工率或者说使用率会影响实体贬值。开工率越高，资产在过去年限中的使用越充分，一般情况下其有形损耗也就越大。当然，有些资产闲置时的有形损耗可能更大，但这属于个例，应区别对待。再次，资产本身的质量会影响实体贬值。资产本身的质量越好，在相同的使用时间和使用强度下，实体贬值越少。最后，维修保养程度会影响实体贬值。资产在日常使用过程中保养越好，其实体贬值越少。

对固定资产而言，通常采用使用年限法估算其实体贬值，但对某些特定的固定资产，如大型专用机器设备、飞机、船舶等，也可采用其他方法。在测定实体贬值时，一定要认真区分实体贬值与功能性贬值、经济性贬值。实体贬值的程度取决于被评估资产的实体状态条件与同样的全新资产的实体状态条件之间的差别。常用估算方法有四种：成新率法、使用年限法、修复费用法、综合打分法。

8.2.2.1　成新率法

成新率法也称观察法，是指聘请相关的工程技术人员，现场勘查被评估资产实体的各个主要部分，综合分析资产的设计、制造、使用、磨损、维护、修理、改造情形和物理寿命等因素，并考虑使用所带来的磨损对资产的功能、使用效率的影响，将被评估对象与全新状态的资产比较，判断被评估资产的成新率，从而估算资产的实体性贬值。

$$V_1 = V \times \beta \tag{8-13}$$

其中，V_1 为资产实体性贬值；V 为重置成本；β 为实体性贬值率。

或：

$$V_1 = V \times (1 - \theta) \tag{8-14}$$

其中，V_1 为资产实体性贬值；V 为重置成本；θ 为成新率；$1-\theta$ 为实体性贬值率。

【**例 8-6**】被评估资产于 2016 年 1 月 1 日购进，其购置时成本为 100 万元。该设备于评估基准日 2018 年 12 月 31 日的全新购置价格为 150 万元。经过专家鉴定，该设备由于使用磨损所造成的贬值率为 20%。那么，在不考虑其他因素的条件下，该设备的实体性贬值为：

150×20%＝30（万元）

8.2.2.2　使用年限法

使用年限法是指估测被评估资产的已使用年限和尚可使用年限，运用公式来计算被评估资产实体性贬值的方法。实体性贬值的基本计算公式：

$$V_1 = \frac{V - V'}{N} \times n \tag{8-15}$$

其中，V_1 为资产实体性贬值；V 为重置成本；V' 为预计残值；N 为总使用年限；n 为实际已使用年限。

预计残值为被评估资产在未来报废清理时预计残值收入与清理费用支出的净差额，表现为未来清理报废时预计可收回的金额。在评估时，只考虑较大金额的残值，较小的残值可以忽略不计。总使用年限为实际已使用年限与尚可使用年限之和。

$$\beta = \frac{n}{N} \tag{8-16}$$

其中，β 为实体性贬值率；n 为实际已使用年限；N 为总使用年限

$$n = m \times \gamma \tag{8-17}$$

其中，n 为实际已使用年限；m 为名义已使用年限；γ 为资产利用率。

名义已使用年限是指企业会计账面记录的被评估资产从购买日到评估基准日止所经历的时间。实际已使用年限是指资产在使用中考虑设备利用率后的所消耗的年限。

$$\gamma = \frac{S_1}{S_2} \times 100\% \tag{8-18}$$

其中，γ 为资产利用率；S_1 为截至评估基准日资产累计实际利用时间；S_2 为截至评估基准日资产累计法定利用时间。

当 $\gamma > 1$ 时，表示资产超负荷运转，资产实际已使用年限比名义已使用年限要长；当 $\gamma = 1$ 时，表示资产满负荷运转，资产实际已使用年限等于名义已使用年限；当 $\gamma < 1$ 时，表示开工不足，资产实际已使用年限小于名义已使用年限。

实际评估过程中，由于企业基础管理工作较差，再加上资产运转中的复杂性，计算资产利用率的指标往往很难确定。评估人员应综合分析资产的运转状态，通过分析资产开工情形、大修间隔期、原材料供应、电力供应、是否为季节性生产等各方面因素确定资产利用率。尚可使用年限是根据资产的有形资产损耗因素预计资产的继续使用年限。

使用年限法所显示的评估技术思路是一种应用较为广泛的评估技术，在资产评估实际工作中，评估人员还可以利用使用年限法的原理，根据被评估资产设计的总的工作量和评估对象已经完成的工作量、评估对象设计行驶里程和已经行驶的里程等指标，采用使用年限法的技术思路测算资产的实体性贬值。因此，使用年限法可以利用许多指标评估资产的实体性贬值。

【例8-7】某资产于2016年2月购进，2018年2月评估时，名义已使用年限是10年。根据该资产技术指标，在正常使用情形下，每天应工作8小时，该资产实际每天工作6小时。由此可以计算该资产利用率：

资产利用率=2×360×6÷（2×360×8）×100%=75%

由此可确定其实际已使用年限为 1.5 年。

　　评估中经常遇到被评估资产是经过更新改造的情形。对于更新改造过的资产而言，其实体性贬值的计量还应充分考虑更新改造投入的资金对资产寿命的影响，否则可能会过高地估计实体性贬值。对于更新改造问题，一般采取加权法来确定资产的实体性贬值。也就是说，先计算加权更新成本，再计算加权平均已使用年限。其计算公式为：

$$加权更新成本=已使用年限 × 更新成本（或购建成本） \quad (8-19)$$

$$加权平均已使用年限=\frac{\sum 加权更新成本（或购建成本）}{\sum 更新成本（或购建成本）} \quad (8-20)$$

　　【例8-8】 某企业 2008 年购入一台设备，账面原值为 20000 元，2014 年和 2017 年进行了两次更新改造，当年投资分别为 3000 元和 2000 元，2018 年对该设备进行评估，2008~2018 年每年价格上涨 10%，该设备的尚可使用年限经鉴定为 7 年，估算设备的成新率。

　　第一步，估算重置成本，如表 8-1 所示。

表 8-1　重置成本估算表

投资年份	原始投资额（元）	价格变动系数	重置成本（元）
2008	20000	2.60	52000
2014	3000	1.46	4380
2017	2000	1.1	2200
合计	25000		58580

　　第二步，计算加权重置成本，如表 8-2 所示。

表 8-2　计算加权重置成本

投资年份	现行成本（元）	投资年限（年）	加权重置成本（元）
2008	52000	10	520000
2014	4380	4	17520
2017	2200	1	2200
合计	58580		539720

　　第三步，计算加权投资年限。

　　加权投资年限=539720÷58580≈9.2（年）

　　成新率=7÷（9.2+7）≈43.21%

8.2.2.3 修复费用法

修复费用法是假设所发生的实体性损耗是可以修复的，则资产的实体性损耗等于补偿实体性损耗所发生的费用。修复费用法的基本原理是通过修复使资产恢复到全新状态，认为设备的实体性损耗等于修复费用。实体性损耗分为可修复部分和不可修复部分。在采用修复费用法时，需要将实体性贬值中的可修复部分和不可修复部分区别开。可修复部分的实体性损耗是指可以通过技术修复恢复其功能，且经济上是合理的实体性损耗。不可修复部分的实体性损耗是指不能通过技术修复，或可以通过技术修复，但经济上是不合算的实体性损耗。

【例 8-9】被评估设备已使用 10 年，预计将来还能使用 20 年。设备因受到腐蚀，必须更换才能使用。整个维修计划大约需要花费 50000 元。评估人员已估算出该油罐的复原重置成本为 1000000 元，现在用修复费用法估测油罐的实体性贬值率。

计算过程如下：

可修复部分实体性贬值为 50000 元

不可修复部分实体性贬值率为 $\dfrac{10}{10+20} \times 100\% = 33.3\%$

不可修复部分重置成本为 1000000−50000=950000（元）

不可修复部分实体性贬值为 950000×33.3%=316350（元）

设备实体性贬值率为 $\dfrac{50000 + 316350}{1000000} = 36.64\%$

8.2.2.4 综合打分法

综合打分法是指评估人员借助建筑物实体成新率的有关评分标准对待估建筑物不同构成部分进行对照评分，然后再根据其相应的成新率评分修正系数加权汇总得出建筑物实体成新率，进而得到实体贬值金额的一种方法。

该方法的使用首先是根据待估建筑物自身的房屋结构类型（如钢筋混凝土结构、砖混结构、砖木结构、简易结构等）选择相应的成新率评分标准，其次对照待估房屋的各具体构成部分进行评分。一般而言，不同的房屋结构类型，其成新率评分标准也不一样。在根据成新率评分标准进行对照打分后，还应根据房屋成新率的评分修正系数将待估建筑物各构成部分得分加权汇总得出待估建筑物的综合得分，并据此确定建筑物的成新率，从而得到建筑物的实体贬值额。其中，成新率和房屋成新率评分修正系数一般根据原城乡环境建设保护部发布的《房屋完损等级评定标准》《鉴定房屋新田程度参考依据》和《房屋不同成新率的评分标准及修正系数》，结合建筑物使用状况、维修保养情况，分别评定得出。

因此，运用项目成新率标准综合评定建筑物实体成新率时可以按以下公式计算确定：

实体成新率=(结构部分合计得分×结构部分成新率修正系数+
　　　　　装修部分合计得分装修部分×成新率修正系数+
　　　　　设备部分合计得分×设备部分成新率修正系数）÷
　　　　　100×100%

$$(8-21)$$

【例8-10】　某建筑物为框架结构，总使用年限是60年，重置成本为1000万元。经评估人员现场打分，结构部分得分为80分，装修部分得分为70分，设备部分得分为60分。修正系数为G=0.75、S=0.12、B=0.13，则该建筑物的成新率为：

打分法成新率 = （80×0.75+70×0.12+60×0.13）÷100×100% = 76.2%
实体性贬值 = 1000×（1-76.2%）= 238（万元）

8.2.3　功能性贬值估算

资产的功能性贬值是由技术相对落后造成的贬值，主要反映为超额投资成本和超额运营成本两个方面。

8.2.3.1　超额投资成本

超额投资成本也称第Ⅰ种功能性贬值。在制造成本上，由于技术进步、新材料等因素的影响，相同功能的新设备要比旧设备的成本低。超额投资成本主要反映的是更新重置成本低于复原重置成本。

第Ⅰ种功能性贬值=复原重置成本-更新重置成本　　　(8-22)

【例8-11】　在评估基准日：①钢材价格上涨了23%，人工费上涨了39%，机械费上涨了17%，辅材现行市场合计为13328元，电机、阀等外购件现行市场价为16698元，假设利润、税金水平不变。②由于制造工艺的进步，主材利用率提高，钢材的用量比过去节约了20%，人工工时和机械工时也分别节约15%和8%。试计算该设备超额投资成本所引起的功能性贬值。

首先，该化工设备的完全复原重置成本计算如表8-3所示。

表8-3　完全复原重置成本

序号	成本项目	原始成本（元）	复原重置成本（元）
1	主材	50160	61697 = 50160×（1+23%）
2	辅材	11200	13328
3	外购件	13800	16698
4	人工费	29900	41561 = 29900×（1+39%）
5	机械费	13650	15971 = 13650×（1+17%）

序号	成本项目	原始成本（元）	复原重置成本（元）
	成本小计	118710	149255
6	利润	17807	22388 = 149255×15%
7	税金	25529	32097 = 149255 × （1+15%）×18.7%
	含税完全成本价	162046	203740

其次，该设备的更新重置成本计算如表8-4所示。

表8-4　更新重置成本

序号	成本项目	更新重置成本（元）
1	主材	49357 = 22.8×0.8×2 200×1.23
2	辅材	13328
3	外购件	16698
4	人工费	35327 = 598×0.85×50×1.39
5	机械费	14693 = 136.5×0.92×100×1.17
	成本小计	129403 = 49357+13328+16698+35327+14693
6	利润	19410 = 129403×15% = 19410
7	税金	27828 = 129403×（1+15%）×18.7%
	含税完全成本价	176641 = 49357+13328+16698+35327+14693+129403+19410+27828

最后，计算超额投资成本引起的功能性贬值。

超额投资成本引起的功能性贬值=复原重置成本-更新重置成本

=203740-176641=27099（元）

8.2.3.2　超额运营成本

超额运营成本也称第Ⅱ种功能性贬值，是由于新技术的发展，新设备在运营费用上低于老设备。超额运营成本引起的功能性贬值也就是设备未来超额运营成本的折现值。

通常情形下，功能性贬值的估算可以按下列步骤进行：

第一步，将被评估资产的年运营成本与功能相同但性能更好的新资产的年运营成本进行比较。

第二步，计算两者的差异，确定净超额运营成本。由于企业支付的运营成本是在税前扣除的，企业支付的超额运营成本会引致税前利润额下降，所得税税额降低，从而使企业负担的运营成本低于其实际支付额。因此，净超额运营成本是超额运营成本扣除其抵减的所得税以后的余额。

第三步，估计被评估资产的剩余寿命。

第四步，以适当的折现率将被评估资产在剩余寿命内每年的净超额运营成本折现，这些折现值之和就是被评估资产的功能性损耗（贬值）。其计算公式为：

$$被评估资产功能性贬值额 =$$

$$\sum（被评估资产年净超额运营成本 × 折现系数）\qquad (8-23)$$

【例 8-12】评估某种机器设备，技术先进的设备比被评估设备生产效率高，能够节约工资费用，评估基准日为 2018 年 12 月 31 日。相关资料如表 8-5 所示。请根据资料计算该设备功能性贬值额。

表 8-5   技术先进设备和被评估设备相关资料

项目	技术先进设备	被评估设备
月产量	10000 件	10000 件
单件工资	0.60 元	1 元
月工资成本	9000 元	12000 元
所得税税率	—	25%
资产剩余使用年限	—	5 年
假定折现率	—	10%

第一步，根据以上资料，计算该设备年税后工资成本的超额支出：

年工资成本超额支出=（被评估设备月产量 × 被评估设备单件工资-技术先进设备月产量 × 技术先进设备单件工资）× 12 ×（1-所得税税率）

=（10000 × 1-10000 × 0.6）× 12 ×（1-25%）

= 36000（元）

第二步，计算资产剩余使用年限工资成本超额支出的折现值，即被评估设备的功能性贬值额：

36000×（P/A，10%，5）

=36000×3.7908

=136468.8（元）

此外，功能性贬值的估算还可以通过对超额投资成本的估算进行，即超额投资成本可视同为功能性贬值，其计算公式为：

$$功能性贬值=复原重置成本-更新重置成本 \qquad (8-24)$$

在实际评估工作中也有功能性溢价的情形，即当评估对象功能明显优于参照资产功能时，评估对象就可能存在功能性溢价。

8.2.4   经济性贬值估算

资产的经济性贬值是由于外部因素所引起的贬值。这些外部因素包括：使用寿命缩短；运营费用增加；市场竞争加剧。这几种经济性贬值也存在相对应的计算方法。

8.2.4.1　间接计算法

该方法主要测算的是资产利用率下降所导致的经济性贬值。

$$经济性贬值率=\left[1-\left(\frac{资产预计可使用生产能力}{资产原生产能力}\right)^{x}\right]\times100\% \qquad (8-25)$$

其中，x 表示功能价值指数，实践中多采用经验数据，数值一般在 0.6~0.7。经济性贬值额的计算应以评估对象的重置成本为基数，按确定的经济性贬值率估测。即使评估对象还存在功能性贬值和实体性贬值，资产的经济性贬值额也应该用资产的重置成本乘以经济性贬值率。

8.2.4.2　直接计算法

该方法主要测算的是收益额减少所导致的经济性贬值。

$$经济性贬值额=资产年收益损失额\times(1-所得税税率)\times(P/A，r，n)$$

$$(8-26)$$

其中，（P/A，r，n）表示年金现值系数。

【例 8-13】某被评估生产线的设计生产能力为年产 20000 台产品，因市场需求结构发生变化，在未来可使用年限内，每年产量估计要减少 6000 台，假定规模经济效益指数为 0.6。根据上述条件，该生产线的经济性贬值率大约在以下水平：

$$经济性贬值率=\left[1-\left(\frac{20000-6000}{20000}\right)^{0.6}\right]\times100\%$$

$$\approx19.27\%$$

数据承【例 8-13】，假定每年减少 6000 台产品，每台产品损失利润 100 元，该生产线尚可继续使用 3 年，企业所在行业的投资回报率为 10%，所得税税率为 25%。则该生产线的经济性贬值额大约为：

$$经济性贬值额=（6000\times100）\times(1-25\%)\times(P/A，10\%，3)$$

$$=450000\times2.4869$$

$$=1119105（元）$$

8.2.5　成新率估算

成新率反映评估对象的现行价值与其全新状态重置价值的比率。该成新率指的是成本途径运用的公式（被评估资产评估值=重置成本×成新率）中的成新率，它是综合考虑资产使用中各类损耗以后确定的。在成新率分析计算过程中，应充分注意资产的设计、制造、实际使用、修理、大修理、改造情况，以及设计使用年限、物理寿命、现有性能、运行状态和技术进步等因素的影响。成新率的估算方法通常有以下几种：

8.2.5.1 观察法

观察法是由具有专业知识和丰富经验的工程技术人员对资产实体各部位进行鉴定，以判断确定被评估资产的成新率。与实体性贬值确定中所称的成新率不同，这一成新率是在综合考虑资产实体性损耗、功能性损耗和经济性损耗等基础上确定的，而不只是考虑使用磨损和自然损耗的影响。

8.2.5.2 使用年限法

使用年限法是根据资产预计尚可使用年限与其总使用年限的比率确定成新率，计算公式为：

$$\theta = \frac{n'}{n + n'} \times 100\% \qquad (8-27)$$

其中，θ 为成新率；n 为实际已使用年限；n' 为预计尚可使用年限。

8.2.5.3 修复费用法

修复费用法是通过估算资产恢复原有全新功能所需要的修复费用占该资产的重置成本的百分比确定成新率，计算公式为：

$$\theta = 1 - \frac{R}{V} \times 100\% \qquad (8-28)$$

其中，θ 为成新率；R 为修复费用；V 为重置成本。

需要说明的是，评估工作中，有些资产评估专业人员直接按照会计学中的折旧年限估算成新率，这种做法有待商榷。有以下四个方面的原因：

其一，折旧是由损耗决定的，但折旧并不就是损耗，折旧是高度政策化了的损耗。资产使用过程中，价值的运动依次经过价值损耗、价值转移和价值补偿，折旧作为价值转移，是在损耗的基础上确定的。但会计学上的折旧率或折旧年限，是对某一类资产做出的会计处理的统一标准，是一种高度集中的理论系数或常数，对于该类资产中的每一项资产虽然具有普遍性、同一性和法定性，但不具有实际磨损意义上的个别性或特殊性。

其二，在折旧年限的确定中，资产的维修是以保证资产正常运转为前提的，也就是说，修理作为追加劳动支出，并不增加资产效用和价值。但实际上，每一项资产在使用过程中，由于运转条件、保养、维修条件不同，其损耗以及实际运作功能也不相同。评估中通常所讲的完全相同的资产是很少见的就是这个道理。实际工作中，许多资产提前报废或超龄服役，无不与其保养、修理和运转状况有关。可见，资产的维修在保证资产正常运转的同时，具有更新的性质，可以增加资产的效用和功能，资产评估更注重资产运转的实际效能。需要说明的是，尽管维修费用的发生会增大资产价值，延长资产使用寿命，从而影响其成新率，但成新率的确定不是资产运转中费用增减的反映，并非发生修理费用越多，成新率就越高，而是运转过程中更新、修理费用发生结果在资产性能、使用期限等方面结果的体现。

其三，折旧年限的确定基础与评估中成新率的确定基础——损耗本身具有差异性。确定折旧年限的损耗包括有形损耗（实体性贬值）和无形损耗，而评估中确定成新率的损耗，包括实体性贬值、功能性贬值和经济性贬值。其中，功能性贬值只是无形损耗的一种形式，而不是无形损耗的全部；经济性贬值则是由资产外部原因引起的，为评估过程所特有。

其四，资产评估过程中，一些资产评估机构和资产评估专业人员根据实地勘察鉴定的结果，确定的使用年限与折旧年限完全相同。这时当然可以采用折旧年限。但这仅仅是偶然性结果，并不具有必然性，而且，这是经过分析、比较、判断后的结果，恰恰说明成新率的确定应根据实地勘察确定，而不是按折旧年限直接确定。

8.3　成本途径应用举例及评价

8.3.1　成本途径在机器设备中的应用

8.3.1.1　评估设备基本情况

（1）设备名称：合力叉车。

（2）规格型号：CPD15。

（3）购置日期：2012 年 9 月。

（4）启用时间：2012 年 9 月。

（5）评估基准日：2017 年 9 月 30 日。

8.3.1.2　相关资料

合力叉车的账面价值为 67521.37 元。根据评估专业人员调查，对比分析得到以下资料：

（1）从 2013 年到 2017 年每年设备价格上涨 3%。

（2）2014 年对设备进行改造，追加投资 10000 元。

（3）该设备与同类型设备相比，每月节约 1000 元。

（4）经过评估人员鉴定分析认为，被评估设备尚可使用 6 年，预计评估基准日后其利用率可以达到设计标准的 80%，规模效益指数为 0.7。

8.3.1.3　计算过程

（1）重置成本 $= 67521.37 \times (1+3\%)^5 + 10000 \times (1+3\%)^3 = 89203.04$（元）。

（2）加权平均年限 $= 5 \times 78275.77 \div 89203.04 + 3 \times 10000 \times (1+3\%)^3 \div 89203.04 \approx 4.76$（年）。

（3）实体性贬值率 $= 4.76 \div (4.76+6) \approx 44.24\%$。

（4）实体性贬值 $= 89203.04 \times 44.24\% = 39463.42$（元）。

（5）功能性贬值 $= 1000 \times 12 \times (1-25\%) \times (P/A, 10\%, 6) = 9000 \times 4.3553 =$

39197.7（元）。

（6）经济性贬值率＝$[1-(80\%)^{0.7}]\times100\%=14.46\%$。

（7）经济性贬值＝重置成本×经济性贬值率＝$89203.04\times14.46\%=12898.76$（元）。

（8）待评估资产的价值＝重置成本−实体性贬值＋功能性贬值−经济性贬值＝$89203.02-39463.43+39197.7-12898.76=76038.55$（元）。

8.3.2　成本途径在无形资产中的应用举例

JX 公司拟将水电站实时监控系统的计算机软件著作权转让给一家水电站，为了对这次转让的水电站实时监控系统计算机软件的价值进行摸底，委托方需要对该计算机软件的著作权进行价值评估，因此本次评估目的是对 JX 公司所持有的水电站实时监控系统的计算机软件的著作权进行价值评估，为本次经济行为所确定的计算机软件著作权市场价值提供参考意见。

本次评估涉及的对象是 JX 公司委托评估的水电站实时监控系统的计算机软件著作权，评估范围涉及形成该计算机软件著作权的资产和负债。

国家版权局发布的计算机软件著作权登记证书如下：

软件名称：水电站实时监控系统管理系统 V1.0

著作权人：JX 公司

开发完成日期：2012 年 7 月 25 日

首次发表日期：2012 年 8 月 10 日

权利取得方式：原始取得

权利范围：全部权利

登记号：1178253662795

本次的评估基准日：2012 年 8 月 31 日

本次将采用成本法对软件著作权进行评估。

8.3.2.1　评估对象基本信息（见表 8-6）

表 8-6　水电站实时监控系统软件研究基本信息

软件名称	中小型水电站实时监控系统 V1.0
项目来源	JX 公司自行研发
权属状况	JX 公司所有
主要文档资料	10 册
源程序手编指令代码行	55.924 千行
每年平均参与开发人员	6 人
累计投入经费	100 万元
研制周期	2010 年 7 月至 2012 年 5 月
实际有效开发研制时间	12 个月

8.3.2.2　评估思路

根据《著作权资产评估指导意见》以及《计算机软件开发规范》有关规定，确定本项目评估采用基于构造型成本的 COCOMO Ⅱ 模型是对经典 COCOMO 模型的彻底更新，反映了现代软件的编译过程与构造方法，是专门针对软件成本进行评估的专业模型，在本次评估中将运用 COCOMO Ⅱ 模型对水电站实时监控系统的计算机软件著作权进行评估。COCOMO Ⅱ 模型法的基本公式为：

$$P = C_1 + C_2 + R$$

其中，P 为计算机软件成本评估值；C_1 为计算机软件开发成本；C_2 为计算机软件维护成本；R 为投入资本的机会成本。

（1）计算机软件开发成本（C_1）的确定。

$$C_1 = M \times W$$

其中，C_1 为计算机软件开发成本；M 为工作量，单位为人·月；W 为单位工作量成本。

（2）计算机软件工作量（M）的确定。

$$M = \beta \times \alpha \times K^b$$

其中，M 为工作量，单位为人·月；α 为计算机软件的社会平均生产率参数，统计数据一般取值为 2.5~3.5；β 为工作量修正系数，为多个工作量因子的乘积，其是计算机软件价值的重要调整参数，涵盖计算机软件的技术特点、功能特点、项目属性、开发属性、开发人员特点等方面的差别，从而体现了计算机软件的整体工作量大小；K 为计算机软件源程序指令行数，单位为千行；b 为社会平均规模指数，取值为 1.1~1.3。

（3）计算机软件维护成本（C_2）的确定。

$$C_2 = C_1 \times \gamma$$

其中，γ 为软件成本维护参数。

（4）计算机软件机会成本 R 的确定。

计算机软件的机会成本为：

$$R = \sum C_i \times \varepsilon$$

其中，C_i 为第 i 年投入的资本成本，ε 为机会成本报酬率。

因此，本案例的评估思路是测算该计算机软件的开发成本和维护成本以及机会成本，它们的和即为软件成本，再扣除折旧即为软件著作权的公开市场价值。

8.3.2.3　COCOMO Ⅱ 模型参数的测算

（1）计算机软件开发成本 C_1 的确定。

1）开发工作量 M 的确定。根据上文描述，计算机软件开发成本确定之前需要先计算计算机软件开发工作量 M，而 M 的确定涉及为 4 个参数，分别是计算机软件的社会平均生产率参数 α、工作量修正系数 β、计算机软件源程序指令行数 K 以及社会平均规模指数 b。

首先，社会平均生产率参数 α 测算。计算机软件的社会平均生产率参数 α 一般取值为 2.5~3.5，出于谨慎性考虑，本次评估取低值 2.5。

其次，工作量修正系数 β 测算。工作量修正系数 β 通常考虑的因素包括要求的软件可靠性、产品复杂程度、附加信息量大小、平台兼容性、软件工具的使用、要求的再利用率、程序员能力和应用经验值八个因素，一般的判定标准如表 8-7 所示。

表 8-7　工作量修正系数 β 判断取值标准

系数	工作量修正因子	加权比率				
		很低	低	一般	高	很高
β_1	要求的软件可靠性	0.75	0.88	1.00	1.15	1.39
β_2	产品复杂程度	0.75	0.88	1.00	1.15	1.30
β_3	附加信息量大小		0.93	1.00	1.09	1.19
β_4	平台兼容性		0.87	1.00	1.15	1.30
β_5	软件工具的使用	1.24	1.12	1.00	0.86	0.72
β_6	要求的再利用率		0.91	1.00	1.14	1.29
β_7	程序员能力	1.37	1.16	1.00	0.87	0.74
β_8	应用经验值	1.22	1.1	1.00	0.89	0.81

由此得到工作量修正系数：

$$\beta = \beta_1 \times \beta_2 \times \beta_3 \times \beta_4 \times \beta_5 \times \beta_6 \times \beta_7 \times \beta_8$$

经过评估人员对软件系统 V1.0 开发研制情况的综合分析，结合软件专家的问卷调查结果，确定软件八项工作量修正因子的分值如下：软件要求的可靠性很高，$\beta_1 = 1.39$；具有高的复杂程度，$\beta_2 = 1.15$；附加的信息量一般，$\beta_3 = 1$；平台兼容性较好，$\beta_4 = 1.15$；软件环境一般，$\beta_5 = 1$；软件的再利用率一般，$\beta_6 = 1$；要求软件开发人员具有相对高的能力，$\beta_7 = 0.87$；系统软件的应用经验一般，$\beta_8 = 1$。则工作量修正系数 β：

$$\begin{aligned} \beta &= \beta_1 \times \beta_2 \times \beta_3 \times \beta_4 \times \beta_5 \times \beta_6 \times \beta_7 \times \beta_8 \\ &= 1.39 \times 1.15 \times 1 \times 1.15 \times 1 \times 1 \times 0.87 \times 1 \\ &= 1.60 \end{aligned}$$

再次，计算机软件源程序指令行数 K 的测算，一般以千行为单位表示。对于计算机软件源程序指令行数 K（不包括注释行，一般源程序包含 20%~30% 的注释行），根据现场查看核实 K 取 55921 条源程序命令行，即 K = 55.921。

最后，社会平均规模指数 b 的测算。社会平均规模指数反映了软件编制的工作量随着软件规模的扩大所需工作量的增长情况，它与软件的新颖程度、开发的自主灵活性、采用的风险处理措施、软件开发团队的凝聚力以及软件研究机构的过程控制成熟水平密切相关。其测算公式如下：

$$b = \sum b_i \div 100 + 1.05$$

其中，b 一般取值为 1.1~1.3，b_i 的取值基本原则如表 8-8 所示。

表 8-8 软件社会平均规模指数 b_i 的取值原则

b_i	项目	说明	很低	低	一般	高	很高
b_1	先例的援引	开发项目的经验	5	4	3	2	1
b_2	开发灵活性	开发项目的自主灵活性	5	4	3	2	1
b_3	风险处理	项目风险分析完成的程度	5	4	3	2	1
b_4	团队凝聚力	研究人员合作性	5	4	3	2	1
b_5	研究机构过程控制成熟水平	研发机构过程控制能力或者成熟度	5	4	3	2	1

评估人员综合分析软件系统以上各项要素，判断如下：软件系统的开发借鉴的先例经验一般，$b_1 = 3$；软件开发的自主性、灵活性一般，$b_2 = 3$；软件采用的风险处理过程一般，$b_3 = 3$；软件开发团队具有较高的凝聚力，$b_4 = 2$；软件研发机构的过程成熟度高，$b_5 = 2$。则：

$$b = \sum b_i \div 100 + 1.05 = 1.18$$

故：重置工作量 $M = \beta \times \alpha \times K^b$

$$= 2.5 \times 1.6 \times 55.921^{1.18}$$

$$= 461.53 （人·月）$$

2）单位工作量成本的确定。软件系统的研发单位工作量成本可以根据公式 $W = F \div G$ 进行测算，其中，F 为软件研发的实际成本费用总和，G 为软件研发的实际有效工作量。

实际成本费用 F 理论上由直接成本、间接成本和期间管理费用组成，主要包括以下项目：①人工费，软件研发人员的工资福利费等；②占用设施设备费，以折旧形式出现的计算机硬件设备、网络设备、通信线路器材、租用公用通信线路、电源、空调等固定资产占用费等；③基本建设费用，包括新建、改建机房，购置计算机机台、机柜费用等；④必要软件购置费用，包括必要的计算机操作系统、数据库软件和其他工具应用软件费用等；⑤管理费用，包括办公费、差旅费、调研培训费、人员的计划外加班费等各种费用。按照正常工作制度得到的工作时间仅仅是名义上的工作量，考虑这种情况，评估实践中一般取软件研发时间的 70%~80% 作为软件开发的实际有效工作量，这里取 75% 作为 JX 公司的实际有效时间。

评估人员根据 JX 公司的实际费用总和及软件研发的实际情况，确定系统软件的单位工作量成本，具体如表 8-9 所示。

表 8-9　软件研发经费投入及实际有效工作时间

研发时间	投入经费	名义月数	实际有效月数	参与人数	实际有效工作量
2010 年 8~12 月	20 万元	5 个月	3.75 个月	6 人	
2011 年 1~12 月	80 万元	12 个月	9 个月	6 人	1.2121 万元/（人·月）
2012 年 1~5 月	20 万元	5 个月	3.75 个月	6 人	

$$W = 120 \div 16.5 \div 6$$
$$\approx 1.2121 \left[万元/（人·月） \right]$$

计算机软件开发成本 C_1 的确定：

$$C_1 = W \times M = 461.53 \times 1.2121$$
$$\approx 559.42（万元）$$

（2）计算机软件维护成本（C_2）的确定。根据 COCOMO Ⅱ 模型的设定，C_2 和 C_1 是呈线性关系的，C_2 的表达式也印证了这一点：$C_2 = C_1 \times \gamma$，γ 为软件成本维护参数，一般取值为 20%~30%。根据聘请的软件专家意见，本次评估取中值 25%。故：

$$C_2 = 559.42 \times 25\%$$
$$\approx 139.86（万元）$$

（3）计算机软件机会成本 R 的确定。机会成本是资本投资到软件研发而丧失可获取其他投资收益报酬的一种成本，机会成本报酬率一般可根据同期国债的收益率或者社会、行业的平均资产收益率选取。本次评估取年均净资产收益率作为机会成本报酬率，根据 Wind 金融终端数据查询，2010 年沪深 A 股上市公司的平均净资产收益率为 10.65%，2011 年沪深 A 股上市公司平均净资产收益率为 14.09%，2012 年沪深 A 股上市公司平均净资产收益率为 10.98%，则机会成本为：

$$R = 20 \times 10.65\% + 80 \times 14.09\% + 20 \times 10.98\%$$
$$\approx 15.60（万元）$$

计算机软件成本评估值（P）的确定：

$$P = C_1 + C_2 + R$$
$$= 559.42 + 139.86 + 15.60$$
$$= 714.88（万元）$$

8.3.2.4　贬值因素的考虑

综上所述，基于成本法评估路径，计算机软件的评估值＝重置成本－被评估资产已经发生的实体性陈旧贬值－功能性陈旧贬值－经济性陈旧贬值。计算机软件作为无形资产本身不存在实体性陈旧贬值；经核实，该软件在当时应属先进，在行业内具备一定的优势，故也不存在功能性陈旧贬值和经济性陈旧贬值。

8.3.2.5　评估结论

在持续经营前提下，在评估基准日 2012 年 8 月 31 日，运用成本法评估得出

JX 公司所持有计算机软件的著作权的公开市场价值为 714.88 万元，取整数为715 万元。

8.3.3　成本途径评价

成本途径既考虑了资产的重置成本，又充分地考虑了各种应计损耗，原则上讲，对于一切以资产重置、补偿为目的的资产业务都是适用的。下列情况广泛地运用成本途径进行资产价值评估：①以资产重置、补偿为目的的资产业务；②通货膨胀或其他原因造成被评估资产的现行市价和历史成本相差较大的；③科技进步、生产力水平提高导致被评估资产出现较大的无形贬值的；④出于资产整体转让的需要，要求提供单项资产的现行价格资料时；⑤企业管理混乱，造成被评估资产的账面历史成本失实，尤其是在某些账外资产找不到历史成本资料的依据时；⑥因对机器设备等固定资产进行改造，投入人力和财力，使其性能和使用效益有较大提高时；⑦因资产的特殊性或使用场合的特殊要求，这些资产在市场上难以找到可比较的参照物，基本上无法使用市场法和收益法进行评估时。

对于下列一些资产，不宜运用成本途径进行价值评估：一是市场价值并不主要取决于其成本的资产；二是不可再生或不能复制的资产；三是不存在随时间的推移而贬值的资产，如古董、文物等。

运用成本途径的优点在于充分考虑了资产的损耗，使评估结果更能反映市场对于获得某单项资产平均愿意付出的资金，有利于评估单项资产和具有特定用途的资产；另外，在无法预测资产未来收益和市场交易活动不频繁的情形下，成本途径给出了比较客观和可行的测算思路和方法。

成本途径也有其局限性。采用成本途径无法从未来收益的角度反映企业的价值，未来的收益与成本无直接联系，因此运用成本途径评估企业价值很难给投资者提供价值参考。尤其是对于轻资产的企业而言，如果使用成本法进行评估，那么通常很难将账面没有记载的各类无形资产算入评估资产的价值之中，因此成本途径评估值与使用收益途径或市场途径得出的结果可能差异极大。

本章小结 ....

成本途径是指按照资产重建或重置的思路，核算被评估资产的重置成本，扣除该资产存在的各种贬值因素之后，评估资产价值的评估技术方法的总称。

成本途径评估资产的前提条件：①被评估资产处于继续使用状态或被假定处于继续使用状态；②被评估资产必须是可再生、可复制的资产；③应当具备可利用的历史资料；④形成资产价值的耗费是必需的。成本途径程序：①确定被评估资产，并估算重置成本；②确定被评估资产的使用年限；③测算被评估资产的各项损耗或贬值额；④测算被评估资产的价值。

成本途径涉及四个基本要素，即重置成本、实体性贬值、功能性贬值和经济性贬值。核算重置成本的方法包括：重置核算法、物价指数法、生产能力比例法、规模经济效益法、点面推算法、预决算调整法。核算实体性贬值的方法包括：成新率法、使用年限法、修复费用法、综合打分法。功能性贬值包括超额投资成本和超额运营成本。核算经济性贬值的方法包括：间接计算法和直接计算法。

成本途径适用于某些没有获利能力的无形资产，或者正处于使用初期的这类资产，如新注册但还未运用于任何产品的注册商标。成本途径的优点在于充分考虑了资产的损耗，使评估结果更能反映市场对于获得某单项资产平均愿意付出的资金。其局限性在于进行无形资产评估时很难将账面没有记载的各类无形资产算入评估资产的价值之中。

章后练习

一、单项选择题

1. 运用物价指数法估算的资产成本是资产的（　　）。
   A. 复原重置成本　　B. 既可以是复原重置成本，也可以是更新重置成本
   C. 更新重置成本　　D. 既不是复原重置成本，也不是更新重置成本

2. 某项资产 1997 年构建，账面原值 100000 元，2000 年进行评估，若以构建时的物价指数为 100%，则 3 年间同类资产物价环比价格指数分别为 110%、120%、115%，则该项资产的重置成本应为（　　）元。
   A. 145000　　　　B. 115000　　　　C. 152000　　　　D. 151800

3. 某重置全新的一台机器设备价格为 9 万元，年产量为 6000 件。现知被评估资产的年产量为 4000 件，由此可以确定其重置成本为（　　）元。
   A. 60000　　　　B. 50000　　　　C. 135000　　　　D. 90000

4. 评估某企业某类通用设备，经抽样选择具有代表性的通用设备 6 台，估算其重置成本之和为 50 万元，而该 6 台具有代表性的通用设备历史成本之和为 25 万元，该类通用设备账面历史成本之和为 600 万元。则该类通用设备的重置成本为（　　）万元。
   A. 1000　　　　B. 1200　　　　C. 1500　　　　D. 300

5. 被评估资产于 2015 年 1 月 1 日购进，其购置时的成本为 150 万元。该设备于评估基准日 2017 年 12 月 31 日的全新购置价格为 200 万元。经过专家鉴定，该设备由于使用磨损所造成的贬值率为 30%，则在不考虑其他因素的条件下，该设备的实体性贬值为（　　）万元。
   A. 50　　　　B. 45　　　　C. 60　　　　D. 75

6. 资产于 2017 年 1 月购进，2017 年 1 月评估时，名义已使用年限是 10 年。根据该资产技术指标，在正常使用情形下，每天应工作 9 小时，该资产实际每天工作 8 小时。由此可以计算其实际已使用年限为（　　）年。
   A. 8.5　　　　B. 8.9　　　　C. 9.1　　　　D. 8.4

7. 被评估车辆可行使的总里程为 60 万千米。截至评估基准日，该车辆已经行使 15 万千米，重置成本为 40 万元。假定不考虑其他因素，则被评估资产在基准日的实体性贬值额为（　　）万元。

  A. 50   B. 45   C. 60   D. 75

二、多项选择题

1. 下列选项中，属于采用成本途径评估资产前提条件的有（　　）。

  A. 被评估资产处于继续使用状态或被假定处于继续使用状态

  B. 被评估资产必须是可再生、可复制的资产

  C. 具备可利用的历史资料

  D. 形成资产价值的耗费是必需的

  E. 公开市场上要有可比的资产及其交易活动

2. 下列选项中，属于成本途径程序的有（　　）。

  A. 确定被评估资产的使用年限

  B. 确定被评估资产，并估算重置成本

  C. 分析测算被评估资产预期收益持续的时间

  D. 测算被评估资产的各项损耗或贬值额

  E. 分析确定已经量化的对比指标之间的差异

3. 重置成本的估算方法有（　　）。

  A. 物价指数法   B. 生产能力比例法

  C. 规模经济效益指数法   D. 重置核算法

  E. 观察法

4. 实体性贬值的估算方法有（　　）。

  A. 观察法   B. 经济使用年限法

  C. 使用年限法   D. 修复费用法

  E. 成新率法

5. 成本途径中功能性贬值包括（　　）。

  A. 超额投资性功能性贬值   B. 超额运营性功能性贬值

  C. 复原重置成本的功能性贬值 D. 更新重置成本的功能性贬值

  E. 修复性功能性贬值

三、计算题

1. 2018 年 1 月评估设备一台，该设备于 2014 年 12 月购建，账面原值为 20 万元，2016 年进行一次技术改造，改造费用（包括增加设备）为 2 万元。若定基物价指数 2014 年为 1.05，2016 年为 1.20，2018 年为 1.32，求该设备的重置成本。

2. 某被评估生产线的设计生产能力为年产 1800 台产品，因市场需求结构发生变化，在未来可使用年限内，每年产量估计要减少 500 台左右，假定规模经济效益指数为 0.8。根据上述条件，计算该生产线的经济性贬值率。

3. 评估对象为某企业 2008 年购进的一条生产线，账面原值为 150 万元，2011 年进行评估。经调查分析确定，该生产线的价格每年比上一年增长 10%，专业人员勘察估算认为，该资产还能使用 6 年，又知目前市场上已出现功能更先进的资产，并被普遍运用，新设备与评估对象相比，可节省人员 3 人，每人的月工资水平为 650 元。此外，由于市场竞争的加剧，该生产线开工不足，由此造成收益损失额每年为 20 万元（该企业所得税税率为 25%，假定折现率为 10%）。要求根据上述资料，采用成本途径对该资产进行评估。

参考答案 ┆ ···

延伸阅读 ┆ ···

9

资产评估的收益途径及其运用

📖 **主要知识点**

收益途径概念、收益途径程序、收益途径的具体方法

9.1 资产评估的收益途径介绍及其程序

9.1.1 收益途径的基本含义

收益途径是资产评估中的三大重要途径之一，是指通过估测被评估资产未来预期收益的现值，来评估资产价值的各种评估技术方法的总称。在资产评估中，收益途径延续将求本的思路，即采用折现和本金化的途径及其方法来判断和估算资产价值。该思路认为，任何一个理智的投资者在购置或投资某一资产时，所愿意支付或投资的货币数额不会高于所购置或投资的资产在未来能给其带来的回报，即收益额。收益法采用投资回报和收益折现等技术手段，把评估对象的预期产出能力和获利能力作为评估角度来估测评估对象的价值。根据评估对象的预期收益来评估其价值，容易被评估资产的业务各方所接受。从理论上讲，从收益途径产生的方法通常称为收益法，收益法是资产评估中较为科学合理的评估方法之一。收益法认为资产的价值是由其效用决定的，而资产的效用则体现在资产为其拥有者带来的收益上，其理论基础是效用价值。

9.1.2 收益途径的基本前提

收益途径是通过资产未来预期收益折现或本金化来估算资产价值，包括三大基本要素：一是被评估资产的预期收益；二是折现率或本金化率；三是被评估资产取得预期收益的持续时间。因此，在选择采用收益途径评估时，科学合理确定三大要素是评估价值的关键。从这个意义上讲，应用收益途径必须具备的前提条件有以下三个：①被评估资产的未来预期收益可以预测并可以用货币衡量；②资产拥有者获得预期收益所承担的风险也可以预测并可以用货币衡量；③被评估资产预期获利年限可以预测。

从上述前提条件可以看出，首先，评估对象的预期收益必须能够被较为合理地估测。这点就要求被评估资产与其经营收益之间存在着较为稳定的联系。同时，影响资产预期收益的主要因素也应是明确的，评估人员可以据此信息分析和测算出被评估资产的预期收益。其次，被评估对象所具有的行业风险、地区风险及企业风险是可以比较和测算的，这是测算折现率或本金化率的基本参数之一。再次，评估对象所处的行业不同、地区不同以及其他差别都会不同程度地体现在资产拥有者的获利风险上。投资者对风险大的投资要求的回报率高，对风险小的投资要求的回报率相应降低。最后，评估对象获利期限的长短，即评估对象的寿命，也是影响其价值和评估值的重要因素之一。

9.1.3　收益途径的基本程序和参数

9.1.3.1　收益途径的基本程序

采用收益途径进行评估，其基本程序如下：

（1）收集并验证与评估对象未来预期收益有关的数据资料，包括经营前景、财务状况、市场形势以及经营风险等。

（2）分析测算被评估对象未来预期收益。

（3）确定折现率或本金化率。

（4）用折现率或本金化率将评估对象未来预期收益折算成现值。

（5）分析确定评估结果。

9.1.3.2　收益途径的基本参数

运用收益途径进行评估涉及许多经济参数，其中最主要的参数有三个，即收益额、折现率和收益期限。

（1）收益额。收益额是采用收益途径评估资产价值的基本参数之一。在资产评估中，资产的收益额是指根据投资回报的原理，在正常的情况下资产所能得到的归其产权主体的所得额。资产评估中的收益额有两个比较明确的特点：其一，收益额是资产未来预期收益额，而不是资产的历史收益额或现实收益额；其二，用于资产评估的收益额是资产的客观收益，而不是资产的实际收益。收益额的上述两个特点是非常重要的，评估人员在执业过程中应注意收益额的特点，以便合理运用收益途径来估测资产的价值。因资产种类较多，不同种类资产的收益额表现形式亦不完全相同，如企业的收益额通常表现为净利润或净现金流量，而房地产的收益额则通常表现为纯收益等。

（2）折现率。从本质上来说，折现率是一种期望投资报酬率，是投资者在投资风险一定的情况下，对投资所期望的回报率。折现率就其构成而言，是由无风险报酬率和风险报酬率组成的。无风险报酬率一般是指同期国库券利率。风险报酬率是指超过无风险报酬率部分的投资回报率。在资产评估中，因资产的行业分布、种类、市场条件等的不同，其折现率亦不相同。折现率与本金化率在本质上是相同的。习惯上人们将未来有限期预期收益折算成现值的比率称为折现率，而将未来永续性预期收益折算成现值的比率称为本金化率。确定折现率，首先应该明确折现的内涵。折现考虑时间价值，从时间优先的角度出发，认为将来的收益或利益低于现在的同等收益或利益，且其价值随着收益时间向将来推迟的程度而有序地降低。同时，折现作为一个算术过程，是把一个特定比率应用于一个预期的收益流中，从而得出当前的价值。

（3）收益期限。收益期限是指资产具有获利能力持续的时间，通常以年为时间单位。它由评估人员根据被评估资产自身效能及相关条件，以及有关法律、法规、契约、合同等加以测定。

9.1.4　收益途径主要参数的预测方法

收益途径主要参数的预测方法很多，归纳起来，可分为两大类，即定性预测方法和定量预测方法。定性预测方法是指建立在经验、逻辑思维和推理基础上的预测方法。定性预测主要是指通过社会调查，采用少量的数据和直观材料，结合人们的经验加以综合分析，对预测对象作出判断和预测。定性预测方法主要包括一般调查预测法、集体意见预测法、头脑风暴预测法、德尔菲预测法、因素分析预测法、对比类推预测法和主观概率预测法等。定量预测方法是建立在统计学、数学、系统论、控制论、信息论、运筹学及计量经济学等学科的基础上，运用方程、图表、模型和计算机仿真等技术进行预测的方法。

定量预测方法在前面的数量方法中作了较为详细的介绍，这里仅将定性预测方法进行分析。

9.1.4.1　一般调查预测法

一般调查预测法是指通过向社会有关专家进行调查而作出预测的方法，也称为直接归纳预测法。一般调查预测法采用的调查方式多样，有会议调查、采访调查、报表调查、典型调查、联系网调查及咨询调查等。这些调查方式各有利弊，通常交叉使用或综合使用，这样做可以将各方有经验的主观判断集中起来，经过科学加工，作出正确预测。

一般调查预测法的具体步骤如下：确立调查目的，明确调查原则和准则；成立调查工作小组；制订调查方案，设计调查问题与表格；实地调查，并研究和处理调查过程中出现的各种问题；整理调查资料；提出调查成果或调查报告。

9.1.4.2　集体意见预测法

集体意见预测法是指把预测者的个人意见通过加权平均而汇集成集体意见的预测方法。集体意见预测法的步骤如下：

第一步，要求每一位预测者就预测结果的最高限、最低限和最可能的值加以判断，并对这三种情况出现的概率进行估计。

第二步，根据预测者对预测结果最高限、最可能值和最低值的估计及对三种情况出现的概率的估计，计算每一位预测者的意见平均值。

第三步，根据每位预测者个人意见的重要程度，通过加权平均，得出集体意见。

9.1.4.3　头脑风暴预测法

头脑风暴预测法也称专家会议预测法，是一种集体开发创造性思维的方法，可分为直接头脑风暴预测法（通常简称为头脑风暴预测法）和质疑头脑风暴预测法（也称反头脑风暴预测法）。前者是按照头脑风暴预测法的规则，通过一组专家会议，对所预测的问题进行创造性的思维活动，从而得出满意方案的一种方法。实施时应尽可能地激发专家的创造性，产生尽可能多的设想。后者则是同时召开由两组专家参加的会议进行集体讨论，其中一个专家组按直接头脑风暴预测法提出设想，另一个专家组则对第一个专家组提出的设想、方案逐一进行质疑，分析其可行性，直到没有问题可以质疑为止，从而形成一个更科学、更可行的预测方案的方法。

采用头脑风暴预测法时，要集中有关专家召开专题会议，主持者以明确的方式向所有与会者阐明问题，说明会议的规则，尽力创造融洽轻松的气氛。主持者一般不发表意见，以免影响会议的自由气氛。由专家们自由提出尽可能多的预测意见，以创造出一种自由的气氛激发专家提出各种想法。头脑风暴预测法的基本程序和要求如下：

第一步，确定议题。在会前确定一个目标，使与会者明确通过这次会议需要解决什么问题，同时不要限制可能的解决方案的范围。

第二步，会前准备。为了使头脑风暴预测法会议的效率较高、效果较好，可在会前做一点准备工作。如收集一些资料预先给大家参考，以便与会者了解与议题有关的背景材料和外界动态。就参与者而言，在开会之前，对于要解决的问题一定要有所了解。

第三步，确定人数。一般以 8~12 人为宜，也可略有增减。

第四步，明确分工。选定一名主持人，主持人的作用是在头脑风暴畅谈会开始时重申讨论的议题和纪律，在会议进程中启发引导，掌握进程。主持人要严格限制讨论范围，对专家们提出的各种预测意见不持否定和批评态度。

第五步，制定纪律。根据头脑风暴预测法的原则，可以规定几条纪律，要求与会者遵守。如要集中注意力积极投入，不要消极旁观；不要私下议论，以免影响他人的思考；发言要针对目标、开门见山，不要客套，也不必做过多的解释；与会者之间相互尊重，平等相待，切忌相互褒贬等。

第六步，掌握时间。会议时间以 1 小时左右为宜，不宜过长。倘若需要更长时间，可把议题分解成几个小问题分别进行专题讨论。

9.1.4.4　德尔菲预测法

德尔菲预测法也称专家调查预测法。该方法以匿名的方式，通过轮番征询专家意见，最终得出预测结果的一种经验意见综合预测方法。德尔菲预测法的基本程序和要求如下：

第一步，预测准备阶段。该阶段主要完成两方面的工作：拟定征询意见表和选定征询对象。征询意见表的设计要有利于专家充分表达自己的意见，同时又不离题。德尔菲预测法所要求的专家，应当是对预测对象和预测问题有比较深入的研究且经验丰富、富有创造性和判断力的人。

第二步，预测实施阶段。准备工作就绪之后，进入多轮函询过程，通常包括3~5轮。经过多轮反复修正、汇总后，当预测结果较为一致时，预测组织者再进行统计整理和意见归纳，形成预测结论。

第三步，预测结果处理阶段。合理运用数理统计方法对专家的分散意见作出统计归纳处理，常用的统计处理方法有概率估计法，直方位图，中位数和上、下四分位数法及等级相关法等。

第四步，提出预测报告。预测报告应介绍预测的组织情况、资料整理情况及预测结论等。

9.1.4.5 因素分析预测法

因素分析预测法是凭借经济理论和实践经验，通过分析影响预测目标的各种因素的作用大小与方向，对预测目标未来的发展变化做出推断的方法。因素分析预测法具体包括因素列举归纳法、相关因素推断法和因素分解推断法。

（1）因素列举归纳法。因素列举归纳法是指将影响预测目标变动的因素逐一列举，并分析各种因素对预测目标作用的大小和方向，区分经济因素与非经济因素、可控因素与不可控因素、内部因素与外部因素、有利因素与不利因素，然后加以分析、综合、归纳，推断预测目标未来的变化趋向。因素列举归纳法的基本程序如下：第一步，列举能观察到的影响预测目标变化的各种主要因素，并搜集有关资料；第二步，分析评价各种因素作用的大小、方向和程度，区分各种因素的性质；第三步，归纳、推断预测目标未来变化的趋向。当有利因素居主导地位时，未来前景大好；当不利因素居主导地位时，未来前景黯淡。

（2）相关因素推断法。经济现象之间的相互变动关系，在时间上有先行关系、后行关系与平行关系之分，在变动方向上有正相关关系与负相关关系之分。相关因素推断法是根据经济现象间的相互联系和相互制约关系，由相关因素的变动方向推断预测目标的变动趋向的一种预测方法。相关因素推断法又可分为正相关关系判断法和负相关关系判断法。正相关关系是指两个现象间的变动方向为同增或同减的关系。负相关关系是指两个现象间的变动方向表现为此长彼消或一增一减的关系。

（3）因素分解推断法。因素分解推断法是指将预测目标按照一定的联系形式分解为若干因素指标，然后分别研究各种因素未来变动的方向和程度，最后综合各种因素变动的结果，推断预测目标的变动趋势和结果的方法。预测目标与影响因素之间的关系一般有乘积和相加两种。

9.1.4.6 对比类推预测法

对比类推预测法是利用预测目标与类似事物在不同时间、地点、环境下具有相似的发展变化过程的特点，把已发生事物的表现过程类推到后发生或将发生的事物上去，从而对后继事物的前景做出预测的一种方法。对比类推预测法包括产品类推法、地区类推法和局部总体类推法。

（1）产品类推法。有许多产品在功能、构造技术等方面具有相似性，因而这些产品的市场发展规律往往又会呈现某种相似性，人们可以利用产品之间的这种相似性进行类推。

（2）地区类推法。地区类推法是依据其他地区（或国家）曾经发生过的事件进行类推。这种推算方法是把所要预测的产品同其他地区（或国家）同类产品的发展过程或变动趋向相比较，找出某些共同或相类似的变化规律，用来推测目标的未来变化趋向。

（3）局部总体类推法。局部总体类推法是指以局部普查资料或抽样调查资料为基础，进行分析判断、预测和类推。

9.1.4.7 主观概率预测法

主观概率是指根据分析者的主观判断确定事件发生的可能性的大小，反映个人对某件事的信念程度。所以，主观概率是对经验结果所做主观判断的度量，也是个人信念的度量。主观概率也要符合概率论的基本定理：所确定的概率必须大于或等于0，而小于或等于1；经验判断的全部事件中，各个事件的概率之和必须等于1。在实际中，主观概率与客观概率的区别是相对的，因为任何主观概率总带有客观性。分析者的经验和其他信息是现实客观情况的具体反映，因此不能把主观概率看成纯主观的东西。另外，任何客观概率在测定过程中也难免带有主观因素，因为在实际工作中所取得的数据资料很难达到大数定律的要求。所以，在现实中，既无纯客观概率，又无纯主观概率。

主观概率预测法是分析者通过对现实事件发生的概率作出主观估计，或者对事件变化的动态作出一种心理评价，然后计算其平均值，以此作为事件发展趋势分析结论的一种定性预测方法。主观概率预测法又分为主观概率加权平均预测法和累计概率中位数预测法。

（1）主观概率加权平均预测法。主观概率加权平均预测法是以主观概率为权数，对各种预测意见进行加权平均，求得综合预测结果的预测方法。其基本步骤如下：①以事件发生的主观概率为权数，计算每人预测的最高值、最低值和最可能值的加权算术平均数，作为个人预测期望值；②根据每人预测期望值的主观概率，计算综合预测值；③计算平均偏差程度，校正预测结果。

（2）累计概率中位数预测法。累计概率中位数预测法是根据累计概率确定不同预测意见的中位数，对预测值进行点估计和区间估计的方法。累计概率中位数预测法先通过对预测对象未来各种结果的概率及累计概率进行主观估计，建立概率分布函数，然后根据概率分布函数来进行预测。

9.2　资产评估收益途径的具体方法

收益途径实际上是在预期收益还原思路下若干具体方法的集合。从大的方面来看，收益法中的具体方法可以分为若干类，其一是针对评估对象未来预期收益有无限期的情况划分，分为有限期的评估方法和无限期的评估方法；其二是针对评估对象预期收益额的情况划分，可分为等额收益评估方法、非等额收益评估方法等。为了便于学习收益途径中的具体方法，先对这些具体方法中所用的字符做统一的定义：P 表示评估值；T 表示年序号；P_t 表示未来第 t 年的评估值；R_t 表示未来第 t 年的预期收益；r 表示折现率或资本化率；r_t 表示第 t 年的折现率或资本化率；n 表示收益年期；A 表示年金。

9.2.1　纯收益不变

（1）在收益永续，各因素不变的条件下，有以下计算式：

$$P = A \div r \qquad\qquad (9\text{-}1)$$

其成立条件是：①纯收益每年不变；②资本化率固定且大于 0；③收益年期无限。

（2）在收益年期有限，资本化率大于 0 的条件下，有以下计算式：

$$P = \frac{A}{r}\left[1 - \frac{1}{(1+r)^n} \right] \qquad\qquad (9\text{-}2)$$

这是一个在估价实务中经常运用的计算公式，其成立条件是：①纯收益每年不变；②资本化率固定且大于 0；③收益年期有限为 n。

（3）在收益年期有限，资本化率等于 0 的条件下，有以下计算式：

$$P = A \times n \qquad\qquad (9\text{-}3)$$

其成立条件是：①纯收益每年不变；②收益年期有限为 m；③资本化率为 0。

9.2.2　纯收益在若干年后保持不变

（1）无限年期收益。其基本公式为：

$$P = \sum_{t=1}^{n} \frac{R_t}{(1+r)^n} + \frac{A}{r(1+r)^t} \qquad\qquad (9\text{-}4)$$

其成立条件是：①纯收益在 n 年（含第 n 年）以前有变化；②纯收益在 n 年（不含第 n 年）以后保持不变；③收益年期无限；④r 大于 0。

（2）有限年期收益。其计算公式为：

$$P = \sum_{t=1}^{n} \frac{R_t}{(1+r)^n} + \frac{A}{r(1+r)^t}\left[1 - \frac{1}{(1+r)^n}\right] \tag{9-5}$$

其成立条件是：①纯收益在 n 年（含第 n 年）以前有变化；②纯收益在 n 年（不含第 n 年）以后保持不变；③收益年期有限为 N；④r 大于 0。

这里要注意的是，纯收益 A 的收益年期是 N-n，而不是 N。

9.2.3　纯收益按等差级数变化

（1）在纯收益按等差级数递增，收益年期无限的条件下，有以下计算式：

$$P = \frac{A}{r} + \frac{B}{r^2} \tag{9-6}$$

其成立条件是：①纯收益按等差级数递增；②纯收益逐年递增额为 B；③收益年期无限；④r 大于 0。

（2）在纯收益按等差级数递增，收益年期有限的条件下，有以下计算式：

$$P = \left(\frac{A}{r} + \frac{B}{r^2}\right)\left[1 - \frac{1}{(1+r)^n}\right] - \frac{B}{r} \times \frac{n}{(1+r)^n} \tag{9-7}$$

其成立条件是：①纯收益按等差级数递增；②纯收益逐年递增额为 B；③收益年期有限为 n；④r 大于 0。

（3）在纯收益按等差级数递减，收益年期无限的条件下，有以下计算式：

$$P = \frac{A}{r} - \frac{B}{r^2} \tag{9-8}$$

其成立条件是：①纯收益按等差级数递减；②纯收益逐年递减额为 B；③收益年期无限；④r 大于 0。

（4）在纯收益按等差级数递减，收益年期有限的条件下，有以下计算式：

$$P = \left(\frac{A}{r} - \frac{B}{r^2}\right)\left[1 - \frac{1}{(1+r)^n}\right] + \frac{B}{r} \times \frac{n}{(1+r)^n} \tag{9-9}$$

其成立条件是：①纯收益按等差级数递减；②纯收益逐年递减额为 B；③收益年期有限为 n；④r 大于 0。

9.2.4　纯收益按等比级数变化

（1）在纯收益按等比级数递增，收益年期无限的条件下，有以下计算式：

$$P = \frac{A}{r-s} \tag{9-10}$$

其成立条件是：①纯收益按等比级数递增；②纯收益逐年递增比率为 s；③收益年期有限；④r 大于 0；⑤r>s>0。

（2）在纯收益按等比级数递增，收益年期有限的条件下，有以下计算式：

$$P = \frac{A}{r-s}\left[1-\left(\frac{1+s}{1+r}\right)^{n}\right] \tag{9-11}$$

其成立条件是：①纯收益按等比级数递增；②纯收益逐年递增比率为 s；③收益年期有限；④r 大于 0；⑤r>s>0。

（3）在纯收益按等比级数递减，收益年期无限的条件下，有以下计算式：

$$P = \frac{A}{r+s} \tag{9-12}$$

其成立条件是：①纯收益按等比级数递减；②纯收益逐年递减比率为 s；③收益年期无限；④r 大于 0；⑤r>s>0。

（4）在纯收益按等比级数递减，收益年期有限的条件下，有以下计算式：

$$P = \frac{A}{r+s}\left[1-\left(\frac{1-s}{1+r}\right)^{n}\right] \tag{9-13}$$

其成立条件是：①纯收益按等比级数递减；②纯收益逐年递减比率为 s；③收益年期有限为 n；④r 大于 0；⑤0<s≤1。

（5）在已知未来若干年后资产价格条件下，有以下计算式：

$$P = \frac{A}{r}\left[1-\frac{1}{(1+r)^{t}}\right]+\frac{P_{t}}{(1+r)^{t}} \tag{9-14}$$

其成立条件是：①纯收益在第 t 年（含 t 年）前保持不变；②预知第 t 年的价格为 P_{t}；③r 大于 0。

上述折现计算采用的是普通复利，是在计息周期为一年，付息周期也为一年的条件下得到的。实际经济活动中，计息周期可能小于一年，如为半年、一季度、一个月、一日等。因此，还有一种理论上更为完善的连续复利（一年中复利随时都在进行），在许多高级工程分析中，通常都采用连续复利，国外资产评估中有些也是采用连续复利。连续复利同企业的实际经济活动情况更为接近，对年收益的影响比较大，在计算周期比较长的评估中，应采用连续复利计算评估值，否则评估结果会偏高。现简单介绍如下：

假设，用普通复利计算时的年折现率为 r（名义折现率），连续复利中的实际年折现率即连续复利率为 r_0（实际折现率），若一年中复利次数为 m，则有：

$$r_0 = \lim_{m \to \infty}\left(1+\frac{r}{m}\right)^{m}-1 \tag{9-15}$$

$$= e^{r}-1$$

其中，e 为自然对数的底，e=2.7183。

连续复利、间断支付的现值计算，即考虑连续复利计息，但现金流量序列间断，此时将 $r_0 = e^{r}-1$ 代入上述普通复利计算模型中，即可得到连续复利、间断支付情况下的各种模型。

$$P = \frac{A}{e^r - 1}$$

$$P = A \times \frac{1 - e^{-m}}{e^r - 1} \tag{9-16}$$

$$P = \sum_{t=1}^{n} \frac{R_t}{e^{rt}} + \frac{A}{e^{r(n+1)} - e}$$

其余可类推。

连续复利、连续支付的现值计算，即考虑连续复利计息，且现金流量序列无间断，于是产生了连续复利计息、连续支付的计算问题。

设 $\overline{A}$ 为连续年金，即在一年连续均匀发生的现金流，它是在利率为 0 的条件下计算出的总年金。此时可设 m 是个很大的自然数，每一计息周期利率是 $r_0 = r \div m$。这样，可令 $m \to \infty$，推导出普通复利现值模型对应的连续复利、连续支付的计算模型。

$$P = A \times \frac{(1+r)^n - 1}{r(1+r)^n} = \lim_{m \to \infty} \frac{\overline{A}}{m}\left[\frac{(1+r/m)^{mn} - 1}{r/m \times (1+r/m)^{mn}}\right] \tag{9-17}$$

$$= \overline{A} \times \left(\frac{e^m - 1}{r \times e^m}\right) = \frac{\overline{A}}{r}(1 - e^{-m})$$

9.3 收益途径在各种资产中的运用

9.3.1 收益途径在机器设备评估中的应用

运用收益途径评估资产的价值，其前提是该资产应具备独立的生产能力和获利能力。就单项机器设备而言，大部分不具有独立获利能力。因此，单项设备通常不宜采用收益法评估。对于自成体系的成套设备、生产线，以及可以单独作业的车辆等设备，特别是租赁的设备，则可以采用收益法评估。下面简要介绍如何用收益途径评估机器设备。

收益法是把一个特定期间内的固定或固定变化的经济收益流量进行折现计算，以其收益折现值作为评估价值的方法。由于机器设备通常只能在有限年限内获得收益，因此，运用收益现值法评估其价值时，应合理估测其尚可使用年限。该方法需要预测收益和收益年限，并确定合理的折现率。

对于租赁的设备，其租金就是收益。为估测租金时可以进行市场调查，分析和比较类似租赁设备的租金，经调整后得到被估设备的预期收益，调整的因素包括时间、地点、规格和役龄等。对可以单独获利的成套设备、生产线等，收益是生产产品的经营收益，特别值得注意的是，生产产品的经营收益为多种要素共同作用产生的结果，需要分离出设备带来的收益，否则会高估设备的价值，运用收益法时，还需要设备的尚可使用年限和折现率。

9.3.2　收益法在房地产评估中的应用

9.3.2.1　收益法在房地产评估中的对象及适用范围

收益法广泛运用于收益性房地产价值评估，在房地产评估中又被称为资本化法或收益还原法。收益法是将房地产的年纯收益按一定的还原率资本化，即在一定的折现率下计算出的未来纯收益的现值总和作为房地产的评估价值。

运用收益法评估房地产价值，只要待估对象具有连续的、可预测的纯收益，则评估对象既可以是单纯的土地，也可以是地上的纯建筑物，还可以是房地合一的房地产。

收益法适用于有收益的房地产价值评估，如商场、写字楼、旅馆、公寓等，对于政府机关、学校、公园等公用、公益性房地产价值的评估大多不适用。

9.3.2.2　收益法在房地产评估中的基本模式

下面在假设年收益不变，收益年期为永续的条件下，给出收益法在房地产评估中针对不同评估对象的基本模式。

（1）评估房地合一的房地产价值。其公式为：

房地产评估值＝（房地产年总收入－房地产年总费用）÷房地产还原率
　　　　　　＝房地产年纯收入÷房地产还原率

（2）单独评估土地价值。主要包括以下几个方面：

1）单纯空地的评估。其公式为：

土地评估值＝（土地年总收入－土地年总费用）÷土地还原率
　　　　　＝土地年纯收入÷土地还原率

2）房地合一情况下，土地价值的评估。其公式为：

土地评估价值＝（房地产年纯收益－建筑物年纯收益）÷土地还原率

其中，建筑物年纯收益＝建筑物现值×建筑物还原率

或：建筑物年纯收益＝建筑物现值×（建筑物还原率＋建筑物年折旧率）

建筑物现值＝建筑物重置成本×成新率

3）房地合一情况下，房屋建筑物价值的评估。其公式为：

建筑物评估值＝（房地产年纯收益－土地年纯收益）÷建筑物还原率

或：建筑物评估值＝（房地产年纯收益－土地年纯收益）÷（建筑物还原率＋建筑物年折旧率）

土地年纯收益＝土地现值×土地还原率

其中，土地现值即为委托对象中土地在基准日的市价总值。

9.3.2.3　基本参数的计算与确定

（1）总收益和纯收益。总收益是指以收益为目的的房地产产生的收益。总收益应以委估房地产的客观收益即正常收益为基础，而不能以实际收益计算。它的假设条件有两个：一是委估房地产处于最佳利用状态；二是委估房地产处于最佳利用程度，组织管理及技术处于良好状态。因某人的特别技能和关系产生的特别收益，不能计算在内。评估中需要根据类似房地产的收益情况，对市场趋势做出准确的预测，并考虑收益的风险性和实现性做出估计。需要特别说明的是，这里所说的总收益是归属于房地产的总收益，对于非房地产产生的收益应从预测的客观总收益中予以调整扣除。例如，宾馆年总收益中，需要扣除设备、无形资产（如有）等产生的收益。

纯收益是指归属于房地产的总收益扣除各种费用后的收益。房地产总费用一般包括以下项目：①管理费，包括管理人员工资支出，以及出租经营过程中消耗的办公用品支出等；②维修费，包括大中小修理和日常维护保养，实际评估中一般按寿命周期内全部费用占建筑物造价的百分比估算；③税金，房地产出租的适用税种有房产税、土地使用税、城市维护建设税、所得税等；④保险费，一般按房屋造价乘以保险费率计算；⑤租金损失预备费等。

房地产纯收益有税前纯收益和税后纯收益之分，这里的税一般是指所得税。税前纯收益用于房地产市场价值的评估；税后纯收益用于房地产投资价值的评估。

（2）还原率。房地产评估中还原率即收益法中所称折现率或资本化率，实际上是一种资本投资的收益率。因此，房地产评估中决定还原率的基本原则是，房地产还原率应为与获取房地产所产生的纯收益具有同等风险的资本的收益率。

由于不同地区、不同时期、不同用途的房地产的投资风险不同，其还原率也就不同，因此在实际评估工作中，不能简单地用银行利率代替还原利率，而要考虑很多因素。例如，经济发达国家在选取土地还原利率时一般从下列三种利率中任取一种：①当时国内各地不动产抵押贷款的平均利率；②国内不动产抵押贷款十年以上长期利率的平均数；③国家银行所发行的土地债券的平均利率。

目前评估实践中，在确定城市房地产还原利率时，一般采用以下三种方法：①加总法。即对资本化过程中所考虑的各因素设置一系列相互独立的比率，各比率相加之和即为还原利率。比如美国"联邦住房管理委员会"列出了五种风险类型，在每种风险类型中，考虑本金安全、收益确定性、收益均衡性、资金流动性、管理负担五类因素，如在某种风险类型中，以上五类因素的比率值分别为3.00%、1.50%、1.25%、1.00%、0.75%，则其总资本化率（还原率）为7.5%。②通过市场上相似房地产的纯收益与价格的比率求取还原利率。为避免偶然性，要求选择5个以上最近发生，且在等级、用途等方面与待估房地产相似的交易实例。③在安全利率的基础上加风险调整值。安全利率指无任何风险的投资收益率，一般可认为政府长期债券的利率为安全利率，风险调整值可考虑房地产经营风险、通货膨胀风险、变现风险等因素综合确定。

（3）收益期。收益期即房地产收益法评估中的预计收益年限。一般情况下，根据房地合一的原则，以土地使用权剩余年限为收益期，涉及房屋建筑物评估的相关年期不能超过土地剩余年限。特殊情况下，可根据预测估算出收益期，但不得超过土地剩余年限。

9.3.3　收益法在企业价值评估中的应用

9.3.3.1　收益法评估企业价值的核心问题

运用收益法的基本思路对企业价值进行评估有两种常用的具体方法，《企业价值评估指导意见（试行）》将其归纳为收益资本化法和未来收益折现法。

在运用收益法对企业价值进行评估时，一个必要的前提是判断企业是否具有持续的盈利能力。只有当企业具有持续的盈利能力时，运用收益法对企业进行价值评估才具有意义。运用收益法对企业进行价值评估，关键在于解决以下三个问题：

（1）要对企业的收益予以界定。企业的收益能以多种形式出现，包括净利润、净现金流、息前净利润和息前净现金流。选择以何种形式的收益作为收益法中的企业收益，直接影响对企业价值的最终判断。

（2）要对企业的收益进行合理的预测。要求评估人员对企业的未来收益进行精确预测是不可能的。但是，由于对企业收益的预测直接影响对企业盈利能力的判断，其是决定企业最终评估值的关键因素，所以在评估中应正确模拟企业存续环境，综合考虑影响企业盈利能力的因素，客观、公正地对企业的收益做出合理的预测。

（3）在对企业的收益做出合理的预测后，要选择合适的折现率。合适的折现率的选择直接关系到对企业未来收益风险的判断。由于不确定性的客观存在，对企业未来收益的风险进行判断至关重要。能否对企业未来收益的风险做出恰当的判断，从而选择合适的折现率，对企业的最终评估值具有较大影响。

9.3.3.2　企业收益及其预测

企业的收益额是运用收益法对企业价值进行评估的关键参数。在企业价值的评估中，企业的收益是指在正常条件下，企业所获得的归企业所有的所得额。

（1）企业收益的界定。企业的收益有两种表现形式：企业净利润和企业净现金流量。而选择净利润还是净现金流量作为企业价值评估的收益基础对企业的最终评估值影响极大。因此，在对企业的收益进行具体界定时，除了需要对企业创造的收入是否归企业所有进行确认之外，还要对企业的收益形式进行明确的界定。一般而言，应选择企业的净现金流作为使用收益法进行企业价值评估的收益基础：一是就两者与企业价值的关系而言。实证研究表明，企业的利润虽然与企业价值高度相关，但企业价值最终由其现金流决定而非由其利润决定。二是就可靠性而言。企业的净现金流量是企业实际收支的差额，不容易被更改，而企业的利润则要通过一系列复杂的会计程序进行确定，而且可能由于企业管理当局的利益而被更改。

在企业价值的具体评估中还需要根据评估目的的不同，对不同口径的收益作出选择，如净现金流量（净利润）与息前净现金流量（息前净利润）的选择。不同口径的收益额，其折现值的价值内涵是完全不同的。例如，净现金流量（净利润）折现为所有者权益；净现金流量（净利润）+长期负债利息×（1-所得税税率），折现为（所有者权益+长期负债）；净现金流量（净利润）+利息×（1-所得税税率），折现为（所有者权益+长期负债+流动负债）。

选择什么口径的企业收益作为收益法评估企业价值的基础，首先应服从企业价值评估的目的，即企业价值评估目的是评估反映企业所有者权益的净资产价值还是反映企业所有者权益及债权人权益的投资资本价值；其次是对企业收益口径的选择，应在不影响企业价值评估目的的前提下，选择最能客观反映企业正常盈利能力的收益额作为对企业进行价值评估的收益基础。

（2）收益的有效范围。在确定了使用净现金流量或净利润作为具体的收益形式之后，接下来在企业价值评估的收益预测中需要回答的问题是如何确定收益的有效范围。在一定的时期内，企业的利润或现金流的收益来源可能多种多样。这些收益可能来自一个企业内部各种不同的业务，也有可能来自企业获取的非业务收入，如企业投资的股票或其他证券所带来的收益。一般来说，企业的收益构成情况有以下几种：①企业的业务多元化，企业的收益来自不同的业务收入，没有或很少有非业务收入；②企业的收益来自于不同的业务收入，而且存在常规的非业务收入；③企业的收益来自于单一业务，不存在非业务收入；④企业收益来自于单一业务，存在常规的非业务收入。在以上四种不同的收益情况和结构下，如果在确定收益范围时不进行进一步的分析，只是简单地使用财务会计报表上的收益情况和利润数字，将无法正确地了解企业基于业务的盈利能力，也就无法正确地对企业未来收益做出正确的预测。

在对企业收益的有效范围进行确定时，应该注意以下几点：

首先，企业价值取决于企业业务的收益。企业所获得的非业务收入，无论是常规性的还是偶然所得，都不足以对企业的价值产生本质性的影响。在对企业收益进行预测时，应该对非业务收入单独进行分析，不可将非业务收入和业务收入作为一个整体进行分析，这样将导致对企业收益信息的扭曲。所以，在评估中不宜不加分析地使用企业财务会计报表上的收益和利润数字。

其次，在对多业务的企业进行收益分析和预测时，应该在可行的条件下，分不同业务单元进行分析和预测。即使企业所从事的业务之间存在很强的关联性，但不同业务所面对环境的不同导致对各业务的收益分析和预测仍有可能存在极大的差异性，这就决定了在对多业务的企业进行收益分析和预测时，必须分为不同的业务单元进行，否则将无法正确地反映和预测基于不同业务的企业收益。

再次，在对企业的有效收益进行分析和预测时，必须要注意与有效收益相对应的成本配比。在评估中，企业的各项成本必须与相应的收益对应。业务收入和非业务收入、不同的业务收入之间的成本结构是各不相同的，如果不对各类收益的成本结构进行清晰的分析和预测，则同样会使企业的收益信息产生扭曲。因此，建立与不同的收益相配比的成本分析和预测，是正确反映和预测企业收益的关键环节之一。

最后，在对企业的有效收益进行分析和预测时，应关注"无效资产"的剥离问题。此类资产的存在会对企业收益的分析和预测产生影响：一是此类资产的维护和折旧等费用的支出会导致企业成本的增加和收益的减少；二是此类资产的存在会导致企业资本收益率的变化，从而影响对企业获利能力的判断；三是此类资产虽然对企业的盈利能力不能发挥作用，但将其剥离后其在市场上的交易价值仍然是企业价值的一个组成部分。

（3）收益的预测期。基于持续经营的假设，企业的收益应该是永续的，但在企业价值评估中进行企业收益预测时不可能对收益进行无期限的逐年预测，因此采取将预测年限分段的做法。决定预测收益年限的流行方法是将收益预测分为两段：一段是从预测之日起进行一定年限的逐年预测，一般是5~10年；另一段是在上段之后将每年的收益预测为一个稳定的年金。这种方法是建立在5~10年以后企业的收益将趋于稳定的假设之上。

对两段式的预测的一个改进做法是将预测期分为三段：首先精确预测企业的逐年收益，这段时间一般是5年，需要对影响企业收益的因素进行全盘细致的考虑。这段时间的预测一般都要作出相应的损益表和资产负债表。其次逐年预测6~15年的企业收益，这段时间的企业收益预测是一个比较粗放的预测，可以主要关注影响收益的几个关键因素，避免预测过度精确带来的弊端。最后用15年预测最后一年的收益作为企业永续收益的年金。

在收益预测的年限上同样要关注到不同业务的差异，应根据不同业务的差异选择收益预测年限的处理方法，不同业务的稳定状态不同是选择不同的收益预测年限处理方法的关键因素。

在收益预测年限上需要关注的一个例外是公司章程规定了企业经营年限的情况，如依靠采矿权经营的企业。这种情况下，可以选择章程里规定的经营年限作为收益预测年限。但如果对企业所经营业务有长期持续盈利的判断，则可不限于公司章程的规定，而对预测年限作有限制条件的永续经营假设。

（4）企业收益预测。企业的收益预测大致分为三个阶段：一是对企业收益的历史及现状的分析与判断；二是对企业未来若干年收益的预测；三是对企业未来持续经营条件下的长期预期收益趋势的判断。

1）对企业收益的历史与现状进行分析和判断。对企业收益的历史与现状进行分析和判断的目的是了解企业正常的盈利能力，为企业收益的预测创造一个工作平台。要根据企业的具体情况确定分析的重点。对于已有较长经营历史且收益稳定的企业，应着重对其历史收益进行分析，并在该企业历史收益的平均趋势的基础上判断企业的盈利能力。而对于发展历史不长的企业，要着重对其现状进行分析，并主要在分析该企业未来发展机会的基础上判断企业的盈利能力。此外，还要结合企业的实际生产经营情况对财务数据加以综合分析。

为客观判断企业的正常盈利能力，还必须结合影响企业盈利能力的内部因素及外部因素进行分析。首先，要对影响企业盈利能力的关键因素进行分析与判断。评估人员应通过与企业管理人员的充分交流并结合自己的专业判断，对企业的核心竞争力进行清晰的界定。其次，要对企业所处的产业及市场地位有一个客观的认识。企业所处产业的发展前景、企业在该产业及市场中的地位、企业的主要竞争对手的情况等都是评估人员应该了解和掌握的。最后，对影响企业发展的可以预见的宏观因素，评估人员也应该加以分析和考虑。例如，对某家污染严重的企业价值进行评估时，评估人员就应该考虑国家的环境政策对企业未来盈利的影响。总之，只有结合企业内部与外部影响因素的分析，才能对企业正常盈利能力做出正确的判断。

2）企业收益预测的基本步骤。企业收益的预测大致可分为以下几个步骤：评估基准日审计后企业收益的调整；企业预期收益趋势的总体分析和判断；企业收益预测。

评估基准日审计后企业收益的调整。评估基准日审计后企业收益的调整包括两部分工作。一是对审计后的财务报表进行非正常因素调整，主要是损益表和净现金流量表的调整。将一次性、偶发性或以后不再发生的收入或费用进行剔除，把企业评估基准日的利润和净现金流量调整到正常状态下的数量，为企业预期收益的趋势分析打好基础。二是研究审计后报表的附注和相关报表，对在相关报表中揭示的影响企业预期收益的非财务因素进行分析，并在该分析的基础上对企业的收益进行调整，使之能反映企业的正常盈利能力。

企业预期收益趋势的总体分析和判断。企业预期收益趋势的总体分析和判断，是在对企业评估基准日审计后实际收益调整的基础上，结合企业提供的收益预测和评估机构调查收集到的有关信息的资料进行的。这里需要强调指出：首先，企业评估基准日审计后的调整财务报表，尤其是客观收益的调整仅作为评估人员进行企业收益预测的参考依据，不能用于其他目的。其次，企业提供的关于收益的预测是评估人员预测企业未来预期收益的重要参考资料。但是，不可以仅仅凭企业提供的收益预测作为对企业未来预期收益预测的唯一根据，评估人员应在自身专业知识和收集的其他资料的基础上做出客观、独立的专业判断。最后，尽管对企业在评估基准日的财务报表进行了必要的调整，并掌握了企业提供的收益预测，评估人员还必须深入到企业现场进行实地考察和现场调研，与企业的核心管理层进行充分的交流，了解企业的生产工艺过程、设备状况、生产能力和经营管理水平，再辅之以其他数据资料对企业未来收益趋势做出合乎逻辑的总体判断。

企业收益预测。企业未来收益预测是在评估基准日调整的企业收益或企业历史平均收益趋势的基础上，结合影响企业收益实现的主要因素在未来预期变化的情况，采用适当的方法进行的。目前，较为常用的方法有综合调整法、产品周期法、实践趋势法等。不论采用何种预测方法，首先都应进行预测前提条件的设定，因为企业未来可能面临的各种不确定性因素无法一项不漏地纳入评估工作中。科学合理地设定预测企业预期收益的前提条件是必需的，这些前提条件包括：国家的政治、经济等政策变化对企业预期收益的影响，除已经出台尚未实施的以外，只能假定其将不会对企业预期收益构成重大影响；不可抗拒的自然灾害或其他无法预期的突发事件，不作为预期企业收益的相关因素考虑；企业经营管理者的某些个人行为也不在预测企业收益时考虑等。当然，根据评估对象、评估目的和评估的条件，还可以对评估的前提作出必要的限定。但是，评估人员对企业收益预测的前提条件设定必须合情合理，否则这些前提条件不能构成合理预测企业预期收益的前提和基础。

本章小结

收益法是资产评估三大评估方法之一，不管在理论上还是在实践上都具有重要的意义。其是指通过估测被评估资产未来预期收益的现值来判断资产价值的各种评估方法的总称。收益法对应的三大前提条件包括：①被评估资产的未来预期收益可以预测并可以用货币衡量；②资产拥有者获得预期收益所承担的风险可以预测并可以用货币衡量；③被评估资产预期获利年限可以预测。运用收益法进行评估涉及许多经济参数，其中最主要的参数有三个，分别是收益额、折现率和获利期限。收益法可用于机器设备、房地产、企业价值等方面的评估，是现实评估中常用的方法之一。

章后练习

一、单项选择题

1. 以下不属于收益法三要素的是（　　）。
   A. 持续时间　　　　B. 折现率　　　　C. 市场价　　　　D. 收益额

2. 在 CAPM 模型中，R_m 是指（　　）。
   A. 投资报酬率　　　　　　　　　　B. 无风险报酬率
   C. 市场平均收益率　　　　　　　　D. 风险系数

3. 某被估房地产自评估基准日起剩余使用年限为 30 年，经专业评估人员分析，评估基准日后第一年的预期收益为 50 万元，其后各年的收益将以 2% 的比例递增，设定的折现率为 10%，该房地产的评估值最接近于（　　）万元。
   A. 555　　　　　　B. 560　　　　　　C. 625　　　　　　D. 650

4. 采用收益法评估资产时，收益法中的各个经济参数之间存在的关系是（　　）。
   A. 资本化率越高，收益现值越低　　B. 资本化率越高，收益现值越高
   C. 资产预期收益期不影响收益现值　　D. 无风险报酬率不影响收益现值

二、计算题

1. 某企业收益性资产预计未来 5 年收益额分别是 13 万元、14 万元、15 万元、16 万元和 17 万元。假定从第六年开始，以后各年收益均为 15 万元，确定的折现率和本金化率为 10%。确定该收益性资产在持续经营下的评估值。

2. 某资产评估机构受托对甲公司的资产进行评估。甲公司拥有乙公司发行的非上市普通股股具 100 万股，每股面值 1 元。评估人员经过调查分析认为，甲公司在持有该股票期间，每年每股收益率均在 8% 左右，评估基准日后预计该股票第一年每股收益率为 8%，第二年每股收益率为 9%，第三年每股收益率为 10%。从第四年起，乙公司研发的新产品上市，每股收益率可达到 15%，并将持续下去。通过与乙公司管理层的沟通，评估人员了解到乙公司将从第四年起每年年终将税后利润的 80% 用于股利分配，另 20% 用于公司扩大再生产。评估时无风险报酬率为 5%，预计风险报酬率为 3%。评估基准日为 2009 年 12 月 31 日。

   要求：

   (1) 根据所给资料，估算本项目所选用评估方法中的各项参数指标。

   (2) 估算甲公司拥有的乙公司股票的价值（最终结果以万元为单位，小数点后保留两位）。

3. 甲评估机构于 2009 年 1 月对 A 公司进行评估，A 公司拥有 B 公司发行的非上市普通股 100 万股，每股面值 1 元。经评估人员预测，评估基准日后该股票第一年每股收益率为 6%，第二年每股收益率为 7%，第三年每股收益率为 8%。从第四年起，因生产、销售步入正轨，专利产品进入成熟期，因此每股收益率可达 11%。从第六年起，B 公司每年年终将把税后利润的 80% 用于股利分配，另 20% 用于公司扩大再生产，B 公司净资产收益率将保持在 15% 的水平上。如果无风险报酬率为 5%，风险报酬率为 5%，评估基准日为 2009 年 1 月 1 日，求 A 公司所拥有的 B 公司股票的评估值（要求：最终结果以万元为单位，小数点后保留两位）。

参考答案

延伸阅读

10

资产评估报告与档案管理

主要知识点

资产评估报告的概念、资产评估报告的发展历程、资产评估报告的基本内容、资产评估报告的作用、资产评估报告书的制作与使用、资产评估档案管理制度

10.1　资产评估报告制度

10.1.1　资产评估报告的概念

根据 2019 年 1 月 1 日起施行的《资产评估执业准则——资产评估报告》定义，资产评估报告是指资产评估机构及其专业人员遵守法律、行政法规和资产评估准则，根据委托履行必要的资产评估程序后，由资产评估机构对评估对象在评估基准日特定目的下的价值出具的专业报告。

10.1.2　资产评估报告的由来

资产评估是市场经济高度发展的产物，资产评估报告则是对资产评估的行为结果的反映。资产评估的发展历程从某个方面来说也可以从侧面反映资产评估报告的发展历程。大致历程如下：

1991 年 11 月 16 日签发的中华人民共和国国务院《国有资产评估管理办法》（第 91 号令）是我国第一次从国家层面来处理资产评估相关事务的管理办法，其中第十八条规定，受占有单位委托的资产评估机构应当根据本办法的规定，对委托单位被评估资产的价值进行评定和估算，并向委托单位提出资产评估结果报告书。委托单位收到资产评估机构的资产评估结果报告书后应当报其主管部门审查；主管部门审查同意后，报同级国有资产管理行政主管部门确认资产评估结果。经国有资产管理行政主管部门授权或者委托，占有单位的主管部门可以确认资产评估结果。第十九条规定，国有资产管理行政主管部门应当自收到占有单位报送的资产评估结果报告书之日起四十五日内组织审核、验证、协商，确

认资产评估结果，并下达确认通知书。从这两条可以看出，资产评估报告第一次在法规层面上被确认下来，成为资产评估中必不可少的一部分。

2007年，中国资产评估协会发布了《资产评估执业准则——资产评估报告》，这是协会发布的正式的专门规范资产评估报告的准则，对资产评估报告的要求和内容做出了规定，如注册资产评估师应当清晰、准确地陈述评估报告内容，不得使用误导性的表述；注册资产评估师应当在评估报告中提供必要信息，使评估报告使用者能够合理理解评估结论；评估报告应当包括标题及文号、声明、摘要、正文和附件等。2008年，专门针对企业国有资产的评估，中国资产评估协会出台了《企业国有资产评估报告指南》，内容由标题、文号、声明、摘要、正文、附件、评估明细表和评估说明构成。规定注册资产评估师应当清晰、准确陈述评估报告内容，不得使用误导性的表述，评估报告提供的信息，应当使企业国有资产监督管理机构和相关机构能够全面了解评估情况，使评估报告使用者能够合理理解评估结论。2011年，又专门针对金融企业国有资产的评估，中国资产评估协会出台了《金融企业国有资产评估报告指南》，要求注册资产评估师应当在评估报告正文的基础上编制评估报告摘要。评估报告摘要应当简明扼要地反映经济行为、评估目的、评估对象和评估范围、价值类型、评估基准日、评估方法、评估结论、对评估结论产生影响的特别事项、评估报告使用有效期等关键内容。评估报告正文应当包括绪言，委托方、被评估单位及业务约定书约定的其他评估报告使用者概况，评估目的，评估对象和评估范围，价值类型及其定义，评估基准日，评估依据，评估方法，评估程序实施过程和情况，评估假设，评估结论，特别事项说明，评估报告使用限制说明，评估报告日，签字盖章。

同时，在2011年，中国资产评估协会为贯彻落实《资产评估机构审批和监督管理办法》（财政部令第64号）相关规定，满足评估机构执业需要，进一步规范评估机构和注册资产评估师在评估报告和业务约定书上签字盖章的行为，对评估报告等准则中涉及签字盖章的条款作修改，具体将《资产评估执业准则——资产评估报告》第九条修改为："评估报告应当由两名以上（含两名）注册资产评估师签字盖章，并由评估机构加盖公章。有限责任公司制评估机构的法定代表人或者合伙制评估机构负责该评估业务的合伙人应当在评估报告上签字。有限责任公司制评估机构的法定代表人可以授权首席评估师或者其他持有注册资产评估师证书的副总经理以上管理人员在评估报告上签字。有限责任公司制评估机构可以授权分支机构以分支机构名义出具除证券期货相关评估业务外的评估报告，加盖分支机构公章。评估机构的法定代表人可以授权分支机构负责人在以分支机构名义出具的评估报告上签字。"第十五条第（十四）项修改为："注册资产评估师签字盖章，评估机构或者经授权的分支机构加盖公章，法定代表人或者其授权代表签字，合伙人签字。"

为贯彻落实《中华人民共和国资产评估法》，规范资产评估执业行为，保证资产评估执业质量，保护资产评估当事人的合法权益和公共利益，在财政部的指导下，中国资产评估协会根据《资产评估基本准则》，分别于2017年和2019年对《资产评估执业准则——资产评估报告》进行了修订，进一步与《中华人民共和国资产评估法》和国务院简政放权的要求相衔接。

10.1.3 资产评估报告的类型

资产评估报告服务于社会经济活动，其表现形式取决于参与社会经济活动的委托方。正确地把握资产评估报告的类型，不仅有益于资产评估理论的深入研究，也是为委托方提供更为专业化和个性化服务的基础。根据委托方委托的评估事项的不同，评估报告可分为不同的类型。

一是按照资产评估的对象划分，可分为单项资产评估报告和整体资产评估报告。单项资产评估报告是针对房地产、机器设备、无形资产等单项资产出具的评估报告，整体资产评估报告是对企业的全部资产和负债进行评估出具的评估报告。

在上述分类的基础上，把具有相同或相似功能的个别资产集合、未形成独立获利能力体的不同功能的个别资产集合归于单项资产评估报告类别，把整体资产中的一部分但可以形成独立获利能力体的个别资产集合归于整体资产评估报告类别。

二是按照资产评估工作的内容，可分为资产评估报告、评估复核报告和评估咨询报告。资产评估报告即所谓的正常资产评估报告，是最为常见的报告类型，通常情况下这类资产评估报告的形成在资产评估程序、资产评估依据、资产评估报告形式等方面与其他类型的评估报告相比具有更为规范的要求，因此也具有更高的法律责任。评估复核报告是对其他评估机构出具的评估报告进行复核后出具的评估复核报告。资产评估活动的特点决定了复核工作不能完全代替完整的资产评估过程，评估机构平等的主体地位也确立了评估复核报告不是在更高层面上对被复核单位出具的评估报告的确认或者否定，评估复核报告仅仅是评估复核机构对被复核报告的评判与分析，无论是原评估机构还是评估复核机构，对评估报告使用者均独立承担法律责任。评估咨询报告是评估机构为了满足委托方的需要对不具备出具正常资产评估报告条件的对象提供价值咨询而出具的一种报告。

以上从工作内容的角度划分资产评估报告，从一个侧面反映出了资产评估行业在我国的发展历程。1991年国务院颁布《国有资产管理办法》（91号令）及在此后的相当长的一段时期内，资产评估的服务领域均定位于国有资产管理，因此相应地，对资产评估报告的要求规范得较为严格和细致，加之经济行为相对单一，这个阶段所形成的资产评估报告大都属于前述第一类的资产评估报告。随着服务领域的扩大和经济行为的多样化与复杂化，评估复核报告和评估咨询报告应需而生，有关规定与准则也认可和提出了对价值咨询类业务的参照标准。尤其近年来随着评估行业在社会经济生活中更为广泛的介入，部分与价值咨询相关的实务需求已不能找到直接与之匹配的评估规范与准则，如对停产损失的价值咨询业务就在评估对象和评估时点等方面甚至突破了评估研究的已有成果。此外，部分评估咨询报告也产生于应委托人之需对尚不完全具备正式评估条件的对象发表价值咨询意见。

三是按照资产评估基准日与资产评估报告日的时间关系不同划分，可以分为追溯性评估报告、现时性评估报告和预期性评估报告。

资产评估报告中涉及资产评估基准日和资产评估报告日两个重要的时间概念。资产评估基准日是资产评估价值的基准时间，是确定估价对象当时状态与取价标准的时点。资产评估报告日是资产评估机构出具评估报告的日期。

追溯性评估是指需要确定评估对象过去较早价值的评估，通常是资产评估基准日早于资产评估报告日一年前，该类型的评估主要服务于资产纳税、司法诉讼等情形。现时性评估是指基准日与报告日期相同（或接近）的资产评估，目前规定资产评估报告自评估基准日起一年内有效，该类型的评估主要服务于大多数评估项目。预期性评估报告是对资产未来价值的测算，其资产评估基准日在资产评估报告日之后，对正在开发的项目（如房地产开发）的资产权益进行评估时常需要该类型的评估报告以确定资产的未来价值。

从表面上看，追溯性评估报告、现时性评估报告和预期性评估报告的差异在于基准日与报告日的时间不同，但从本质上来说，其区别在于评估时经济行为的发生时间。

四是按照评估报告提供内容和数据资料的繁简程度划分，可以分为完整评估报告、简明评估报告和限制评估报告。完整评估报告或简明评估报告是对评估工作进行完整地、明确地阐述和说明，是提供给包括客户在内的其他使用者阅读的，两者的区别仅在于其内容的详尽性；限制评估报告与完整或简明评估报告在评估报告的表现方式与评估报告的使用者等方面有所不同，当评估报告的使用者不包括评估客户以外的其他方时，应当使用限制评估报告。当评估师使用限制评估报告时，必须提供一个注释，这个注释将警告报告阅读者，报告的使用人仅限于评估委托人。

10.1.4　资产评估报告的基本内容

自 2019 年 1 月 1 日起施行的《资产评估执业准则——资产评估报告》规定，资产评估报告的内容包括标题、文号、目录、声明、摘要、正文、附件七部分。

10.1.4.1　资产评估报告的标题、文号和目录

资产评估报告标题应当简明清晰，一般采用"名称+经济行为关键词+评估对象+资产评估报告"的形式。

资产评估报告文号包括评估机构特征字、种类特征字、年份、报告序号。

资产评估报告目录应当包括每一部分的标题和相应页码。

10.1.4.2　资产评估报告声明的内容

《资产评估执业准则——资产评估报告》要求，资产评估师需要注意的是，

准则的要求仅是一般性声明内容，资产评估师在执行具体评估业务时，还应根据评估项目的具体情况，增加或细化声明内容。

（1）资产评估报告依据财政部发布的资产评估基本准则和中国资产评估协会发布的资产评估执业准则和职业道德准则编制。

（2）委托人或者其他资产评估报告使用人应当按照法律、行政法规规定和资产评估报告载明的使用范围使用资产评估报告；委托人或者其他资产评估报告使用人违反前述规定使用资产评估报告的，资产评估机构及其资产评估专业人员不承担责任。

（3）资产评估报告仅供委托人、资产评估委托合同中约定的其他资产评估报告使用人和法律、行政法规规定的资产评估报告使用人使用；除此之外，其他任何机构和个人不能成为资产评估报告的使用人。

（4）资产评估报告使用人应当正确理解和使用评估结论，评估结论不等同于评估对象可实现价格，评估结论不应当被认为是对评估对象可实现价格的保证。

（5）资产评估报告使用人应当关注评估结论成立的假设前提、资产评估报告特别事项说明和使用限制。

（6）资产评估机构及其资产评估专业人员遵守法律、行政法规和资产评估准则，坚持独立、客观、公正的原则，并对所出具的资产评估报告依法承担责任。

（7）其他需要声明的内容。

10.1.4.3　资产评估报告的摘要

资产评估报告摘要应当简明扼要地反映经济行为、评估目的、评估对象和评估范围、价值类型、评估基准日、评估方法、评估结论及其使用有效期、对评估结论产生影响的特别事项等关键内容。对影响评估结论的特别事项，无需将评估报告正文的"特殊事项说明"的内容全部反映在评估报告摘要中，而应主要反映在已经确定评估结论的前提下，所发现的可能影响评估结论但非资产评估师执业水平和能力所能评定估算的有关重大事项。在资产评估实践中，对资产评估结论影响程度较大的判断标准，可以根据事项本身的性质和事项影响评估结论的金额进行判断。例如，一笔涉诉的、正处于审理阶段的大额应收款项，评估报告出具日无法判断其可回收的可能性和回收的具体金额，尽管以账面值列示，但其存在较大的不确定性，应提醒评估报告使用人注意，所列示的账面值（评估值）不能替代未来的法院裁定结果。对评估结论影响重大，可能直接导致评估结论使用时不确定的"评估基准日期后重大事项"，资产评估师也应在摘要中提醒报告使用人注意，评估结论未反映该期后事项的影响。

评估结论摘要应当采用下述文字提醒评估报告使用人阅读全文："以上内容摘自资产评估报告正文，欲了解本评估项目的详细情况和合理理解评估结论，应当阅读资产评估报告正文"。该提示性文字旨在使资产评估师明晰，尽管摘要反映了评估报告的关键内容和主要信息，但它还不足以使评估报告使用人全面理解评估结论，因此需要提示评估报告使用人应当按照评估报告正文的内容正确理解评估报告和合理使用评估结论。

10.1.4.4 资产评估报告的正文内容

资产评估报告正文是资产评估报告的主体部分，详细地说明了评估结果的来源，体现内容包括以下几个部分。

（1）委托人及其他资产评估报告使用人。

（2）评估目的。

（3）评估对象和评估范围。

（4）价值类型。

（5）评估基准日。

（6）评估依据。

（7）评估方法。

（8）评估程序实施过程和情况。

（9）评估假设。

（10）评估结论。

（11）特别事项说明。该部分包括：①权属等主要资料不完整或者存在瑕疵的情形；②委托人未提供的其他关键资料情况；③未决事项、法律纠纷等不确定因素；④重要的利用专家工作及相关报告情况；⑤重大期后事项；⑥评估程序受限的有关情况、评估机构采取的弥补措施及对评估结论影响的情况；⑦其他需要说明的事项。

（12）资产评估报告使用限制说明。该部分包括：①使用范围；②委托人或者其他资产评估报告使用人未按照法律、行政法规规定和资产评估报告载明的使用范围使用资产评估报告的，资产评估机构及其资产评估专业人员不承担责任；③除委托人、资产评估委托合同中约定的其他资产评估报告使用人和法律、行政法规规定的资产评估报告使用人之外，其他任何机构和个人不能成为资产评估报告的使用人；④资产评估报告使用人应当正确理解和使用评估结论，评估结论不等同于评估对象可实现价格，评估结论不应当被认为是对评估对象可实现价格的保证。

（13）资产评估报告日。

（14）资产评估专业人员签名和资产评估机构印章。

10.1.4.5 资产评估报告附件

评估报告附件通常包括下列内容：

（1）与评估目的相对应的经济行为文件。

（2）被评估单位专项审计报告。

（3）委托人和被评估单位法人营业执照。

（4）委托人和被评估单位（或者产权持有单位）产权登记证。

（5）评估对象所涉及的主要权属证明资料。

（6）委托人和相关当事人的承诺函。

（7）签名资产评估师的承诺函。

（8）资产评估机构资格证书。

（9）资产评估机构法人营业执照副本。

（10）负责该评估业务的资产评估师资格证明文件。

（11）资产评估委托合同。

（12）其他重要文件。

10.1.5　资产评估报告的作用

资产评估报告是资产评估结果的证明文件，概括起来主要有以下几方面作用：

第一，从委托方角度来说，资产评估报告为被评估资产提供价值说明和意见。评估机构及其评估专业人员根据委托，遵循评估原则和标准，按照法定程序，根据特定目的，运用适当的科学专业方法对特定资产进行评定、估算，评估出相应价值，并通过评估报告予以书面说明。资产评估报告是评估方作为独立的第三方，不以他人意志为转移，客观公正地给出的资产评估价值说明和意见，该评估结果只是从客观层面给委托方提供参考价值，并非绝对价值。

第二，从评估方角度来说，资产评估报告是评估人员综合素质的体现。出具资产评估报告是评估人员的本职工作，资产评估报告质量的高低直接反映了评估人员的专业素质。评估人员是否清楚地了解资产相关情况，是否运用科学、合理的评估方法，是否采用准确的数据信息，是否从宏观和微观对资产进行综合分析等，都会对评估人员评估资产价值有一定的影响。作为评估人员，能否在纷繁复杂的信息当中运用专业知识加上行业相关经验，出具具有专业水准的资产评估报告，对其综合素质水平是重大的考验和检验，也是反映其专业素质的最直接的证明。

第三，从法律角度来说，资产评估报告是明确各方责任的重要依据。资产评估报告是反映和体现资产评估工作情况，明确委托方、受托方及有关方面责任的依据。同时，资产评估报告也反映和体现受托的资产评估机构与执业人员的权利与义务，并以此来明确委托方、受托方有关方面的法律责任。当然，资产评估报告书也是评估机构履行评估协议和向委托方或有关方面收取评估费用的依据。

第四，从监管角度来说，资产评估报告是监管评估人员和机构的重要部分。资产评估人员每出具一份资产评估报告，就意味着该项目的基本完成，评估机构一方的审核部门将对该项评估报告进行内审，检查其行为规范、业务流程是否符合法律法规要求，数据获取分析是否完整、客观、准确，结论报告是否科学、合理、专业等，这对提高评估机构业务能力水平，完善机构内部管理有着重要的作用。同时，外部有关管理部门通过审核资产评估报告，可以有效地对评估机构的业务开展情况进行监督。

第五，从评估业务完整情况来说，资产评估报告是建立评估档案、归集评估档案资料的重要信息来源。评估机构和评估人员在完成资产评估任务之后，都必须按照档案管理的有关规定，将评估过程收集的资料、工作记录以及资产评估过程的有关工作底稿进行归档，以便进行评估档案的管理和使用。资产评估报告书是对整个评估过程的工作总结，其内容包括了评估过程的各个具体环节以及各有关资料的收集和记录。因此，不仅评估报告书的底稿是评估档案归集的主要内容，而且撰写资产评估报告过程中采用到的各种数据、各个依据、工作底稿和资产评估报告制度中形成的相关文字记录等都是资产评估档案的重要信息来源。

10.2　资产评估报告书的编制与使用

10.2.1　资产评估报告书的编制步骤

资产评估报告的编制是评估方在完成前期数据收集、现场调查、评估分析得出结论后的最后一项工作程序，其编制有以下几个步骤：

10.2.1.1　归集有关资料和整理工作底稿

资产评估现场工作结束后，有关评估人员必须着手对现场工作底稿进行收集、整理和分类。同时，对询证、被评估资产背景资料、技术鉴定资料、价格取证等有关资料进行归集和登记。若存在相关资料短缺或者丢失的情况，应及时判断其重要程度和做好相关记录，采取相应的解决措施。

10.2.1.2　汇总评估数据和评估明细表的数字

在完成现场工作底稿和有关资料的归集任务后，评估人员应着手评估明细表的数字汇总。明细表的数字汇总应根据明细表的不同级次进行，先明细汇总，然后分类汇总，再到资产负债表的汇总。不能采用计算机软件汇总的评估机构，在数字汇总过程中应反复核对各有关表格的数字的关联性和各表格栏目之间数字勾稽关系，防止出错。

10.2.1.3　分析和讨论评估初步数据

在完成评估明细表的数字汇总、得出初步的评估数据后，应召集参与评估工作过程的有关人员，对评估报告初步数据的结论进行分析和讨论，比较各有关评估数据，复核记录估算结果的工作底稿，对存在作价不合理的部分评估数据进行调整。

10.2.1.4　编写评估报告

编写评估报告应该分步骤进行：首先，由各组负责人分别草拟出负责的那部分资产的评估说明，同时提交给全面负责、熟悉本项目的人员草拟资产评估报告书。其次，就评估基本情况和评估报告初稿的初步结论与委托方交换意见，听取委托方的反馈意见后，在坚持独立、客观、公正的前提下，认真分析委托方提出的问题和建议，考虑是否应该修改评估报告，对评估报告中存在的疏忽、遗漏和错误之处进行修正，待修改完毕即可撰写出资产评估正式报告。

10.2.1.5 签发与送交资产评估报告

评估机构撰写出资产评估正式报告后，经审核无误，按以下程序进行签名盖章：先由负责该项目的评估师签章（两名或两名以上），再送复核人审核签章，最后送评估机构负责人审定签章并加盖机构公章。资产评估报告签发盖章后即可连同评估说明及评估明细表送交委托单位。

10.2.2 资产评估报告书编制的基本要求

资产评估报告书编制有较为严格的规范，其基本要求包括以下几个方面：

第一，资产评估报告陈述的内容应当清晰、准确，不得有误导性的表述。

第二，资产评估报告的详略程度可以根据评估对象的复杂程度、委托人的要求合理确定。

第三，执行资产评估业务，因法律法规规定、客观条件限制，无法或者不能完全履行资产评估基本程序，经采取措施弥补程序缺失，且未对评估结论产生重大影响的，可以出具资产评估报告，但应当在资产评估报告中说明资产评估程序受限情况、处理方式及其对评估结论的影响。如果程序受限对评估结论产生重大影响或者无法判断其影响程度的，不得出具资产评估报告。

第四，资产评估报告应当由至少两名承办该项业务的资产评估专业人员签名并加盖资产评估机构印章。法定资产评估业务的资产评估报告应当由至少两名承办该项业务的资产评估师签名并加盖资产评估机构印章。

第五，资产评估报告应当使用中文撰写。同时出具中外文资产评估报告的，若中外文资产评估报告存在不一致的，以中文资产评估报告为准。资产评估报告一般以人民币为计量币种，使用其他币种计量的，应当注明该币种在评估基准日与人民币的汇率。

第六，资产评估报告应当明确评估结论的使用有效期。通常，只有当评估基准日与经济行为实现日相距不超过一年时，才可以使用资产评估报告。

10.2.3 资产评估报告的使用

10.2.3.1 委托方对资产评估报告书的使用

资产评估报告由评估机构出具后，委托人、评估报告使用人可以根据所载明的评估目的和评估结论进行恰当、合理使用，如作为资产转让的作价基础、作为企业进行合并记录或调整账项的依据等，但使用评估报告应当符合法律规定和评估报告载明的使用范围。

（1）根据评估目的，资产评估报告可作为资产业务的作价基础。主要资产业务包括企业改制、上市、对外投资、中外合资合作、转让、出售、拍卖等产权变动的活动，以及保险、纳税、抵押、担保等非产权变动的经济活动和法律方面需要的其他目的的活动。

（2）作为企业进行会计记录或调整账项的依据。委托方在根据评估报告书中所揭示的资产评估目的使用资产评估报告资料的同时，还可依照有关规定，根据资产评估报告书中的资料进行会计记录或调整有关财务账项。

（3）作为履行委托协议和支付评估费用的主要依据。当委托方收到评估机构正式评估报告书的有关资料后，在没有异议的情况下，应根据委托协议，将评估结果作为计算支付评估费用的主要依据，履行支付评估费用的承诺及其他有关承诺的协议。

（4）作为法庭辩论和裁决的举证材料。在涉及经济纠纷时，资产评估结果可以作为有关当事人法庭辩论的举证材料和法庭做出裁决的证明材料。

当然，委托方在使用资产评估报告书及有关资料时也必须注意以下几方面问题：①只能按报告书所揭示的评估目的使用报告，一份评估报告书只允许按一个用途使用；②只能在报告书的有效期内使用报告，超过报告书的有效期，原资产评估结果无效；③在报告书有效期内，资产评估数量发生较大变化时，应由原评估机构或者资产占有单位按原评估方法作相应调整后才能使用；④涉及国有资产产权变动的评估报告书及有关资料必须经国有资产管理部门或授权部门核准或备案后方可使用；⑤作为企业会计记录和调整企业账项使用的资产评估报告书及有关资料，必须由有权机关批准或认可后方能生效。

10.2.3.2　资产评估管理机构对资产评估报告书的应用

资产评估管理机构主要是指对资产评估进行行政管理的主管机构和对资产评估业自律管理的行业协会。对资产评估报告书的运用是资产评估管理机构实现对评估机构的行政管理和行业自律管理的重要过程。资产评估管理机构通过对评估机构出具的资产评估报告书有关资料的运用，能大体了解评估机构从事评估工作的业务能力和组织管理水平。由于资产评估报告是反映资产评估工作过程的工作报告，通过对资产评估报告书资料的检查与分析，评估管理机构一方面能大致判断该机构的业务能力和组织管理水平，另一方面能对资产评估质量进行评价。资产评估管理机构通过对资产评估报告书进行核准或备案，能够对评估机构的评估结果质量的好坏做出客观的评价，从而能够有效实现对评估机构和评估人员的管理。另外，资产评估报告能为国有资产管理提供重要的数据资料。通过对资产评估报告书的统计与分析，可以及时了解国有资产占有和使用状况以及增减值变动情况，进一步加强国有资产管理服务。

10.2.3.3　其他有关部门对资产评估报告书的应用

其他有关部门包括证券监督管理部门、保险监督管理部门、工商行政管理、税务机关、金融机构和法院等有关部门。

证券监督管理部门对资产评估报告书的运用，主要表现在对申请上市的公司提供的相关申报材料，特别是招股说明书的审核过程，以及对上市公司在股东配售发行股票时的申报材料特别是配股说明书的审核过程。根据有关规定，公开发行股票的公司信息披露至少要列示以下各项资产评估情况：①按资产负债表大类划分的公司各类资产评估前账面价值以及固定资产净值；②公司各类资产评估净值；③各类资产增减值幅度；④各类资产增减值的主要原因。

公开发行股票的公司采用非现金方式配股，其配股说明书的备查文件必须附上资产评估报告书。当然，证券监督管理部门还可运用资产评估报告书和有关资料加强对取得证券业务评估资格的评估机构及有关人员的业务管理。

保险监督管理部门、工商行政管理部门以及税务、金融和法院等部门也都能通过对资产评估报告书的运用来实现其管理职能。但是，这些部门在使用资产评估报告书时，都要清醒地认识到资产评估结果只是专家的估价意见，应该结合本部门的资产业务自主决策。

资产评估报告书

A 科技股份有限公司发行股份及支付现金购买资产项目涉及的 B 科技有限公司股东全部权益价值评估报告

C 评报字（20××）第××号

C 资产评估有限责任公司接受北京 A 科技股份有限公司的委托，根据有关法律、法规和资产评估准则，遵循独立、客观、公正的原则，按照必要的评估程序，对 B 科技有限公司的股东全部权益在评估基准日的市场价值进行了评估。现将资产评估情况报告如下：

一、委托方、被评估单位及业务约定书约定的其他评估报告使用者

本次评估的委托方为 A 科技股份有限公司，被评估单位为 B 科技有限公司，业务约定书约定的其他评估报告使用者包括行业监管部门。

二、评估目的

A 科技股份有限公司拟发行股份及支付现金购买 B 科技有限公司 100% 股权，因此需对 B 科技有限公司的股东全部权益价值进行评估，为上述经济行为提供价值参考依据。

三、评估对象和评估范围

（一）评估对象

根据评估目的，评估对象是 B 科技股份有限公司的股东全部权益价值。

（二）评估范围

评估范围是 B 科技股份有限公司的全部资产及负债。评估范围内的资产包括流动资产、长期股权投资、固定资产等，总资产账面价值为 6544.62 万元；负债均为流动负债，总负债账面价值为 3026.45 万元；归属于母公司所有者权益账面价值为 518.17 万元。委托评估对象和评估范围与经济行为涉及的评估对象和评估范围一致。评估基准日，评估范围内的资产、负债账面价值已经会计师事务所（特殊普通合伙）审计，并发表了标准无保留意见的审计报告。

四、价值类型及其定义

根据评估目的，确定评估对象的价值类型为市场价值。

市场价值是指自愿买方和自愿卖方，在各自理性行事且未受任何强迫的情况下，对评估对象在评估基准日进行正常公平交易的价值估计数额。

五、评估基准日

评估基准日是 20××年×月×日。评估基准日由委托方确定。

六、评估依据

（一）经济行为依据
（二）法律法规依据
（三）评估准则依据
（四）权属依据
（五）取价依据
（六）其他参考依据

七、评估方法

（一）收益法
（二）资产基础法

八、评估程序实施过程和情况

评估人员于 20××年×月×日至 20××年×月×日对评估对象涉及的资产和负债实施了评估。主要评估程序实施过程和情况如下：
（一）接受委托
（二）前期准备
（三）现场调查
（四）资料收集
（五）评定估算
（六）内部评定估算

九、评估假设

本评估报告分析估算采用的假设条件如下：
（一）一般假设
（二）特殊假设

十、评估结论

（一）收益法评估结果

B科技股份有限公司评估基准日总资产账面价值为16544.62万元，总负债账面价值为13026.45万元，归属于母公司所有者权益账面价值为2518.17万元，采用收益法评估的股东全部权益价值为11503.57万元，增值额为8985.40万元，增值率为356.82%。

（二）资产基础法评估结果

B科技股份有限公司评估基准日母公司账面价值为14712.76万元，总负债账面价值为12238.88万元，净资产账面价值为2482.88万元，采用资产基础法评估的股东全部权益价值为4811.24万元，较账面净资产2482.88万元，增值2328.36万元，增值率为93.77%。

（三）评估结论

收益法评估后的股东全部权益价值为11503.57万元，资产基础法评估后的股东全部权益价值为4811.24万元。

资产基础法是在持续经营的基础上，以重置各项生产要素为假设前提，根据要素资产的具体情况采用适宜的方法分别评定估算企业各项要素资产的价值并累加求和，再扣减相关负债评估价值，得出资产基础法下股东全部权益的评估价值，反映的是企业基于现有资产的重置价值，被评估公司属于轻资产公司，包括技术、渠道、人力资源等在内的重要资源无法通过资产基础法完整反映。而收益法是在对企业未来收益预测的基础上计算评估价值的方法，不仅考虑了各分项资产是否在企业中得到了合理和充分利用、组合在一起时是否发挥了其应有的贡献等因素对企业股东全部权益价值的影响，也考虑了企业积累的客户关系、销售渠道、知识产权、研发和技术团队、多年积淀的商誉等综合因素对股东全部权益价值的影响。根据被评估单位所处行业和经营特点，收益法评估价值能比较客观、全面地反映目前企业的股东全部权益价值。

根据上述分析，本评估报告评估结论采用收益法评估结果，即B科技股份有限公司评估基准日总资产账面价值为16544.62万元，总负债账面价值为13026.45万元，归属于母公司所有者权益账面价值为2518.17万元，股东全部权益价值为11503.57万元，增值额为8985.40万元，增值率为356.82%。

十一、特别事项说明

十二、评估报告使用限制说明

本评估报告只能用于评估报告载明的评估目的和用途。

本评估报告只能由评估报告载明的评估报告使用者使用。

本评估报告的全部或者部分内容被摘抄、引用或者被披露于公开媒体，需评估机构审阅相关内容，法律、法规规定以及相关当事方另有约定的除外。

本评估报告经注册资产评估师签字、评估机构盖章后方可正式使用。

本评估报告所揭示的评估结论仅对评估报告中描述的经济行为有效，评估结论使用有效期为自评估基准日起一年。

十三、评估报告日

本评估报告提出日期为20××年×月×日。

法定代表人：×××

资产评估师：×××　　资产评估师：×××

C资产评估有限责任公司

二〇××年×月×日

10.3　资产评估档案管理制度

根据《资产评估基本准则》，资产评估档案是指资产评估机构开展资产评估业务形成的，反映资产评估程序实施情况、支持评估结论的工作底稿、资产评估报告及其他相关资料。纳入资产评估档案的资产评估报告应当包括初步资产评估报告和正式资产评估报告。

10.3.1　资产评估档案的编制要求

评估档案的编制不但直接影响到评估资产的质量，还是资产评估专业人员佐证自己在评估过程中客观、公正地履行程序的依据。资产评估专业人员在评估完成后，应及时整理工作底稿。

第一，执行资产评估业务，应当遵守法律、行政法规和资产评估准则，编制工作底稿。

第二，工作底稿应当反映资产评估程序实施情况，支持评估结论。

第三，工作底稿应当真实完整、重点突出、记录清晰。资产评估机构及其资产评估专业人员可以根据资产评估业务具体情况，合理确定工作底稿的繁简程度。

第四，工作底稿可以是纸质文档、电子文档或者其他介质形式的文档，资产评估机构及其资产评估专业人员应当根据资产评估业务具体情况和工作底稿介质的理化特性谨慎选择工作底稿的介质形式。

第五，工作底稿通常分为管理类工作底稿和操作类工作底稿。管理类工作底稿是指在执行资产评估业务过程中，为受理、计划、控制和管理资产评估业务所形成的工作记录及相关资料。操作类工作底稿是指在履行现场调查、收集评估资料和评定估算程序时所形成的工作记录及相关资料。

第六，管理类工作底稿通常包括以下内容：①资产评估业务基本事项的记录；②资产评估委托合同；③资产评估计划；④资产评估业务执行过程中重大问题处理记录；⑤资产评估报告的审核意见。

第七，操作类工作底稿的内容因评估目的、评估对象和评估方法等不同而有所差异，通常包括：①现场调查记录与相关资料，主要包括委托人或者其他相关当事人提供的资料。例如，资产评估明细表，评估对象的权属证明资料，与评估业务相关的历史、预测、财务、审计等资料，以及相关说明、证明和承诺等；现场勘察记录、书面询问记录、函证记录等；其他相关资料。②收集的评估资料，主要包括市场调查及数据分析资料、询价记录、其他专家鉴定及专业人士报告、其他相关资料。③评定估算过程记录，主要包括重要参数的选取和形成过程记录，价值分析、计算、判断过程记录，评估结论形成过程记录，与委托人或者其他相关当事人的沟通记录，其他相关资料。

第八，资产评估专业人员收集委托人或者其他相关当事人提供的资产评估明细表及其他重要资料作为工作底稿，应当由提供方对相关资料进行确认，确认方式包括签字、盖章或者法律允许的其他方式。资产评估项目所涉及的经济行为需要批准的，应当将批准文件归档。

第九，工作底稿中应当反映内部审核过程。

第十，资产评估专业人员应当根据资产评估业务特点和工作底稿类别，编制工作底稿目录，建立必要的索引号，以反映工作底稿间的勾稽关系。

10.3.2　资产评估档案的归集和管理

资产评估业务完成后，资产评估专业人员应将工作底稿与评估报告等归集形成评估档案后及时向档案管理人员移交，并由所在资产评估机构按照国家有关法律、法规及评估准则的规定妥善管理。档案归档的具体工作中，评估机构应做好以下几个方面：

第一，资产评估专业人员通常应当在资产评估报告日后 90 日内将工作底稿、资产评估报告及其他相关资料归集形成资产评估档案，并在归档目录中注明文档介质形式。重大或者特殊项目的归档时限为评估结论使用有效期届满后 30 日内。

第二，资产评估委托合同、资产评估报告应当形成纸质文档。评估明细表、评估说明可以是纸质文档、电子文档或者其他介质形式的文档。同时以纸质和其他介质形式保存的文档，其内容应当相互匹配，不一致的以纸质文档为准。

第三，资产评估机构应当在法定保存期内妥善保存资产评估档案，保证资产评估档案安全和持续使用。资产评估档案自资产评估报告日起保存期限不少于十五年；属于法定资产评估业务的，不少于三十年。资产评估档案应当由资产评估机构集中统一管理，不得由原制作人单独分散保存。

第四，资产评估机构不得对在法定保存期内的资产评估档案非法删改或者销毁。

第五，资产评估档案的管理应当严格执行保密制度。除下列情形外，资产评估档案不得对外提供：①国家机关依法调阅的；②资产评估协会依法依规调阅的；③其他依法依规查阅的。

本章小结

资产评估报告是指资产评估机构及其资产评估专业人员遵守法律、行政法规和资产评估准则，根据委托履行必要的资产评估程序后，由资产评估机构对评估对象在评估基准日特定目的下的价值出具的专业报告。资产评估报告是资产评估整个过程中必不可少的一部分。本章介绍了资产评估报告的基本概念、发展历程、基本内容以及评估报告作用、资产评估报告书的制作与使用、资产评估报告书的使用、资产评估档案等方面，有利于更全面地了解资产评估相关内容。

章后练习

单项选择题

1. 下列关于国际评估报告制度说法正确的是（　　）。

   A.《国际资产评估准则》（IVS）属于国际评估报告制度

   B. 美国《专业评估执业统一准则》（USPAP）属于国际评估报告制度

   C.《英国皇家特许测量师学会评估专业准则》（RICS 红皮书）属于国际评估报告制度

   D. 比较有影响力的国际评估报告制度是从评估报告的基本内容与格式规范评估报告的

2. 下列关于评估报告分类的有关说法正确的是（　　）。

   A. 评估报告只要能够使具有评估专业知识的评估报告使用人能够正确理解评估结论即可

   B. 评估程序受限对评估报告出具产生影响的，不得出具评估报告

C. 评估报告的有效期是评估基准日与经济行为实现日相距不超过一年

D. 任何情况下都能够在这 1 年内直接使用评估报告

3. 根据《资产评估执业准则——资产评估报告》，下列不属于资产评估摘要、资产评估正文都共同涉及的内容是（　）。

　　A. 评估目的 　　　　　　　　　　B. 价值类型

　　C. 评估依据 　　　　　　　　　　D. 评估基准日

4. 下列不属于资产评估对象的是（　）。

　　A. 企业整体价值涉及的资产及负债

　　B. 股东全部权益或股东部分权益对应的法人资产和负债

　　C. 无形资产

　　D. 不动产资产

5. 根据《资产评估执业准则——资产评估报告》，评估依据的披露要求包括（　）。

　　A. 表述方式应当明确、具体，具有可验证性

　　B. 评估依据在评估基准日是有效的

　　C. 应满足相关、合理、可靠和有效的要求

　　D. 评估依据应满足有效的要求，即评估依据在评估基准日是有效的

6. 选择评估方法主要考虑的因素不包括（　）。

　　A. 评估时的市场条件 　　　　　　B. 数据资料

　　C. 适用性、效率性和安全性 　　　D. 评估程序

参考答案 ┃ ┈┈

延伸阅读 ┃ ┈┈

11

国外资产评估行业管理制度的比较

📖 **主要知识点**

资产评估行业主要包括国际及区域性组织、美国评估准则、英国评估准则

11.1 资产评估行业主要国际及区域性组织简介

资产评估行业国际及区域性组织是在全球及区域范围内推动资产评估行业发展的重要力量，在准则制定、职业能力建设、公众利益维护、信息交流、沟通协调等方面发挥了积极作用，主要职能也各有侧重。

11.1.1 国际评估准则理事会

国际评估准则理事会（International Valuation Standards Council，IVSC）注册于美国伊利诺伊州，运营总部位于英国伦敦，是一个独立的、不以营利为目的的国际评估组织。IVSC 为维护公众利益而成立，负责制定国际公认的《国际评估准则》（International Valuation Standards，IVS），内容涵盖不动产、企业价值、无形资产、机器设备和金融工具评估等。

国际评估准则理事会历经沿革，几经更名，前身是 1981 年成立的国际资产评估准则委员会（The International Assets Valuation Standards Committee），于 1994 年更名为国际评估准则委员会（International Valuation Standards Committee），后于 2008 年 10 月会员全体大会宣布改组并更名为国际评估准则理事会。

国际评估准则理事会的宗旨是，制定并推广有效高质的国际评估准则和国际行业标准，促进国际评估行业的发展，服务国际公共利益；通过规范国际评估行业，促进资本市场的健康发展和经济的持续增长，增强评估服务使用者和投资者信心；加强同其他国际组织的交流与合作，促进各成员组织间的交流与合作；为评估行业提供国际宣传平台。

2016 年 10 月，IVSC 会员全体大会宣布调整组织架构。目前其组织架构包括三个委员会及一个咨询论坛组。三个委员会分别为管理委员会、准则审核委员会、会员资格与准则推广委员会。管理委员会主要负责 IVSC 的组织管理、战略导向、筹资以及其他委员会的监督及任命工作。准则审核委员会负责更新并发布

高质量的国际评估准则,下设三个专业组,分别为有形资产组、企业价值组和金融工具组。会员资格与准则推广委员会负责促进国际评估准则的推广和使用,并通过当地的评估专业组织帮助各国评估行业发展。咨询论坛组是评估专业组织代表会晤和讨论的平台,也是向各委员会提供建议或进行咨询的窗口,组员来自 IVSC 的评估专业组织会员。

国际评估准则理事会的会员资格分为四种:评估专业组织会员、企业会员、行政会员、学术会员。评估服务使用者、评估服务提供者、评估行业专业机构、教育工作者及监管方均可申请 IVSC 会员资格。至今,IVSC 已经有来自 57 个国家和地区的 101 个会员组织,其中包括来自 47 个国家和地区的 58 个评估专业组织会员。

11.1.2　世界评估组织联合会

世界评估组织联合会(World Association of Valuation Organizations,WAVO)成立于 2004 年,总部位于新加坡,是由国际评估界专业协会和评估机构会员组成的专业组织。自成立以来,WAVO 一直致力于发展包括不动产评估、机器设备评估在内的多学科、跨领域的评估理论研究,并设置 WAVO 最佳评估报告奖,通过审查评估报告来奖励优秀的评估实践。

世界评估组织联合会代表公众利益,宗旨是通过完善和推广最佳评估专业教育、培训以及评估理论和操作实务的研究与发展,鼓励和支持各成员组织逐步达到职业要求的统一性,推动国际评估行业使用统一的评估标准、评估方法和专业术语。世界评估组织联合会重点支持并推动发展中国家和经济转型期国家评估行业的发展,承认并配合国际评估准则理事会(IVSC)在制定、发布、修订和解释国际评估准则方面所扮演的领导性角色,倡导会员在评估实践中执行和遵守国际评估准则,推动全球评估行业的共同发展。

世界评估组织联合会的会员资格分为六种:正式会员、提名会员、观察会员、机构会员、个人会员及赞助会员。其中,只有正式会员可以在组织决策中行使表决权;个人会员允许评估与咨询行业的个人申请,相当于联系会员。目前,共有来自 14 个国家和地区的 19 个评估组织会员。

11.1.3　国际企业价值评估学会

国际企业价值评估学会(International Institute of Business Valuers,iiBV)成立于 2010 年,总部位于加拿大多伦多市,是国际企业价值评估联盟组织。

国际企业价值评估学会的宗旨是,使企业价值评估领域更加卓越,更具话语权;促进世界各地最佳企业价值评估实务共享;管理企业价值评估行业。

国际企业价值评估学会通过提供教育机会,促进职业道德及行业标准的一致性,加强信息及思想的交流,鼓励国际合作来领导全球范围企业评估行业。主要职责是在全球提供企业价值评估相关教育，分享信息以强化企业价值评估行业，促进基于准则的标准和道德操守，代表企业价值评估界及利益相关方行使话语权，服务和保障公众利益。设置企业价值评估师和特许企业价值评估师两种资格。

国际企业价值评估学会的会员资格分为正式会员、联系会员及附属会员。正式会员限于参与管理企业价值评估专业实践且拥有企业价值评估专责部门的组织、学会或其他单位申请；联系会员限于管理、教育及促进国家或区域性企业价值专业实践，但不完全满足正式会员条件的组织、学会或单位申请；附属会员限于管理、教育及促进国家或区域性企业价值专业实践的政府及公共机关申请。

11.1.4　欧洲评估师协会联合会

欧洲评估师协会联合会（The European Group of Valuers Associations，TEGoVA）成立于 1997 年，总部位于比利时的布鲁塞尔。欧洲评估师协会联合会是欧洲房地产评估行业领先的非营利性专业组织，致力于制定不动产评估准则、完善职业道德体系并提高执业质量，代表 34 个国家 63 个专业组织评估师的利益。

欧洲评估师协会联合会主要负责起草欧洲评估准则，推广准则在整个欧洲的应用，为评估方法的选择提供指南，为欧洲评估师专业组织设定最低教育要求体系，推进欧洲评估师认证工作，在欧盟制定政策和法规过程中代表评估行业发表行业观点，提升评估师的专业素质并促进欧洲评估准则体系的统一。

欧洲评估师协会联合会由会员大会和董事会统一管理。会员大会包括欧洲评估师协会联合会中所有会员，是组织的最高权力机关。欧洲评估师协会联合会在每年春季和秋季各举行一次会员大会，其董事会主席兼任会员大会主席。联合会董事会由 5~8 位成员组成，均由会员大会选出，三年一届并可连任。董事会主席由会员大会从董事会成员中选举，每三年一届并可连任。

11.1.5　东盟评估师联合会

东盟评估师联合会（ASEAN Valuers Association，AVA）成立于 1981 年，会员国包括印度尼西亚、马来西亚、菲律宾、新加坡、泰国、文莱、越南和柬埔寨，由各会员国轮流担任主席国，每年更换。老挝和缅甸评估行业目前并不规范，以观察员身份参与 AVA 有关活动。

东盟评估师联合会旨在促进东盟各国评估师的交流和互相理解，促进东盟地区评估行业各专业的研究，并加强与其他国际性、区域性和国家性组织合作。

11.1.6　英国皇家特许测量师学会

英国皇家特许测量师学会（Royal Institution of Chartered Surveyors，RICS）成

立于 1868 年，总部位于英国伦敦，其历史可追溯至 1792 年成立的测量师俱乐部。英国皇家特许测量师学会作为专业性学会得到了业界的广泛认可，其专业领域涵盖了土地、物业、建造及环境等 17 个不同的行业。其在房地产领域的专业法规，被主要金融机构和各国政府视为"黄金准则"。英国皇家特许测量师学会在全球拥有超过 14 万会员，得到了 50 多个地方性协会及联合团体的大力支持。

英国皇家特许测量师学会代表公共利益，致力于为会员和所管理的公司制定最严格的能力和诚信准则，并针对关键问题向企业、社会和政府提供公正权威的建议。英国皇家特许测量师学会的主要职责是规范并提升评估行业，制定教育和行业准则，制定严格的道德规范，维护客户和消费者利益，提供公正的建议、分析和指导。

英国皇家特许测量师学会设有管理委员会，主要负责制定学会的战略方向，由英国皇家特许测量师学会领导团队以及世界各地的代表组成。管理委员会下设三个附属部门：监督管理理事会、审计委员会和管理理事会。英国皇家特许测量师学会分会遍布美洲、欧洲、中东、非洲、大洋洲和亚洲等地。

英国皇家特许测量师学会的会员资格分为四种：联系会员、正式会员、资深会员和学生会员。联系会员是拥有执业经验和资格的个人会员；正式会员是经过严格培训并获得特许测量师资格的成员；资深会员是职业生涯有重大成就的会员；学生会员是院校学生或正在接受职业培训的会员。

11.1.7　美国评估促进会

美国评估促进会（The Appraisal Foundation，TAF）成立于 1987 年，总部位于美国华盛顿，是美国国会授权的非营利性组织。1989 年 1 月 30 日，TAF 评估准则委员会开始采用《专业评估执业统一准则》（USPAP），该准则现已成为美国专业评估实践公认的准则。

美国评估促进会的宗旨是，通过颁布准则、认证评估资格以及提供有关评估方法和技术指导，促进资产评估行业的专业化并确保行业公信度。

美国评估促进会的主要任务：维护公众信任；强化 TAF 作为美国评估准则制定、道德行为准则制定及专业人员资格认证的权威地位；鼓励准则和资格认证的采用、执行、监管、报告和有效实施；维持美国评估促进会的独立性，确保其管委会的客观性及可信度；对评估服务的用户和其他意向团体进行有关评估师独立必要性的教育；通过明确提出合理的、及时的、一致的和充足的评估实务准则和资格认证来制定、支持和保护与公众息息相关的公共政策；告知消费者要合理预期从评估师处获取的服务及评估师在评估过程中的独立性；环境变化将影响评估专业人员，认识到这些变化带来的挑战，并应对其带来的机遇；增进用户对于专业评估实践基础，即评估准则、道德行为标准及评估师资格认证的理解。

美国评估促进会设立管理委员会，下设三个附属部门：评估实务委员会、评估准则委员会和评估师认证委员会。管理委员会提供财务支持、任命其下属三个独立委员会成员并对之进行监督；评估实务委员会在各评估科目公认的评估方法和技巧方面为评估师、监管者及评估服务用户提供无偿指导；评估准则委员会负责推广、解释和修订评估行业公认的准则及《专业评估执业统一准则》；评估师认证委员会设置不动产评估师为获得州许可或证书所需具备的最低教育程度、工作经验和考试要求。

美国评估促进会拥有众多会员组织，但不设个人会员。目前，已有超过 80 个组织、企业和政府机构申请成为 TAF 会员。

美国评估促进会的大部分工作依靠赞助组织提供的专业知识和技术及财务支持完成。目前，赞助组织分为三类：评估赞助组织、附属赞助组织、国际评估赞助组织。评估赞助组织指服务于评估师的本国非营利组织；附属赞助组织指服务于评估相关团体（主要为评估服务用户）的国内非营利组织；国际评估赞助组织指美国以外的专业评估相关非营利组织。

11.1.8　美国评估师协会

美国评估师协会（American Society of Appraisers，ASA）于 1952 年在美国特拉华州成立，由美国技术评估协会和技术评价协会合并而来。美国评估师协会是一个多领域、非营利性的评估师组织，就多个评估科目提供会员认证。

美国评估师协会的职责是通过遵从最严格的评估道德标准和专业标准，提升公众对美国评估师协会会员和评估行业的信任度。

美国评估师协会的主要任务是评估复核与管理、具体评估科目业务、教育与培训、认证资格。评估复核指评估专业人员复核其他评估师所执行的评估项目并出具复核结果；评估管理包括复核所有类型的评估项目，整合并培训涉及不同评估科目的评估师，针对即将进行的项目的费用进行预算，为新评估业务制订计划。具体评估科目业务可分为企业价值评估业务、珠宝首饰评估业务、机器设备评估业务、动产评估业务和不动产评估业务。美国评估师协会在全国层面和地方层面为会员提供课程培训，授课教师多为各学科资深评估专家，会员可通过现场课程和电子课程接受基础教育和后续培训。美国评估师协会根据会员的执业经验授予两种资质，即认证会员资质和认证资深评估师资质。

美国评估师协会设立管理委员会，下设两个附属部门：教育基金会和政治活动委员会。美国评估师协会分会分布在五个区域：美国地区分会，澳大利亚地区分会，加拿大地区分会，阿根廷和墨西哥地区分会，中国内地、中国香港和日本地区分会。

11.1.9　加拿大特许企业价值评估师协会

加拿大特许企业价值评估师协会（Canadian Institute of Chartered Business Valuators，CICBV）成立于 1971 年，总部位于加拿大多伦多市，是加拿大国内和国际上公认的企业价值评估组织。

加拿大特许企业价值评估师协会的职责是引领并推动加拿大企业价值评估行业发展，主要有企业价值评估、教育和出版专业出版物。CICBV 由董事会统一管理，具体任务由董事会下设的 16 个常务委员会负责，包括认证委员会、审计委员会、评奖委员会、行为与惩戒委员会、继续教育委员会、任命委员会、战略计划委员会等。

加拿大特许企业价值评估师协会颁发特许企业价值评估师（CBV）资格。CBV 是在加拿大从事专业企业价值评估的首要认证资格。CBV 是可以评估所有或部分企业价值及其债权价值的专家，能够判断包括商标和知识产权在内的无形资产的价值，并为金融诉讼、公司财务和以交易为基础的活动提供业务支持。CBV 会在评估说明中为他们的评估行为提供解释以帮助客户理解其评估思路。获得 CBV 认证必须通过会员资格考试，并通过申请成为会员。

加拿大特许企业价值评估师协会可提供企业价值和证券价值评估的综合性学习方案，旨在协助专业人士应对企业价值评估、诉讼及金融融资业务所带来的挑战，同时也为学员提供健全的企业价值和证券价值评估理论应用知识。

11.1.10　澳大利亚资产协会

澳大利亚资产协会（Australian Property Institute，API）最初作为评估师联邦组织始建于 1926 年，前身是澳大利亚评估师和土地经济学家学会，总部位于堪培拉。API 会员包括住宅、商业和机器设备评估师，物业咨询师，财产分析师和基金经理，物业管理人，资产管理者，开发商，财产律师，销售及收购从业者，物业研究者和学者等。

澳大利亚资产协会旨在为其成员和资产行业制定并维持专业实践、教育、道德和职业行为的最高标准。主要职责：制定和颁布统一的资产评估准则；考核和培训会员；承担资产评估争议的仲裁；负责出版评估期刊和专业书籍；促进评估师之间的交流和信息资料交换。

澳大利亚资产协会设有国家委员会，国家委员会下设 8 个机构：国家教育委员会、国家金融委员会、国家市场委员会、澳大利亚评估和金融准则委员会、国际委员会、编辑委员会、环境和可持续发展常务委员会以及国家专职小组。除国家委员会以外，每个州都设有分会，负责各州事务。各分会的职责是执行全国总会政策、落实总会战略计划、发展会员以及进行一般教育和后续教育等。

目前澳大利亚资产协会在澳大利亚和海外拥有约 8600 名会员，主要为在读学生会员、大学毕业生会员、临时会员、联系会员、资深会员、正式会员和技术联系会员。

11.2　国外主要评估准则介绍

11.2.1　美国评估促进会制定的《专业评估执业统一准则》

美国是当今世界上资产评估业最为发达的国家之一，资产评估在美国有 100 多年的历史。美国的资产评估主要是基于财产保险、税务、会计处理、资产交易、企业合并、资产抵押贷款、家庭财产分割等方面的需要而产生的。

《专业评估执业统一准则》（Uniform Standards of Professional Appraisal Practice，USPAP）是由美国评估促进会下设的评估准则委员会负责制定、出版、解释、修订或撤销的。自 1989 年 1 月 30 日起，美国评估准则成为整个美国评估行业的公认的、普遍接受的专业评估职业标准，它在国际上具有很高的知名度，对其他国家和地区评估准则的建设与发展具有广泛且重要的影响。

11.2.1.1　《专业评估执业统一准则》的影响

《专业评估执业统一准则》界定了资产评估服务的相关概念，规范了评估师职业道德、专业胜任能力、动产与不动产评估、评估复核、评估咨询、企业价值评估与无形资产评估等方面的执业标准，并以细则说明的形式对现金流量分析、展示期等问题进行了具体规范，为评估师进行资产评估、评估复核和评估咨询活动提供了依据。

《专业评估执业统一准则》在美国长期理论研究和评估实践的基础上，结合了评估实践发展经验和众多协会在几十年间对评估基本理论的研究成果，具有很强的实践操作性。《专业评估执业统一准则》组织结构严密、文字严谨、专业水准高，是目前世界上评估准则中的典范。《国际评估准则》第 12 版《国际评估应用指南 6——企业价值评估》主要借鉴了美国企业价值评估的理论成果，其起草工作主要依赖美国评估界完成。此外，《专业评估执业统一准则》不仅被美国的评估师协会、评估学会和高级评估师联合会认同，还逐渐以立法的形式被美国政府认可。同时，《专业评估执业统一准则》还被加拿大、墨西哥、菲律宾等的评估专业团队所认可，成为在国际上具有重大影响力的评估准则之一。

11.2.1.2　《专业评估执业统一准则》的结构体系

《专业评估执业统一准则》一般由定义、导言（引言）、职业规则、准则和准则条文以及评估准则说明五部分组成。此外，评估准则委员会将《咨询意见》（AO）、《USPAP 常见问题》（FAQ）以及每月发表的《关于问题与反馈》作为指导性文件，但这些文件信息并不是提出新的标准或对现行标准的新解释，不属于《专业评估执业统一准则》的构成部分。《专业评估执业统一准则》（2014—

2015）实施的有效期为 2014 年 1 月 1 日至 2015 年 12 月 31 日，其基本结构介绍如下：

（1）定义。定义部分介绍了《专业评估执业统一准则》中相关的主要术语，如评估、评估师、评估执业、假设、特别假设、市场价值、动产、不动产、价格、工作底稿等的含义和注释、说明，旨在使阅读者和使用者正确理解和应用相关评估准则，是制定评估具体条款的统一基础性规定。

（2）引言。引言部分介绍了《专业评估执业统一准则》的宗旨、目的、意义、作用、要求以及准则和评估准则说明之间的关系。制定《专业评估执业统一准则》的目的是对评估师提出执业要求，以提高和保持社会公众对资产评估行业的信任程度。对评估师而言，以具有意义且不误导的方式进行评估并与预期使用者就分析、意见和结论进行沟通是十分重要的。具体而言，《专业评估执业统一准则》在定义、准则条文以及评估准则说明等方面规范了评估师的执业活动。

1）宗旨。《专业评估执业统一准则》为评估行业提供通用的执业标准，其宗旨是通过确定对评估师的要求，提升与维护价值评估执业高水准的公信力。评估师以易于理解且不引起误解的方式进行评估并向其评估服务预定使用者传达其评估中的分析、判断与结论。ASB 同时向评估师和评估服务使用者公布其《专业评估执业统一准则》。

2）效力。《专业评估执业统一准则》并未规定谁或哪些评估项目应当履行其规定。AF 与其下属的 ASB 都不是有权制定、评判和行使法律的政府机关。但《专业评估执业统一准则》既是价值评估机构也是价值评估师履行相关法律或法规规定的责任时的要求，同时还是履行与评估委托方和评估服务预定使用者所订立合同中的责任时的要求。在无这样的责任要求时，人们也仍可选择履行《专业评估执业统一准则》。

3）基本框架。《专业评估执业统一准则》通过定义、职业准则、准则和准则说明等方面强调了评估师的职业道德和执业责任。其中，定义确定了在《专业评估执业统一准则》中所应用的某些术语；职业道德准则确立了评估师正直、公正、客观、独立以及其他符合职业道德标准行为方面的要求；能力规定体现了接受评估委托前和执行评估项目对评估师知识与经验方面的要求；工作范围规定提出了有关工作主题确定、研究与分析的责任；法律导致例外规定规范了《专业评估执业统一准则》部分规定与法律或法规存在冲突时处理的方式方法；10 个基本准则确定了评估、评估复核与评估咨询服务的要求以及其各项结果传达的方式；准则说明对基本准则中的具体规定进行了阐明、解释和剖析。

（3）职业规则。职业规则包括职业道德、专业胜任能力、工作范围、档案保管和管辖除外等内容。这一部分是美国评估理论和长期评估实践经验的精华凝练，总结了评估实践发展的经验和众多协会在几十年间对评估基本理论的研究成果，概括性地对评估师作出基本要求。只有符合这些要求，评估师才能进一步进行评估工作。具体如下：

1）职业道德规则。职业道德规则在正直、公正、客观、独立判断及职业操守等方面进行了规定。评估师有责任提高和维护社会公众对专业评估执业的信任，评估师的重要角色要求从业者按最高标准遵守本行业职业道德规则。为达到这一目的，应当从执业行为、管理（业务经营）、保密和档案保存（工作记录保存）四个方面对评估师的职业道德进行规范。执业行为、业务经营与保密部分在所有的评估执业中都是适用的，档案保存适用于评估师按照准则1至准则10进行的评估执业。

2）专业胜任能力规则。完美无缺是无法实现的，专业胜任能力并不要求完美无缺。但是评估师在执行评估业务中不得疏忽大意，评估师在进行评估时应当尽心尽职。专业胜任能力主要规定了在接受评估业务前或达成任何评估业务协议前，评估师应当恰当地明确所要解决的问题，并确信具有相应的专业知识和经验，能够胜任该项业务或采取变通措施。

3）工作范围规则。工作范围是美国评估界近年来推崇的重要概念之一，主要指评估师在执行某项评估业务中所需要收集和分析的信息的数量和种类。评估师有义务根据评估项目的具体情况，明确适当的工作范围并据此执行必要的工作程序。工作范围是《专业评估执业统一准则》引入的重要概念，该准则对评估师在明确评估问题进行研究和分析方面的义务进行了规定。

《专业评估执业统一准则》的工作范围准则规定，评估师执行评估、评估复核时，应当明确所需要解决的评估、评估复核问题和可接受的工作范围以及披露要求，收集分析有关业务基本事项的信息，确保其执业能够形成可信的业务结论。具体应当包括：确定所要解决的评价工作主题；确定并执行形成可信业务结论所必需的工作范围；在报告中披露工作范围。工作范围包括但不限于：①对评估对象范围明确的程度；②对有形资产勘查的程度；③研究资料的类型和深度；④为形成意见或结论进行分析的类型和深度。

4）管辖除外规则。该规则对《专业评估执业统一准则》部分内容与法律或公共政策不一致时的处理方式进行了规定。管辖除外规则主要规定了如果准则中的任何一部分与某司法管辖范围的法律或公共政策相违背，仅该违反部分在该司法管辖范围内不具有效力。当评估项目涉及因法律导致的例外时，评估师应当：①对不能履行《专业评估执业统一准则》的法律或法规进行识别和鉴定；②履行这些法律或法规；③在报告中明确地披露与法律或法规冲突的那部分《专业评估执业统一准则》的内容；④在报告中摘引要求取消履行《专业评估执业统一准则》部分规定的法律或法规的内容。

不过，《专业评估执业统一准则》并没有规定何种业务和什么人需要遵守其规定。评估促进会及其评估准则委员会不是政府部门，无权制定、审核或执行法律。评估师或某类业务遵守《专业评估执业统一准则》的义务是基于相关法律和规定的要求，或者是基于评估师与客户或预期使用者的协议。即使没有强制义务，个人也可以选择遵守《专业评估执业统一准则》。

（4）准则及准则条文。此部分系《专业评估执业统一准则》的核心和实质性内容，主要是各类评估所应遵从的程序和报告要求。从内容上看，它包括根据具体评估类型制定的 8 个准则，共分为 4 个主题。每个主题有两个部分：一部分是关于评估操作的要求，对评估中应注意的事项进行了具体规定；另一部分是关于评估报告的要求，对各类评估报告的格式、内容及注意事项作了专门规定。每一准则的规定都包括原则性要求和专门性要求两类，原则性要求不允许有所背离，专门性要求可以根据背离条款有所背离。8 个准则规定了执行评估、评估复核业务的要求及相关报告的要求。从形式上看，《专业评估执业统一准则》的指导思想之一是评估业务与评估披露并重，换句话说，有什么样的评估业务就有什么样的评估报告。

（5）评估准则说明。评估准则说明有 10 个，是根据美国资产评估促进会的管理细则授权评估准则委员会制定，对相关准则进行的解释、细化和说明，是《专业评估执业统一准则》的组成部分，这些注释是对定义、准则、准则条文的延展，阐述前后逻辑关系和应用条件。评估准则说明与准则条文具有同等重要性，并且只有在经过披露、公开征求意见和讨论之后由委员会表决通过。从结构上看，每一项评估准则说明都包括主题、适用范围、问题、说明、结论、采纳日期和最后修改日期或停止使用日期。

（6）咨询意见（指南）、常见问题与反馈。如前所述，这是评估准则委员会以《咨询意见》（AO）、《USPAP 常见问题》（FAQ）以及每月《关于问题与反馈》的形式发表的指导性文件。这些文件信息并不是提出新的标准或对现行标准的新解释，因此不是《专业评估执业统一准则》的构成部分。评估准则委员会发布咨询意见是为了说明评估准则在特定情况下的运用，提供解决评估事项和问题的咨询意见。咨询意见并不是评估准则委员会的法律性意见，发布咨询意见是为了演示、说明评估准则在特定具体情况下的运用，评估准则委员会通过这种方式为解决评估中的具体问题或疑难提出建议。迄今为止，评估准则委员会已公开发布了 32 项咨询意见。从结构上看，每一项咨询意见都包括声明、主题、适用范围、问题、评估准则委员会咨询意见、再次声明。

《USPAP 常见问题》（FAQ）中，评估准则委员会以问题解答汇编的方式回答评估师、监管部门、使用者和社会公众提出的问题，演示《专业评估执业统一准则》在特定情况下的应用，并以评估准则委员会的立场提供相关评估事项和问题的解决方案，但并不是唯一方案。

11.2.2　英国评估准则

在资产评估领域，英国具有开拓性和奠基性的地位，对国际资产评估发展有举足轻重的影响。RICS 系世界上第一个资产评估专业组织和世界范围不动产事务的最大并得到广泛认可的专业组织，英国评估准则也是国际上的首部评估准则。

11.2.2.1　英国评估准则

英国评估准则（RICS Valuation-Professional Standards，RICSVPS）由 RICS 所

属的评估专业准则委员会制定，RICS 出版发行。其应用范围包括投资估价、财务报表的估价、对组合资产和多组物业的估价以及移民、贷款目的的估价等。英国并没有法规规定只有 RICS 认证的会员才可以从事评估工作，但英国社会及公众形成的共识及惯例是，只有 RICS 认证的评估师才能获得工商团体、银行和金融机构、政府及其他国际机构的认可。

11.2.2.2　英国评估准则的历史地位和影响

英国评估业在国际上有深厚的影响，RICS 有近 150 年的历史，在英国乃至国际房地产估价中占有举足轻重的地位，其《评估与估价指南》是世界评估行业的开山之作，对《国际评估准则》《欧洲评估准则》两部国家和地区层面的资产评估准则的制定具有奠基意义。有鉴于此，国际评估准则委员会总部设在伦敦。英国评估准则的内容主要以不动产评估为主，同时反映会计标准和评估执业惯例的变化，对美国《专业评估执业统一准则》、《欧洲评估准则》和《国际评估准则》等的形成有巨大的影响。美国、欧洲和国际评估准则早期主要涉及不动产评估领域与其以固定资产评估为主的特色，以及十分注重和跟进《国际会计准则》的变化等，正是受英国评估准则影响的结果。

11.2.3　欧洲评估准则

11.2.3.1　欧洲评估准则简介

《欧洲评估准则》（EVS）是由欧洲评估师协会联合会制定的一部适用于欧洲地区的区域性评估准则，也是当前国际评估界具有重要影响力的评估准则之一。欧洲评估师协会联合会（简称 TEGoVA）是根据比利时法律成立的、以评估领域的研究和教育为目的的非营利性专业协会，总部设在比利时布鲁塞尔。

《欧洲评估准则》通常会以词汇表的形式单独列出有关重要概念，以《欧洲评估准则 2012》为例，其词汇表中共包括 26 个专业术语。除假设、特殊假设、价值基础、清算价值、最高最佳使用、评估报告等一般性概念外，其他概念主要包括：转用价值、折余重置成本（DRC）、公允价值、市场价值、市场价值以外的价值、合格的评估师、被迫出售价值、保险价值、投资价值、市场租金、协同价值、抵押贷款价值、期望价值（未来价值）、特殊价值等。

《欧洲评估准则》在欧洲各国有着重要的影响，2012 年欧洲评估师协会联合会的成员国包括阿尔巴尼亚、奥地利、比利时、保加利亚、捷克、丹麦、法国、德国、希腊、匈牙利、意大利、哈萨克斯坦、科索沃、拉脱维亚、立陶宛、挪威、波兰、葡萄牙、罗马尼亚、俄罗斯、塞尔维亚、斯洛伐克、西班牙、瑞典、阿拉伯联合酋长国、英国、美国等国家或者国家的评估协会。

11.2.3.2　欧洲评估准则的基本特点

（1）准则条文+评注。早期的 EVS 较多采用了说明、阐述的方式，对某些评估方法、理论进行了详细论证，在某种意义上更像是专业著作。2009 年、2012

年 EVS 的形式则与国际评估准则类似或接近,采取了"准则条文+评注"模式,力求评估准则的简约和明了。

（2）偏重于不动产评估的研究。受英国评估准则、欧盟公司法及相关会计改革规则的影响,EVS 长期以来主要涉及不动产评估领域,并形成了以"固定资产评估"为主的特色。尽管 TEGoVA 开展了一些关于企业价值评估、无形资产评估的研究,但其评估准则仍未摆脱浓郁的以不动产评估为主的显著色彩,EVS 2012 仍未制定无形资产评估领域的准则。

（3）注重评估与会计的协调。EVS 与欧盟的公司法特别是会计改革紧密相关,欧洲许多国家很早就受到公允价值会计理论的影响,既允许采用传统的历史成本减折旧的会计处理方式,也允许在一定情况下以评估后的市场价值作为固定资产的列示价值反映在资产负债表中。1978 年,欧洲共同体正式发布的第四号法令《公司法》第 35 条规定了与固定资产评估相关的规则,从立法上对这种会计改革的方向予以肯定。为在公司年度会计报表中反映固定资产的公允（市场）价值,许多公司聘请评估师对公司固定资产进行评估业务,其目的是最终将固定资产的公允价值纳入年度会计报表。

欧洲评估师协会成立的缘由之一,就是欧盟对公司法中固定资产计价规定进行修改作出的回应,它所强调的评估大多是为了在财务报告中反映市场价值或现行价值而进行的评估。

（4）强烈的区域政治特性和非开放性。TEGoVA 是以欧盟而不是以欧洲为基础,正式会员应当是欧盟成员国的评估协会,联系会员则是欧盟成员国之外的欧洲国家的评估协会,欧洲之外的评估协会只能成为其观察员。会员的权利与会费缴纳义务相结合,按所缴纳会费的比例享有表决权。该会的许多活动得到欧盟有关组织的扶持,依靠欧盟庞大的经济实力,积极开拓中欧、东欧评估行业,采取措施统一欧洲评估教育,其在评估界的作用不可低估。因此,TEGoVA 制定的评估准则也应当主要是面向欧盟而非欧洲的,更不是面向国际的。

（5）非强制性及与欧盟法规的契合性。EVS 并无强制执行力,但 TEGoVA 要求各会员国积极引进并将其纳入该国的评估准则体系,甚至得到该国法律认可。资产评估准则的演变规律表明,资产评估的发展是反应性的,一个国家或者地区资产评估准则的制定与经济发展、法规颁布呈现同方向变化。基于欧盟最新出台的法律法规,EVS 2012 增加了指南 6 跨境评估、指南 7 另类投资基金经理指示的物业评估以及指南 8 房地产评估及能源效率等准则,以迎合跨境投资和全球化公司经营活动、金融监管、建筑物能效指令等欧盟经济发展现状及法令的需要。

本章小结

资产评估行业国际及区域性组织是在全球及区域范围内推动资产评估行业发展的重要力量,在准则制定、职业能力建设、公众利益维护、信息交流、沟通协调等方面发挥了积极作用，主要职能也各有侧重。本章简单介绍了全球几个较为重要的评估师协会，有助于我们开阔视野。

章后练习

单项选择题

1. 下列说法存在错误的是（　　）。

A. 国际评估准则理事会是一个独立的、以营利为目的的国际评估组织

B. IVSC 为维护公众利益而成立，内容涵盖不动产、企业价值、无形资产、机器设备和金融工具评估等

C. IVSC 目前组织架构包括三个委员会及一个咨询论坛组

D. IVSC 的会员资格分为四种：评估专业组织会员、企业会员、行政会员、学术会员

2. 国际企业价值评估学会（International Institute of Business Valuers，iiBV）成立于（　　）年。

A. 2007　　　　　　B. 2008　　　　　　C. 2009　　　　　　D. 2010

3. 美国评估促进会的宗旨是（　　）。

A. 使企业价值评估领域更加卓越，更具话语权；促进世界各地最佳企业价值评估实务共享；管理企业价值评估行业

B. 通过颁布准则、评估资格认证以及提供有关评估方法和技术指导，促进资产评估行业的专业化并确保行业公信度

C. 制定并推广有效高质的国际评估准则和国际行业标准，促进国际评估行业的发展，服务国际公共利益；通过规范国际评估行业，促进资本市场的健康发展和经济的持续增长，增强评估服务使用者和投资者信心；加强同其他国际组织的交流与合作，促进各成员组织间的交流与合作；为评估行业提供国际宣传平台

D. 通过完善和推广最佳评估专业教育、培训以及评估理论和操作实务的研究与发展，鼓励和支持各成员组织逐步达到职业要求的统一性，推动国际评估行业使用统一的评估标准、评估方法和专业术语

4. 美国《专业评估执业统一准则》简称（　　）。

A. USDAD　　　　　B. UKPAP　　　　　C. USPAP　　　　　D. UKDAD

5. 国际上的首部评估准则是（　　）。

A. 英国评估准则

B. 美国评估准则

C. 新西兰评估准则

D. 澳大利亚评估准则

参考答案

延伸阅读

附 录

《中华人民共和国资产评估法》